rororo

rororo

Zu diesem Buch

Nur noch 31 Kilo wog die 23jährige Studentin Anneliese Michel, als sie am 1. Juli 1976 nach monatelangen Qualen infolge priesterlicher Exorzismus-Rituale im fränkischen Weinstädtchen Klingenberg am Main starb. Seit der Pubertät litt Anneliese an Ängsten, ihr Leben stehe unter einem Fluch. Am Ende glaubte sie sich besessen von Teufeln, darunter Hitler und der Christenverfolger Kaiser Nero. Während sie an der Universität Würzburg ihre Examensarbeit über Formen der Angstbewältigung schrieb, unterwarf sie sich dem Ritual der Teufelsaustreibung. Auf Geheiß des Würzburger Bischofs Stangl haben katholische Geistliche nach jahrhundertealtem Muster siebenundsechzig Exorzismusversuche unternommen. Denn offiziell hält die römische Kirche bis heute an der leibhaftigen Existenz des Teufels fest, ja sie lehrt die Notwendigkeit der Teufelsaustreibung. Annelieses Exorzisten wollten das Wüten des lebendigen Teufels beweisen, weshalb sie von allen Sitzungen Tonbandaufnahmen machten, um damit die nach dem Zweiten Vatikanischen Konzil einsetzende Liberalisierung der Kirche aufzuhalten. In Aschaffenburg kam es wegen unterlassener Hilfeleistung zum Prozeß. Annelieses Eltern und die priesterlichen Exorzisten wurden verurteilt, der verantwortliche Bischof blieb ungeschoren.
Nach der Urteilsverkündung hieß es, Annelieses Leib liege unverwest im Grabe. Die Behörden ließen es öffnen. Das Ergebnis der Exhumierung wurde nicht bekanntgegeben. Bis heute pilgern busladungsweise konservative Gläubige nach Klingenberg und beten für Annelieses Heiligsprechung. Jesuitenpater Adolf Rodewyk, der «Chefexorzist», formulierte markig: «In Klingenberg hat der liebe Gott mal richtig auf den Putz gehauen!» Im Fall Anneliese Michel verdichten sich die Ängste unserer Zeit, auf die auch die verunsicherte Kirche keine Antwort weiß.

Der Autor

Uwe Wolff, geboren 1955 in Münster, ist Fachleiter für Evangelische Religionslehre am Studienseminar in Hildesheim. Neben literaturwissenschaftlichen Arbeiten und Romanen hat Uwe Wolff seit 1991 systematisch Bücher zur Engelforschung und Dämonologie publiziert. – Uwe Wolff ist im Besitz sämtlicher Live-Mitschnitte aller exorzistischen Sitzungen. Interviews geführt hat er mit Annelieses Schwester Roswitha, ihrer Mutter, dem Verlobten und dem Exorzisten Ernst Alt. Aufgrund seines reichen Materials kann er den skandalösen Fall Anneliese Michel lückenlos rekonstruieren.

Uwe Wolff

Das bricht dem Bischof das Kreuz

Die letzte Teufelsaustreibung in Deutschland 1975/76

Rowohlt Taschenbuch Verlag

Originalausgabe
Veröffentlicht im Rowohlt Taschenbuch Verlag GmbH,
Reinbek bei Hamburg, August 1999

Umschlaggestaltung Guido Klütsch
(Foto: G + J Fotoservice, Kamil Vojnar)
Satz Plantin PostScript (PageOne)
Gesamtherstellung Clausen & Bosse, Leck
Printed in Germany
ISBN 3 499 60619 4

Inhalt

«... die Wahrheit ist, daß mir auf Erden nicht zu helfen war.»
Heinrich von Kleist

«... es war aber eine entsetzliche Leere in ihm.»
Georg Büchner, *Lenz*

«Der Teufel ist in mir, alles ist leer in mir.»
Anneliese Michel

«Weil ich kein Terrorist geworden bin,
kann ich bloß in mein eigenes,
weißes Fleisch hineinschneiden.»
Rainald Goetz

Foto: dpa

Anneliese Michel

«Ein verhextes und verdrehtes Spiel» – Die Prozeßeröffnung

**«Dir verdanke ich die Erfahrung
der schrecklichsten Dimension:
sich verworfen fühlen.»**
Tilmann Moser, *«Gottesvergiftung»*

Nur einem Zufall ist es zu verdanken, daß Anneliese Michels Tod in der Öffentlichkeit bekannt wird. Am 1. Juli 1976 um sieben Uhr morgens schaut der Sägewerksbesitzer und Zimmermann Josef Michel aus Klingenberg in das Zimmer seiner Tochter. Anneliese liegt in ihrem Bett und rührt sich nicht. Auf dem Boden steht der große Kanister mit Weihwasser aus San Damiano. Der Vorrat konnte nicht groß genug sein. Wie oft hatten die Exorzisten das heilige Wasser in den letzten Monaten gebraucht, um die Dämonen zu verscheuchen! Josef Michel atmet auf. Seit Wochen haben er und seine Familie zum ersten Mal wieder eine ruhige Nacht gehabt. Annelieses Schreie waren zum Schluß unerträglich gewesen. «Nun schläft sie», denkt er. Die Dämonen hatten ja eine Wende angekündigt. Alles werde wieder gut. Heiterkeit werde in die Familie zurückkehren. Doch Josef Michel täuscht sich.

«Schlaf jetzt ein, mein Kind. Jetzt wird alles gut. Jetzt dürfen sie dich nicht mehr quälen.» Das waren die letzten Worte, die er kurz nach Mitternacht zu seiner Tochter gesprochen hatte. Anneliese drehte sich daraufhin zur Wand und schlief ruhig ein. Noch immer liegt sie im Bett. Ihr Körper ist auf einunddreißig Kilogramm abgemagert. Die Augenränder sind dunkelblau angeschwollen. Ein Anblick zum Erbarmen. Seit zwei Monaten nimmt sie keine Nahrung mehr zu sich. Sie ist nur noch Haut und Knochen. Schuld daran, so glaubt Josef Michel, sind die Dämonen. Doch schon einmal hatte sich Anneliese erholt, hatte wieder an

Gewicht zugenommen und war gesund geworden. Sie würde Peter heiraten, Kinder bekommen und als Volksschullehrerin arbeiten. Anneliese hat genug Sühne geleistet. Der Fluch ist gebannt. Josef Michel bekreuzigt sich, schließt die Zimmertür und geht hinunter in die erste Etage des Einfamilienhauses. Bevor er die Haustür öffnet, greift er nach alter Gewohnheit mit den Fingern der Rechten in das Weihwasserbecken mit heiligem Wasser aus San Damiano. Er tritt vor die Haustür. Es ist kein Dämon zu sehen. Josef Michel blickt über den Friedhof. Dort befinden sich die Gräber seiner Eltern und auch Marthas Kindergrab. Jenseits des Gräberfeldes steht das Firmengebäude. Josef Michel setzt sich ins Auto und fährt auf eine Baustelle.

Wenig später betritt Anna Michel das Zimmer und stellt den Tod ihrer Tochter fest. Sie ist entsetzt: Seit Wochen hatten sie Anneliese vor der Öffentlichkeit abschirmen müssen. Was soll nun mit der Leiche geschehen? Wie würde der Hausarzt reagieren, wenn man ihn riefe? Würde er einen Totenschein ausstellen? Anna Michel greift zum Telefonhörer und wählt die Nummer des Pfarrhauses von Ettleben, einem kleinen Ort in der Nähe von Würzburg. Hier wohnt der Exorzist Ernst Alt. Der attraktive Priester mit dem schwarzen Bart ist kaum vierzehn Jahre älter als Anneliese. Ihm werden paranormale Fähigkeiten wie Telepathie nachgesagt. Er ist Wünschelrutengänger, und auch er weiß sich wie Anneliese immer wieder von Dämonen angegriffen. Vielleicht hat er sich deshalb in den letzten Wochen von ihrem Elternhaus ferngehalten. Auch Josef Michel benutzt regelmäßig ein Pendel, um eventuell vorhandene negative Strahlungen in der Nahrung festzustellen.

Im Pfarrhaus des Geistlichen hatte die dreiundzwanzigjährige Anneliese bis Mai gewohnt. Pfarrer Alt ist fest davon überzeugt, daß es in seinem Pfarrhaus spukt. Am meisten hat er Angst vor einem ehemaligen Amtsbruder, der den Zölibat gebrochen und Frauen nachgestellt hatte und der nun als schwarze Gestalt und unerlöste Seele sein Unwesen im Pfarrhaus treibt. Trotz seiner paranormalen Wahrnehmungsgabe trifft die Nachricht von Annelieses Tod den Geistlichen wie ein Blitz. Seit dem 8. Juni, seit über drei Wochen hatte er die Pädagogikstudentin nicht mehr gesehen. Vor wenigen Tagen war er durch einen Anruf von Annelieses Schwester Roswitha aufgeschreckt worden. Sie hatte ihn dringend gebeten, mit dem Bischof von Würzburg zu telefonieren. Er müsse sofort nach Klingenberg reisen, um Anneliese zu helfen. Schließlich habe Bischof Josef Stangl mit dem Beinamen «der Gute» ja auch die Teufelsaustreibung offiziell genehmigt. Doch als sich die Katastrophe andeutet, stehen Annelieses Eltern und die beiden Hauptexorzisten Pfarrer Alt und Pater Renz vor verschlossenen Türen.

Vergeblich hatten Anna und Josef Michel immer wieder versucht, zu Bischof Stangl in persönlichen Kontakt zu treten. Telefonate wurden nicht durchgestellt, Briefe nicht beantwortet. Die beiden Exorzisten Pater Renz und Pfarrer Alt informierten den Bischof in zahlreichen Briefen über Annelieses erbärmlichen Zustand. Doch machte sich der Auftraggeber des Exorzismus nicht auf den Weg nach Klingenberg, obwohl die Berichte seiner Priester das ganze Ausmaß der Katastrophe detailliert schilderten. Noch eine Woche vor Annelieses Tod hatte Pfarrer Alt dem Bischof in seinem Brief vom 24. Juni 1976 schriftlich mitgeteilt:

«Linke Kopfhälfte war so verschwollen, daß sie nicht mehr aus dem Auge blicken konnte, ging mit dem Kopf durch die Glasscheibe der Korridortüre, hat sich trotzdem nicht geschnitten, ist gewalttätig gegen alle Anwesenden, ist zu einem Skelett abgemagert, kann nur manchmal essen und trinken, muß aber wieder ausspucken bis zum letzten Bissen. Es ist nicht gelungen, die Dämonen wieder zum Reden zu bringen. Typischer Fall einer Sühnebesessenheit. Es ist ihr angekündigt, daß es wieder ganz schlimm werden wird, sie fürchtet sich davor und ist sehr traurig.»

Jahre später erinnert sich Anna Michel noch immer voller Trauer und Enttäuschung an die ausbleibende Hilfe aus Würzburg. Bei meinem ersten Besuch in Klingenberg sitze ich mit ihr in dem Zimmer, wo die exorzistischen Sitzungen stattgefunden haben und auf Tonbändern mitgeschnitten wurden, damit der Bischof authentische Informationen über den Verlauf der von ihm angeordneten Maßnahme erhalten konnte. In einem langen Gespräch berichtet sie mir am 26. August 1994 von diesen letzten Tagen des Grauens:

«Ja, da waren wir ja so verlassen. Der Pfarrer Alt ist nicht mehr gekommen. Die Anneliese hat mit einer Sehnsucht gewartet auf den Bischof. Das kann man sich nicht vorstellen, was für eine Sehnsucht das Mädchen gehabt hat, daß es ihr wieder bessergeht. Da hat sie gemeint, wenn der Bischof kommt, da geht's ihr besser. Aber die haben gar nichts hören lassen, nichts, gar nichts. Als ob nichts existiert.»

Auch eine weitere Zeugin der Teufelsaustreibungen, Thea Hein, gibt im Gespräch am 26. August 1994 bereitwillig Auskunft über ihre Sicht des Falles. Thea Hein ist eine Freundin der Familie und versteht sich als Entdeckerin von Annelieses Besessenheit.

«Was glauben Sie, was da für Briefe hinaufgegangen sind nach Würzburg. Gebittelt und gebettelt haben die, daß der Bischof kommt. Und was hat die Anneliese mit Sehnsucht gewartet, daß der Bischof kommt. Das wäre ihre Rettung gewesen. Nein, aber sie haben sie sitzenlassen. Die Exorzisten waren auch so verzweifelt, weil sich von seiten Würzburgs überhaupt nichts getan hat, gar nichts. Es war furchtbar. Haben das Mädchen regelrecht sitzenlassen und kaputtgehen lassen. Wenn der Bischof gekommen wäre – das sage ich Ihnen ehrlich –, hätt's eine Wende gegeben, hundertprozentig.»

Direkt nach dem letzten Telefonat vom 24. Juni 1976 mit Roswitha hatte Pfarrer Alt dem Bischof geschrieben: «Wir kommen nicht mehr weiter. Eine ungeheure Macht läßt es nicht zu.» Nun aber scheint das Ende gekommen zu sein, und Entsetzen macht sich breit. Doch ist die Welt der Heiligen nicht voller Wunder? Hatte nicht Christus selbst den toten Lazarus und das Töchterlein des Jairus wieder ins Leben gerufen? Der Exorzist verspricht, Hilfe zu holen. Er will nicht glauben, daß Anneliese tot ist. Schnell verständigt er seinen Freund, den Frankfurter Arzt Dr. Richard Roth. Der setzt sich in den Zug und fährt über Aschaffenburg nach Klingenberg, wo er am späten Vormittag eintrifft.

Dr. Richard Roth kennt Anneliese. Er will auch die Wundmale Christi an Annelieses geschundenem Körper erkannt haben.

Am 30. Mai 1976 und erneut am 28. Juni 1976, drei Tage vor Annelieses Tod, hatte er für sie ein Attest zur Befreiung vom Studium ausgestellt, ohne die Gemarterte gesehen zu haben. Die Ferndiagnose lautete, Anneliese Michel sei für etwa zwei Wochen arbeitsunfähig. Roth wußte, daß man Anneliese in diesem Zustand keinem Mediziner hätte vorführen können, ohne eine Einweisung ins Krankenhaus oder die psychiatrische Klinik zu riskieren. Er ist eingeweiht in den Glauben der Familie, Anneliese sei von Dämonen besessen. Als Arzt mit einem ausgeprägten Interesse an paranormalen Phänomenen interessiert er sich für den Fall. Der achtundsechzig Jahre alte Mediziner mit der Aura eines Wunderheilers wird später vor Gericht angeben, er besitze die Fähigkeit, soeben Verstorbene durch eine Herzspritze und künstliche Beatmung ins Leben zurückzuholen. Dies habe er auch bei Anneliese Michel vorgehabt.

Tatsächlich aber kann Dr. Roth nur noch die Leichenstarre feststellen. Die Eltern bitten ihn, einen Totenschein auszustellen, doch ausgerechnet an diesem Tag hat er die entsprechenden Formulare vergessen. Deshalb telefoniert er mit einem Kollegen, der ihm jedoch davon abrät, den Tod des Mädchens zu bescheinigen. Damit wird das schreckliche Ende des Exorzismus zu einem öffentlichen Ereignis. Denn Annelieses Leichnam konnte ja nicht auf Dauer versteckt oder im Garten begraben werden.

Gegen dreizehn Uhr beantragt Josef Michel bei der Gemeindeverwaltung Klingenberg die Ausstellung eines Leichenscheines für seine Tochter. Die Sachbearbeiterin Friedel Schmitt ist betroffen, erkundigt sich nach den Todesumständen. Josef Michel gibt an, Anneliese habe plötzlich sehr hohes Fieber bekommen und sei daran gestorben. Nur ein Arzt könne nach einer Leichenschau den Leichenschein ausstellen, erklärt Friedel Schmitt. Ein Arzt sei im Hause, antwortet Josef Michel und nennt den Namen von Dr. Richard Roth. Sie könne sich durch einen Anruf davon überzeugen, daß alles seine Ordnung habe. Friedel Schmitt ruft im Haus am Mittleren Weg 3 an. Dr. Roth meldet sich. Ja, er sei Arzt, habe aber die Leichenschauformulare vergessen.

Nun wird der Hausarzt Dr. Martin Kehler hinzugezogen. Er

ist entsetzt, meint, Anneliese sei buchstäblich verhungert, und weigert sich, den Totenschein auszustellen, denn er könne keine natürliche Todesursache attestieren. Er findet die Leiche noch warm und in vollkommen abgemagertem Zustand und mit verschiedenen oberflächlichen Verletzungen.

Im Ettlebener Pfarrhaus greift unterdessen der Exorzist Alt erneut zum Telefonhörer. Um halb zwei ruft er beim Landgericht Aschaffenburg an, wird mit dem Leitenden Oberstaatsanwalt Karl Stenger verbunden und berichtet ihm ausführlich von den Teufelsaustreibungen und den zahllosen Arztbesuchen, die vorausgegangen waren. Ohne Namen preiszugeben, nennt er Einzelheiten der Behandlung durch Psychiater und Neurologen in Aschaffenburg und Würzburg, Auffälligkeiten des Mädchens, Erfolge und Mißerfolge der Behandlung. Das Mädchen habe während der Spannungszustände zeitweise keine Nahrung und keine Flüssigkeit zu sich genommen, so auch in den letzten Tagen. Es sei jedoch davon auszugehen gewesen, daß es jetzt die Nahrungsaufnahme wieder aufnehme. Zum Schluß teilt er dem Staatsanwalt mit, Anneliese Michel aus Klingenberg sei in den frühen Morgenstunden des 1. Juli verstorben.

Der Staatsanwalt ordnet noch am gleichen Tag eine Obduktion der Leiche durch das Institut für Rechtsmedizin der Universität Würzburg an. Am Abend des Todestages nimmt Privatdozent Dr. Ernst Schulz die Sektion vor. Anneliese sei abgemagert gewesen, geradezu ausgemergelt, mit tief eingesunkenen Augen, übersät mit Hautverletzungen, Abschürfungen, Geschwüren. Die Wirbelsäule sei durch die Bauchdecke hindurch zu tasten gewesen. Die Verfassung der Toten lasse sich am ehesten vergleichen mit der getöteter Lagerinsassen im Zweiten Weltkrieg. Nicht nur das Gesamtgewicht sei um etwa vierzig Prozent reduziert gewesen, sondern auch das Gewicht der inneren Organe. Dies deute darauf hin, daß Anneliese Michel über einen Zeitraum von rund zwei Monaten nichts oder kaum etwas zu sich genommen habe.

Aus der Sicht des Mediziners führten drei Faktoren zum Tod: die Abmagerung, eine Lungenentzündung und die extreme körperliche Beanspruchung während der letzten Lebenstage. Anneliese habe Tag und Nacht geschrien und Hunderte von Kniebeugen gemacht. Organisch sei sie gesund. Das Hirn zeige keine faßbare Krankheit. Die hochgradige Abmagerung, so der Mediziner, sei als Magersucht bekannt. Gegen sie gebe es seit Jahren gute therapeutische Möglichkeiten. Annelieses Leben wäre zu retten gewesen, wenn man die Kranke von den krankmachenden Faktoren ihrer Umwelt abgeschirmt hätte. Noch etwa eine Woche vor ihrem Tod wäre sie durch eine Zwangsernährung zu retten gewesen.

Das sehen die Eltern und die beiden Exorzisten völlig anders. Anna Michel spricht es später vor Gericht gegenüber dem Rechtsmediziner klar aus: «Sie gehen immer von einer Kranken aus, aber die Anneliese war eine Besessene. Und die Dämonen geben einem Menschen ungeheure Kraft, gegen die man nichts machen kann.»

Anneliese habe freiwillig auf Nahrung verzichtet, habe sich als Sühnopfer für die Sünden der Deutschen und besonders für die Sünden der Priester, die den Zölibat brechen, angeboten. In diesem Sinne hatte auch Pfarrer Ernst Alt kurz vor Annelieses Tod dem Würzburger Bischof Josef Stangl seine Sicht des Falles mitgeteilt:

«Anneliese Michel ist ein typischer Fall von Sühnebesessenheit. Man tut sich aber mit dem Exorzismus schwer, weil die Sühne nicht zu fassen ist. Der einzige Trost ist: Viele Seelen werden dadurch gerettet.» Dann folgt ein schockierender Nachsatz, bedenkt man, daß die Exorzisten eine verzweifelte, sich dem Tod entgegenhungernde Frau vor Augen haben: «Ich möchte die Zeit des vergangenen Jahres nicht missen.» Pater Arnold Renz ergänzt in seinem Schreiben an den Bischof: «Heute freue ich mich, daß ich den Fall übernommen habe. Es sind kostbare Erlebnisse. Solche Erfahrungen sind mehr wert als alle Bücherweisheit.»

Am Abend des 1. Juli 1976 gegen zehn Uhr erfährt Annelieses Verlobter, der angehende Lehrer Peter Himsel, von ihrem Tod. Er sitzt gerade an seiner Unterrichtsvorbereitung, da schellt es. Als er die Tür öffnet, sieht er zwei von Annelieses Schwestern in schwarzer Kleidung. «Da dachte ich: Was ist denn jetzt los?» erinnert sich Peter Himsel im Gespräch, das wir am 24. August

1994 im Kloster Engelberg führen. Die Schwestern betreten die Wohnung und fordern Peter auf, Platz zu nehmen. «Da hab ich schon gedacht, irgendwas stimmt nicht. Ich konnt's erst nicht glauben.» Die Schwestern bieten Peter an, über Nacht bei ihm zu bleiben. Er aber bittet sie zu gehen. «Nein, geht fort. Ich will jetzt alleine sein.» Als die beiden nach Klingenberg zurückgefahren sind, verläßt auch Peter das Haus und läuft die ganze Nacht über ziellos herum. «Raus aus dem Haus, hab geflucht. Also, es war total verrückt. Es ist alles herausgebrochen aus mir.»

Während Peter Zuflucht im Gebet findet, werden an diesem Freitag in Würzburg die Examenszeugnisse ausgeteilt. Auch Anneliese hätte hier stehen sollen. Wie andere angehende katholische Religionslehrerinnen sollte sie die «Missio canonica», die offizielle bischöfliche Lehrbefähigung für katholischen Religionsunterricht an staatlichen Schulen, vom obersten Hirten der Diözese Würzburg verliehen bekommen. In der Kapelle des Studentenwohnheims Ferdinandeum erscheint Bischof Stangl, läßt die Mädchen niederknien und beten für eine, «die nicht mehr unter uns weilt». Das Ferdinandeum kennt Josef Stangl gut, hatte er doch selbst während seiner Schulzeit am Würzburger Neuen Gymnasium hier gewohnt.

Diejenigen, die bislang von Annelieses Tod gehört hatten, mochten annehmen, sie sei das Opfer einer obskuren Sekte oder einer radikalen katholischen Gruppe von Traditionalisten geworden. Eine Randerscheinung, ein tragischer Einzelfall, ein Opfer religiöser Fanatiker. Jetzt aber wird bekannt, daß zwei Exorzisten, der Salvatorianerpater Arnold Renz von der «Gesellschaft des Göttlichen Heilandes» und Pfarrer Ernst Alt, mit offizieller bischöflicher Erlaubnis den Exorzismus an dem Mädchen ausgeübt hatten. Von Klingenberg führt die dämonische Spur bis in die Chefetagen des deutschen Episkopates. Zudem hatte Deutschlands Chefexorzist, der Frankfurter Jesuit und ehemalige Offizier Adolf Rodewyk, maßgeblich aus dem Hintergrund gewirkt. Auch Pater Adolf Rodewyk ist keine Randfigur. Er hatte mehrere Standardwerke zum Thema Exorzismus veröffentlicht. Darunter den Klassiker «Dämonische Besessenheit heute. Tatsachen und Deutungen», der 1966 im Aschaffenburger Paul Pattloch Verlag mit ausdrücklicher Erlaubnis des Würzburger Generalvikars Justin Wittig erschienen war. Die kirchliche Druckerlaubnis (Imprimatur) lautet: «Würzburg, den 23. 4. 1966. Wittig, Generalvikar». Nach katholischer Auffassung steht damit das dämonische Weltbild des Paters in Übereinstimmung mit den Lehren der Kirche. Noch aber weiß niemand, daß Annelieses Exorzisten die Teufel von Klingenberg streng nach Rodewyks Anweisungen beschworen haben.

In Aschaffenburg brodelt derweil die Gerüchteküche. Die Öffentlicheit erwartet ein klärendes Wort des Bischofs. Annelieses Eltern und die Exorzisten hoffen, der Würzburger Oberhirte werde zu ihnen stehen. Josef Stangl aber ist zu keiner persönlichen Stellungnahme zu bewegen. Es ist Hochsommer; er fährt in den Urlaub. Die Familie Michel fühlt sich hintergangen, denn Bischof Stangl ist auch für sie nicht zu sprechen. Für ihn führt Generalvikar Justin Wittig das Wort.

Als Sprecher des Bischofs verfährt er nach der Devise: Wir haben von allem nichts gewußt! Im Gespräch mit der *Welt am Sonntag* (25. Juli 1976) bestreitet er nicht nur jede Verantwortung des Bischofs, sondern leugnet, die junge Frau gekannt zu haben: «Uns wurde der Fall erst nach dem Tode des Mädchens bekannt. Ich habe niemandem die Genehmigung zu den Exorzismus-Gebeten erteilt.»

Chefexorzist Adolf Rodewyk vom Eliteorden der Jesuiten hält dagegen mit seiner Meinung nicht zurück. «Es laufen noch andere Fälle. Aber die fallen unters Amtsgeheimnis», bekennt er öffentlich. Dieses Geständnis wirft weitere Fragen auf: Ist der Fall Anneliese Michel nur die Spitze eines Eisbergs? Versucht der Sprecher des Bischofs deshalb, solange es geht, die Zuständigkeit für den Fall auf andere abzuwälzen? Papst Paul VI. hatte in verschiedenen Ansprachen die katholische Lehre von der Existenz des Teufels bestätigt. Der Generalvikar dagegen bekennt: «Ich glaube nicht an Besessenheit. Ich bin der Ansicht, daß in Klingenberg auf den ersten Blick eine Erkrankung zu erkennen gewesen wäre.»

So lautet die bischöfliche Sprachregelung bis auf den heutigen Tag. Hatte Justin Wittig vergessen, daß er die Veröffentlichung von Rodewyks Buch über Besessenheit nach sorgfältiger inhaltlicher Überprüfung genehmigt hatte? Pater Renz hatte die mit bischöflicher Druckerlaubnis veröffentlichte Theorie in die Praxis umgesetzt. Deshalb plagt ihn kein schlechtes Gewissen. Im Gegenteil! Während der siebenundsechzig Teufelsaustreibungen läßt er Tonbänder mitlaufen, um die Stimmen der Dämonen zu dokumentieren. Mochten moderne Theologen an der Existenz des Teufels zweifeln, mit diesen Bändern würde er den Gegenbeweis antreten. Er sei sogar froh darüber, daß auf dem Leichenschein kein natürlicher Tod bescheinigt werde, denn nur dadurch sei die Menschheit nachhaltig auf die Existenz Satans aufmerksam gemacht worden, nachdem doch selbst viele katholische Priester nur noch wie die Psychoanalytiker und Verhaltensforscher von «dem Bösen», nicht aber vom Teufel reden.

Auch für den Bischof in Würzburg wurden Kopien der Tonbänder hergestellt. Pater Renz ist nach Annelieses Tod weiterhin von der Richtigkeit seines Tuns überzeugt, so daß er die Bänder öffentlich abspielt und der Presse zur Verfügung stellt. Selbst seinen Schülern in der Mozart-Volksschule Elsenfeld führt er während des katholischen Religionsunterrichts Mitschnitte von den Teufelsaustreibungen vor. Der Teufel, das sollen die jungen Leute lernen, sei keine mittelalterliche Spukgestalt, keine Erfindung der modernen Filmemacher, den Teufel gebe es nicht nur im Kino, sondern auch hier in unmittelbarer Nähe der Schule in Klingenberg. Die Eltern der dreiundzwanzig Schüler des Paters melden daraufhin ihre verstörten Kinder vom katholischen Religionsunterricht mit der Begründung ab, sie wollten ihnen eine Angstpsychose ersparen.

Das öffentliche Bekenntnis des Exorzisten steht in Widerspruch zur Verschleierungstaktik seiner Würzburger Vorgesetzten. Pater Renz wird zu einer Gefahr für die Kirche. Würzburg erteilt ihm deshalb ein Redeverbot und schickt ihn einstweilen in Urlaub. Doch Pater Renz ist sich keiner Schuld bewußt. Er läßt sich keinen Maulkorb verpassen. Auf seinem elterlichen Hof, dem

Renzhof in Hiltensweiler (Bodenseekreis), empfängt er Journalisten und präsentiert ihnen die Stimmen der Dämonen. Auf die immer wiederkehrende Frage, warum er keine ärztliche Hilfe geholt habe, verweist er auf Anneliese Michels freien Willen. Es sei ihr Wunsch gewesen, keinen Arzt einzuschalten. Die Eltern hätten ihm entsprochen. Sie wollten dem Mädchen eine Einweisung in das Bezirks-Nervenkrankenhaus Lohr ersparen und ihre Tochter nicht den Medizinern ausliefern, für die es Besessenheit und Teufel nicht gebe. Niemand dürfe den Eltern vorwerfen, sie seien schuld am Tod ihrer Tochter. Sie hätten es viel einfacher gehabt, wenn sie Anneliese in eine Nervenheilanstalt abgeschoben hätten, meint Renz. Diejenigen, die nun den Eltern unterlassene Hilfeleistung vorwürfen, hätten einmal die durchdringenden, fast unmenschlichen Schreie in der Nacht erleben müssen oder den Zustand des Mädchens, wenn die Dämonen in ihm sich gegenseitig in die Haare gerieten.

Da Salvatorianerpater Arnold Renz nicht schweigen will, spricht nun seine Ordensleitung ein Machtwort. «Das ist kein Thema, das man jetzt weiter in der Öffentlichkeit diskutieren kann», meint Pater Markus vom Provinzialat der «Gesellschaft des Göttlichen Heilands» in München. Eine Mitwirkung des Bischofs von Würzburg, so wird auch von dieser Seite schnell verbreitet, habe es bei dem Vorgang nicht gegeben. Pater Renz wird damit von zwei Seiten massiv unter Druck gesetzt und zum Rückzug aus der Öffentlichkeit angehalten.

Dem Chefexorzisten Rodewyk wagt niemand ein Redeverbot zu erteilen. Er nimmt Pater Renz unter seine Fittiche und schickt ihn mit neuem Exorzismusauftrag in die Schweiz. Als Offizier im Ersten Weltkrieg, Leiter des Aloisiuskollegs in Godesberg (1932 bis 1938) und Rektor der St.-Ansgar-Schule in Hamburg war Adolf Rodewyk gewohnt, Befehle zu erteilen. Wer bisher glaubte, Exorzismus sei ein Relikt aus den Zeiten der Hexenverfolgung und schon längst aus der Kirche verbannt, wird durch Rodewyk eines Besseren belehrt. Klingenberg sei kein Einzelfall. Auf die Frage, wie viele Fälle von Besessenheit es im Jahre 1976 im katholischen Untergrund noch gebe, deutet er an: «Sie können annehmen, daß es immer Fälle von Besessenheit gibt. Sie kommen wenig in die Öffentlichkeit, aber es läuft immer was.» Gefragt nach seiner Rolle im Fall Michel, gesteht er frei: «Ich habe hauptsächlich gesehen, wie der vom Bischof bestimmte Exorzist die Sache machte. Das hatte ich kontrolliert. Und der machte das genauso, wie es da stand, und das hat mich beruhigt, und da bin ich bald wieder abgefahren.»

Aber Anneliese sei doch schließlich verhungert! Hätte das nicht verhindert werden können?

«Nein, da hätte auch ein Arzt nichts daran ändern können. Es gehört zu der Besessenheit – oder es kann dazu gehören –, ein Mangel an Nahrungsaufnahme, und da ändern Sie nichts dran. Ich habe das in einem anderen Fall gehabt, da haben wir zu essen genügend hingestellt – es war einfach nicht möglich. Vielleicht kann man etwas hineinwürgen, wenn man so sagen soll, aber das wird sofort erbrochen. Das nützt nichts. Hier hätten Sie einen Arzt holen können, welchen Sie wollen, der hätte diesen Zustand nicht brechen können.»

Auf die erstaunte Nachfrage des Journalisten, ob aus Rodewyks Worten geschlossen werden dürfe, daß es schon ähnliche Fälle mit tödlichem Ausgang in der katholischen Kirche gegeben habe, antwortet der Exorzist: «Ja, natürlich.»

Nicht das Wort verbieten läßt sich auch Thea Hein. Im Quelle-Versandhauskatalog hatte sie mehrere Dutzend Kassetten bestellt und mit ihrem Recorder Aufnahmen von den Stimmen der Dämonen angefertigt. Sie erinnert sich an die Zeit der Verschleierungstaktik nach Annelieses Tod: «Die Priester haben Redeverbot gekriegt, und Pfarrer Alt wollte nach Amerika. Da hat er das Reisevisum nicht bekommen. Die Priester hatten Redeverbot, und bei mir haben sie es auch versucht. Sie sind gekommen und wollten eine Hausdurchsuchung machen. Da habe ich gesagt: ‹Hören Sie mal, wir leben im demokratischen Deutschland, und ich laß mir das Wort nicht verbieten. Das könnt ihr mit mir nicht machen. Mit euren Brüdern und Ordensleuten könnt ihr machen, was ihr wollt, mit mir macht ihr das nicht!› Und ich habe damals gesagt: ‹Das bricht dem Bischof das Kreuz!› Er hätte sagen müssen: ‹Jawohl, ich habe den Priestern den Exorzismusauftrag erteilt!› Und er hätte sich hinter seine Priester stellen müssen; er hätte die Priester nicht dem Pöbel ausliefern dürfen. Er hätte nicht sagen dürfen: ‹Nein, ich habe ihn nicht erteilt.› Da habe ich gesagt: ‹Gebt acht, das bricht dem Bischof das Genick!› Und genau ein Jahr danach war er tot. Er hat ja den Verstand verloren; das werden Sie ja wissen. Der Wittig war auch ein ganz Schöner, der hat genug gehetzt und geschürt.»

Die Kleinen hängt man, die Großen läßt man laufen! So mochten auch diejenigen denken, die nun Strafanzeige gegen den Bischof wegen «des Verdachtes der fahrlässigen Tötung» erhoben. Aus der Bevölkerung und von zahlreichen humanistischen Organisationen gehen Dutzende von Strafanträgen ein. Nun nimmt der Sprecher des Bischofs erneut öffentlich Stellung: «Der Bischof hat von sich aus das Beten des Exorzismus überhaupt nicht angeordnet, sondern er gab nur den drängenden Bitten vor allem der Eltern nach, die an der Wirksamkeit medizinischer Hilfe verzweifelten und eine letzte Zuflucht im religiösen Bereich suchten. Man kann deshalb sogar nicht einmal sagen, er habe die beiden Priester beauftragt, sondern er hat ihnen nur die Erlaubnis zum Beten des Exorzismus gegeben. Der Bischof hatte die Absicht, verzweifelten Menschen eine letzte Hoffnung nicht zu versagen.»

Tatsächlich aber hatte Bischof Stangl am 16. September 1975 an Pater Arnold Renz geschrieben: «Hiermit beauftrage ich nach reiflicher Überlegung und guter Information H. H. P. Renz, Salvatorianer, Superior in Rück-Schippach, bei Fräulein Anna Lieser [= Deckname für Anneliese Michel] im Sinne von CIC can. 1151 § 1 zu verfahren. Mein Gebet gilt seit längerer Zeit diesem Anliegen. Gott möge uns helfen! Ich danke aufrichtig für diesen Einsatz.»

Inzwischen hatte auch die Aschaffenburger Staatsanwaltschaft ihr Votum abgegeben. Soll es nun doch zu einer Anklage des Bischofs kommen? Darüber hatte der Generalstaatsanwalt in Bamberg zu entscheiden. Über ein halbes Jahr dauert der Entscheidungsfindungsprozeß. Niemand weiß bisher, was hinter den Kulissen gelaufen ist. Wieso werden im Juli 1977, also ein volles

Jahr nach Anneliese Michels Tod, die Ermittlungen gegen den Bischof und den Chefexorzisten Rodewyk eingestellt und am 13. Juli nur gegen die Eltern und die Exorzisten Ernst Alt und Pater Renz Anklage wegen fahrlässiger Tötung und pflichtwidriger Unterlassung der Zuziehung medizinischer Hilfe erhoben?

Annelieses Eltern wußten sich in allem, was sie unternahmen, als gehorsame Diener der Kirche. Jetzt verstehen sie das Taktieren der Kirchenoberen nicht. Als ihnen bekannt wird, daß Bischof Stangl aus Anlaß einer Firmung in der Aschaffenburger Agathakirche die Messe zelebrieren wird, entschließen sich Anna Michel und Thea Hein, den Oberhirten dort anzusprechen. Anna Michel schlägt das Herz. Nach der Messe geht sie hinter den Meßdienern in die Sakristei und stellt sich vor:

«Herr Bischof, ich bin Frau Michel, die Mutter. Sie wissen ja Bescheid über unseren Fall. Wir stehen kurz vor dem Prozeß. Und ich möchte mit Ihnen einmal sprechen. Sind Sie doch so freundlich und so gut, und lassen Sie doch den Pater Renz in Schippach, weil wir den vor Gericht so dringend brauchen. Wir können dann mit ihm sprechen.»

Der Bischof bleibt jedoch bei seinem Entschluß, verliert sich ins Formelhafte, sagt, er habe viel für Anneliese gebetet und könne jetzt nichts mehr für sie und ihre Familie tun. Dann beendet er das Gespräch abrupt und geht: «Ja, ich habe jetzt keine Zeit. Ich bin zum Essen geladen.»

Die beiden Frauen bleiben allein in der Sakristei zurück. Anna Michel und Thea Hein sind erschüttert. Sie sind fest davon überzeugt, Gottes Willen gefolgt zu sein, und sehen sich jetzt wegen unterlassener Hilfeleistung vor einem weltlichen Gericht stehen, das ihrer Überzeugung nach für den Fall nicht zuständig ist. Sie fühlen sich auch von ihrer katholischen Kirche verraten und verleugnet wie Jesus von den Jüngern Judas und Petrus. Jetzt muß Gott selbst ein Zeichen setzen und ihnen beistehen. Sie suchen Zuflucht im Gebet zur Muttergottes. «Nur noch ein Wunder kann uns retten!» denken sie.

Dann kommt tatsächlich aus einem Allgäuer Karmeliter-Kloster eine unglaubliche Nachricht. Die Gemarterte soll sich direkt aus dem Himmel in die irdischen Prozeßvorbereitungen eingemischt haben. Anneliese sei in den Klostermauern erschienen, habe sich an eine Nonne aus dem Orden der Karmeliterinnen gewandt und ihr ein Wunder mitgeteilt. Man solle auf dem Klingenberger Friedhof graben. Dort werde man ihren Leichnam unverwest im weißen Kindersarg finden. Das werde der Beweis sein, daß Gott seine Hand im Spiel gehabt habe und daß sie tatsächlich vom Teufel besessen und nicht etwa im medizinischen Sinne krank gewesen sei. Ihr unverwester Leichnam werde die Unschuld ihrer Eltern beweisen. Man solle den Sarg am Samstag, dem 25. Februar 1978, öffnen.

«Über diesen meinen Tod wollt ihr nun richten und urteilen», soll Anneliese Michel zu der Nonne gesagt haben. «Wagt es nicht, über jene zu richten und zu urteilen, die mir Hilfe und Stütze im Kampf mit den finsteren Mächten waren!»

Das war ganz aus dem Herzen der Eltern und Exorzisten gesprochen. Und noch etwas hatte die junge Frau aus dem Himmel mitgeteilt: «Ich habe mein Leben zur Rettung meines deutschen Vaterlandes dahingegeben. Mein Tod war ein Sühnetod für die Rettung und Umkehr meines deutschen Volkes.»

Zeitgleich mit der Vorbereitung der Anklageschrift hatte Deutschland einen Höhepunkt des politischen Terrors erlebt. Die Entführung und Ermordung des Arbeitgeberpräsidenten Hanns-Martin Schleyer, die Selbsttötung der Terroristen Andreas Baader und Gudrun Ensslin wurden in frommen Kreisen nicht nur als politische, sondern auch als religiöse Krise gedeutet: Waren der unbändige Haß und der abgrundtiefe Zerstörungswille, der den eigenen Untergang in Kauf nahm, nicht Zeichen, daß in Deutschland der Teufel los war? Gegen den Verfall der Werte mußte eine religiöse Erneuerung gesetzt werden. Auf diesem Hintergrund entwickelte sich eine zeitgeschichtliche Deutung von Annelieses Tod. Am Vorabend des «deutschen Herbstes» sollte Annelieses freiwilliges Martyrium ein Sühnopfer für die politischen Sünden gewesen sein. Herrschte nach Annelieses Tod in der Öffentlichkeit zuerst eine Meinung aus Angst, Empörung und Sensationsgier, so setzt das prophezeite Wunder vom unverwesten Leichnam im Klingenberger Grab eine fromme Gegenbewegung frei. Anneliese Michel, das Opfer der Dämonen, die Sühnebesessene von Klingenberg, gilt plötzlich als Heilige, die wie Christus stellvertretend für die Sünden der Menschen gelitten habe. Viele wollen plötzlich im Gebet ihren Zuspruch erfahren haben.

Aus ganz Deutschland setzen nun Pilgerfahrten zu Anneliese Michels Grab ein. Gläubige, die sich in einer ausweglosen Situation finden, erhoffen sich von der Wallfahrt nach Klingenberg Zuspruch und Trost. Es gilt als guter katholischer Brauch, die Heiligen im Gebet anzurufen. Ihre Macht liegt auch in den Reliquien. Die katholische Kirche unterscheidet zwischen Körper- und Kontaktreliquien. Körperreliquien sind Partikel vom Leib des Heiligen. Das können einzelne Knochen, wie der Unterarm des heiligen Antonius von Padua sein, der in der Klosterkirche St. Anna in München verehrt wird, oder die Skelette der Heiligen Drei Könige im Dom zu Köln. Als Körperreliquien gelten auch Haare oder Fingernägel.

Von Jesus und Maria kann es keine Körperreliquien geben, da sie nach katholischer Auffassung leibhaftig in den Himmel aufgefahren sind. Ihre Macht hat sich auf Gegenstände übertragen, die sie berührt oder am Leibe getragen haben. Splitter vom Kreuz Christi, Dornen aus der Krone, Nägel, ein Ärmel des Gewandes, das Maria trug, als ihr der Erzengel Gabriel erschien, das Turiner Leichentuch oder die Windeln Jesu gelten als Kontaktreliquien. Die frommen Pilger am Grab der Anneliese Michel suchen diese Kontaktreliquien. Rosenkränze werden in Berührung mit dem schlichten Holzkreuz gebracht, um so eine Verbindung zu der Verstorbenen herzustellen. Die Graberde wird gleich schaufelweise in Plastiktüten gefüllt und wegtransportiert.

Nachdem die Staatsanwaltschaft Aschaffenburg Anklage erhoben hatte und alle Beteiligten auf den Beginn des Prozesses warteten, nachdem also aus Sicht der Behörden gewichtige Beweise für die Schuld der Exorzisten und Eltern am Tod der Anneliese Michel vorlagen, nachdem sich selbst der Bischof von seinen Priestern abgewendet hatte, leistet diese fromme Volksbewegung Widerstand. Gegen das weltliche Gericht setzt sie die Macht des göttlichen Richters. Da geschieht das Unglaubliche: Josef Michel bekommt vom Landratsamt und dem Staatlichen Gesundheitsamt die Erlaubnis zur Exhumierung der Leiche seiner Tochter.

«Aus Pietät, Dankbarkeit und Gewissensgründen gegenüber unserer Tochter sehen wir uns verpflichtet, sie in einen Zinksarg umbetten zu lassen», lautet die offizielle Begründung, die Josef Michel beim Landratsamt einreicht. Annelieses Vater hat weitreichende Pläne. Er will seine Tochter nicht nur in einen unverrottbaren Sarg umbetten, sondern er plant langfristig den Bau einer Kapelle, in deren Altarraum Annelieses Leib Gegenstand kultischer Verehrung sein soll.

Die Genehmigung des Antrages verursacht einen erneuten Presserummel. Bischof Stangl schickt die beiden Rechtsanwälte Marianne Thora und Frithjof Lipinsky, die er mit der Verteidigung der Exorzisten beauftragt hatte, als Beobachter zum Klingenberger Friedhof. Einen Tag vor der Exhumierung macht er sein Testament (24. Februar 1977). Hier zitiert er Johannes 12, 24: «Wenn das Weizenkorn nicht in die Erde fällt und stirbt, bleibt es allein. Wenn es aber stirbt, bringt es viele Frucht.» Hinzu fügt er einen Ausspruch des Ignatius von Antiochien: «Brotkorn Gottes bin ich, und durch die Zähne der Tiere werde ich gemahlen.» Der Exorzist Ernst Alt kommt aus seinem Pfarrhaus in Ettleben, wohin er sich in den letzten Wochen von Annelieses Leben zurückgezogen hatte. Er bleibt auf Distanz, verharrt außerhalb der Friedhofsmauern unerkannt unter Hunderten von Zuschauern und etwa dreißig Polizisten.

«Was mich so geärgert hat am Pfarrer Alt», erinnert sich Thea Hein, «das war, als die Anneliese umgebettet worden ist, ist er nicht auf den Friedhof gegangen. Da hat er auf der Straße im Auto gesessen. Aber wir mußten die Köpfe hinhalten. Wir konnten auch nicht umziehen, unser Haus ist stehengeblieben. Wir konnten nicht sagen, ich zieh heute dahin und morgen dorthin, wie's der Pfarrer Alt gemacht hat. Wir mußten die Köpfe hinhalten.»

Pater Renz dagegen, durch die Soutane als Geistlicher weithin erkennbar, steht mit Annelieses Verlobtem Peter Himsel, den Eltern und Geschwistern betend vor dem Grab. Vor dem Friedhofstor lassen fromme Frauen in Erwartung des Wunders den Rosenkranz durch die Finger gleiten. Im Blitzlichtgewitter der Weltpresse und vor der laufenden Kamera des Bayerischen Fernsehens gehen die Totengräber des Aschaffenburger Beerdigungsunternehmens Kraus ans Werk. Nach zwei Stunden ist der weiße Kindersarg freigelegt.

Die kleine Gemeinde betet das Ave Maria. In einer Prozession wird der eingedrückte und lehmverschmierte Sarg zur Leichenhalle gebracht. Dann stockt der Zug. Klingenbergs Bürgermeister Walter Riermaier ergreift das Wort, bittet die Verwandten und Pater Renz, vor der Leichenhalle zu warten. Er rechnet nicht mit einem Wunder, will die Eltern vor dem Anblick des verwesten Leichnams bewahren und sagt:

«Wenn ihr euch euren guten Eindruck von eurer Tochter erhalten wollt, dann schaut sie nicht an.»

Über den weiteren Verlauf der Exhumierung gibt es widersprüchliche Berichte. Bürgermeister Walter Riermaier erklärt später: «Ich kann auf meinen Eid bestätigen, daß sie verwest war.»

Das will ein weiterer Augenzeuge, der Beerdigungsunternehmer Emil Schweibert, bestätigen können: «Die Verwesung war weiter fortgeschritten, als man normalerweise hätte erwarten können. Das lag aber daran, daß das Mädchen zum Todeszeitpunkt nur noch Haut und Knochen war.»

Wie von der Nonne aus dem Allgäu prophezeit, war das Gesicht tatsächlich weiß. Lag also doch ein Zeichen des Himmels vor? Emil Schweibert sieht nicht die Hand Gottes am Werk: «Ein Zeichen der Verwesung. Es sah aus wie Kalk.»

Er nennt weitere Einzelheiten der Exhumierung. Bei der Umbettung sei die Tote nicht nur an Schultern und Beinen gehoben worden, weil man gefürchtet hatte, der Leichnam könnte auseinanderfallen: «Wir legten sie in ein Tuch, weil wir fürchteten, der Körper würde in der Mitte auseinanderbrechen», erinnert sich auch der Bürgermeister.

Emil Schweibert ergänzt: «Ich selbst habe die Tote in der Rückengegend gehalten.»

Die Polizei fertigt Fotos von der Toten an, hütet jedoch die Bilder vor unbefugten Blicken. Niemand außer den Eltern habe das Recht, Einsicht zu nehmen, heißt es vordergründig.

Pater Renz und die Eltern haben dagegen die Ereignisse auf dem Friedhof in anderer Erinnerung. Der Exorzist will am Betreten der Leichenhalle gehindert worden sein. Aus der Leichenhalle sei mitnichten der süßliche Geruch der Verwesung geströmt, vielmehr habe der Leichnam einen Duft wie von Weihrauch und Rosen verbreitet. Vom Wohlgeruch der Gebeine der Heiligen wissen zahlreiche Legenden zu berichten. Deshalb gehört für die Gegner der Familie das Gerücht vom Rosen- und Weihrauchduft aus der Klingenberger Leichenhalle zum verzweifelten Versuch, sich durch eine künstliche Legendenbildung dem weltlichen Urteil zu entziehen. Der Exorzist dagegen will zwei vornehm gekleidete Männer gesehen haben, von denen einer die verräterischen Worte gesagt haben soll: «Das darf auf keinen Fall an die Öffentlichkeit kommen, koste es, was es wolle!»

Für den Exorzisten und die Familie war der Fall eindeutig: Die Nonne hatte die Wahrheit vorhergesagt. Anneliese habe tatsächlich unverwest im weißen Kindersarg gelegen, wie es die Öffnung des Sarges in der Leichenhalle bestätigt habe. Das hätten auch die von der Polizei gemachten Fotos von der Leiche bestätigt. Wenn ihre Veröffentlichung untersagt wurde, dann nicht aus Gründen der Pietät, sondern ganz im Gegenteil, um die Wahrheit zu verheimlichen. Denn, so die Logik der Anhänger des Heiligenkultes, nur der Bischof konnte ein Interesse an der Nichtveröffentlichung der Fotos haben. Wenn Anneliese tatsächlich verwest gewesen wäre, wie später ihre Gegner behaupteten, warum haben dann Bischof, Polizei und Staatsanwaltschaft dafür nicht sofort den Beweis durch die Freigabe der Fotos angetreten?

Am Donnerstag, dem 30. März 1978, um 8.30 Uhr beginnt im großen Sitzungssaal des Aschaffenburger Landgerichts der Prozeß. Alle Versuche, den Bischof vor Gericht zu zitieren, sind gescheitert.

Zu Beginn der Verhandlung erhebt sich Josef Michel und fordert die im Saal Versammelten zum gemeinsamen Gebet auf. Verwunderte Blicke treffen ihn. Einige lächeln amüsiert, andere schütteln den Kopf, doch alle spüren: Dieser Mann lügt nicht, er ist tatsächlich überzeugt von dem, was er sagt. Das Gebet vor Prozeßeröffnung sei notwendig, erklärt Josef Michel, denn schließlich habe man es hier mit einem überweltlichen Gegner, dem Teufel, zu tun. Gegen ihn sei jede weltliche Macht ohne Gottes Beistand hoffnungslos verloren.

Das Publikum richtet seine Blicke nun auf den Vorsitzenden Richter Elmar Bohlender. Der weist Josef Michels Wunsch zurück. Vor diesem Gericht werde nicht über die Existenz von Gott oder Teufel befunden, sondern über die höchst irdische Frage, ob Anneliese in den letzten Wochen ihres Lebens noch über einen freien Willen verfügt habe oder ob sich die Angeklagten der unterlassenen Hilfeleistung schuldig gemacht haben.

Josef Michel ist sich keiner Schuld bewußt: «Wenn ich noch einmal in der gleichen Situation wäre, würde ich wieder genauso handeln. Ich würde das alles um kein Jota anders machen. Ich habe mir nichts vorzuwerfen. Das mit meiner Tochter war Gottes Wille», sagt er jedem der zahlreich angereisten Journalisten, der es hören will, und an den Richter gewandt: «Wenn Gott unsere Tochter zu sich nahm, nachdem sie schon weit vorher in vollem Bewußtsein um Lossprechung gebeten hatte, so verstehen wir nicht, daß wir für unser Gottvertrauen jetzt bestraft werden sollen. Wenn Sie als Richter uns gleichwohl bestrafen wollen und dies vor Gott und Ihrem Gewissen verantworten können, dann tun Sie es. Uns trifft diese Strafe nicht.»

Dann kommt die Stunde der psychologischen Gutachter. Die Psychiater Professor Dr. Eberhard Lungershausen und Privatdozent Dr. Gert-Klaus Köhler attestieren Pfarrer Alt «eine abnorme Persönlichkeit. Teile seiner Angaben zur Vorgeschichte legen sogar die Möglichkeit des Bestehens einer Psychose des schizophrenen Formenkreises nahe». War also Pfarrer Ernst Alt letztlich schuld an Annelieses Tod? Hatte er Anneliese eingeredet, vom Teufel besessen zu sein? Hatte er gar ein sexuelles Verhältnis mit ihr? Die Gerüchteküche brodelte. Vielleicht empfand Pfarrer Alt es auch deshalb als besondere Demütigung, als ihn der

Richter zur Erheiterung aller im Saal nach seinem Familienstand fragte: «Herr Alt, sie sind doch sicher unverheiratet.»

Alt hatte vor der vierstündigen Vernehmung gebetet und seine Sache Gott befohlen. Dieser Prozeß sei letztlich Gottes Angelegenheit und nicht die seine. Der Herrgott würde ihn schon sicher führen. Trotzdem ärgert er sich, daß ihn der Richter nicht als Geistlichen, also mit Titel, anredet, sondern einfach mit «Herr Alt». Als der Richter einen theologischen Disput über die mögliche Antiquiertheit seines dämonischen Weltbildes beginnen will, kontert Pfarrer Alt entschieden: «Herr Richter, auch wenn fünfzig Millionen Menschen darüber lachen, wenn ich jetzt sage, wir haben sechs Teufel ausgetrieben, dann weiß ich, was ich sage. Ich stehe zu dieser Aussage, weil ich weiß, daß Besessenheit im authentischen Glauben der katholischen Kirche verankert ist.»

Gegen Schizophrenie, Hysterie und Depressionen hätte es Mittel gegeben, Anneliese aber sei besessen gewesen. Sie hätte jederzeit zu einem Arzt gehen können, habe dies aber nicht getan. In ihrer Krisenzeit sei sie so klar im Kopf gewesen, daß sie sogar einen Führerschein gemacht habe. Wenn sie wirklich Epileptikerin und zudem magersüchtig gewesen wäre, wie die Anklage behaupte, dann hätte sie den Führerschein kaum ohne Auflagen bekommen.

Anna Michel hört sich zwei Tage lang ohne äußerlich erkennbare Bewegung die Aussagen an. Dann überfällt sie ein Weinkrampf, als zum ersten Mal die Mediziner als Zeugen zu Worte kommen und schildern, wie gut es Anneliese noch ein halbes Jahr vor ihrem Tod gegangen war. Als Tonbandmitschnitte der exorzistischen Sitzungen vorgespielt werden, ergreift Schreckensbleiche einige der Prozeßteilnehmer, Annelieses Schwester Roswitha bricht mit einem Weinkrampf zusammen und muß aus dem Saal hinausgeführt werden, andere Zuhörer verlassen nach wenigen Minuten ihre Plätze, als vom Tonband ein ohrenbetäubendes wölfisches Heulen und Grunzen zu hören ist. Nur Pater Renz kommentiert gelassen, das seien die Stimmen der Dämonen.

Professor Dr. Hanns Sattes von der Universitätsnervenklinik Würzburg hält in seinem Gutachten Annelieses Eltern, ohne sie untersucht zu haben, für nur bedingt schuldfähig. Seine Angaben stützen sich allein auf das Bild, das er während der Hauptverhandlung von ihnen gewonnen hat: «Die Beeinflussung der Eltern während der letzten Wochen vor dem Tod der Anneliese Michel war ungeheuer. Tage- und wochenlang waren sie der suggestiven Wirkung durch die Kranke ausgesetzt. Als gläubige Menschen wurden sie in ihrer Auffassung von den Exorzisten bestärkt. Auch die Genehmigung des Bischofs zum Exorzismus bestärkte sie in der Meinung, ihre Tochter sei besessen.»

Anneliese attestiert er Epilepsie. «Die Feststellung, daß die Verstorbene an einer Epilepsie gelitten hat, ist deswegen von großer Bedeutung, weil es eine Erfahrungstatsache darstellt, daß gerade bei Menschen mit diesem Leiden nicht selten sehr betonte, übertriebene und selbst krankhafte religiöse Einstellungen auftreten können, weil es ferner im Rahmen einer Epilepsie, auch dann, wenn keine großen Anfälle mehr auftreten, zu depressiven Verstimmungen kommen kann, sowie zu wahnhaften Episoden.» Auf diesem Untergrund der Epilepsie habe sich eine Wesensveränderung entwickelt. «Solche Kranken neigen zu ekstatischen religiösen Erlebnissen, die häufig mit einem inbrünstigen Versenken in religiöse Gedankengänge verbunden sind.» Unbewußt habe Anneliese sich selbst die Rolle der Besessenen vorgespielt, den behandelnden Ärzten aber die Symptome verschwiegen. «Sie entfaltete die Besessenheits-Symptome nur vor jenen Menschen, die daran glaubten und darauf eingingen.»

In den letzten Wochen ihres Lebens habe sie das Bild einer Geisteskranken geboten. Die Tonbandaufnahmen gäben das Bild eines schwer psychotischen Menschen wieder. «Die Sitzungen bestärkten sie in ihrer krankhaften Einstellung.» Zugleich habe Anneliese eine erhebliche Suggestion auf ihre Umgebung ausgeübt. «Aus dem Geistlichen Alt, der sich Seelenführer nannte, wurde mehr und mehr ein Geführter. Führer war ab einem bestimmten Zeitpunkt die Kranke selbst.» Spätestens Ostern 1976, so Sattes, habe Anneliese in eine psychiatrische Behandlung gehört. Sie sei nicht mehr in der Lage gewesen, eine eigene Entscheidung zu treffen. Die Psychiatrie kenne ähnliche Fälle wahnhaften Glaubens.

«Es handelt sich hierbei in der Regel um Krankheitssymptome, die im Rahmen affektiver Psychosen, besonders bei einem Versündigungswahn, bei einer endogenen Depression, aber auch bei einer Schizophrenie oder bei organischen Hirnerkrankungen, z. B. bei einer wahnhaften Psychose im Rahmen einer Epilepsie, auftreten können.» Die Überzeugung der Eltern und Exorzisten, es könne für Anneliese nur eine göttliche Hilfe geben, bezeichnet der Mediziner als «krankhaft», was nun wiederum Pfarrer Alt als persönliche Beleidigung auffaßt.

Die Staatsanwälte fordern 4800 Mark Geldstrafe für Pfarrer Ernst Alt, zahlbar in 120 Tagessätzen zu je 40 Mark, 3600 Mark Geldstrafe für Pater Renz, zahlbar in 120 Tagen zu je 30 Mark. Im Falle der Eltern plädiert die Staatsanwaltschaft für einen Schuldspruch, aber keine Bestrafung. «Die Folgen der Tat, nämlich der Tod des Mädchens, sind für die Eltern so schwer, daß eine Strafe offensichtlich verfehlt wäre.»

Währenddessen beschmieren Unbekannte das Bischöfliche Palais in der Würzburger Innenstadt mit der Parole: «Exorzismus ist wie kirchlicher Terrorismus, Stangl!» Unterschrieben mit «ROTE GARDE».

Staranwalt Dr. Erich Schmidt-Leichner, Verteidiger von Anna und Josef Michel, spricht in seinem Schlußplädoyer aus, was viele Bürger von Klingenberg über Annelieses Eltern denken: «Kann man sich vorstellen, daß die Eltern, die ihre Tochter über den Tod hinaus lieben, keinen Arzt wollten, wenn sie auch nur im entferntesten daran gedacht hätten, daß ein Arzt ihrer Tochter helfen könnte?» Es sei unbestritten Annelieses persönlicher Wunsch gewesen, daß kein Arzt herangezogen werde. «Solche persönlichen Entscheidungen müssen nicht immer wiederholt werden. Wenn sie einmal gefallen sind, muß man sie respektieren.» Josef und Anna Michel hätten das Schicksal ihrer Tochter in die Hände der Priester und damit in die Hände der katholischen Kirche gelegt. Wer die Eltern verurteile, der verurteile zugleich die katholische Kirche.

In seinem Schlußwort beschwört Josef Michel noch einmal den ganzen Kosmos von Dämonen und Heiligen, der zu seinem religiösen Weltbild gehört. Erneut lehnt er das irdische Gericht als nicht zuständig ab. Der Herr im Himmel sei der einzige Richter in dieser Angelegenheit. Mit Tränen in den Augen und kaum verständlicher Stimme ruft Annelieses Vater in den Saal: «Anneliese ist in der Auseinandersetzung mit dem Teufel gestorben, statt eines Gerichtsverfahrens hätten wir Anteilnahme erwartet. Schuldige sind hier die Mächte der Finsternis. Die dunklen Mächte kann man nicht auf die Anklagebank bringen. Wir glaubten an die Gesetze der Kirche und folgten ihr. Wenn wir bestraft werden, dann werden wir die Strafe still auf uns nehmen, aber wir können sie nicht verstehen. Wir vertrauen zutiefst und aus innerer Überzeugung der Kirche und den Priestern, die vom Bischof als Exorzisten eingesetzt waren.»

Das Gericht spricht am Freitag, dem 21. April 1978, alle vier Angeklagten des Vergehens der fahrlässigen Tötung schuldig und verurteilt sie zu einer Freiheitsstrafe von je sechs Monaten, die auf drei Jahre zur Bewährung ausgesetzt wird. «Das Mädchen litt an einer psychogenen Geisteskrankheit mit religiösen Wahnideen auf dem Boden einer Epilepsie», urteilt das Gericht.

Das Urteil läßt vielfältige Deutungen zu. Zufrieden sind deshalb diejenigen, die einen Schuldspruch für Annelieses Eltern und die Exorzisten forderten. Zufrieden sind die Psychiater, in deren Weltbild der Glaube an die Existenz unsichtbarer guter und böser Mächte Ausdruck einer krankhaften Religiosität ist. Zufrieden ist aber auch die katholische Kirche. Da Anneliese nach Meinung des Gerichtes psychisch krank gewesen ist, wird die katholische Lehre vom Teufel grundsätzlich nicht angetastet.

Und plötzlich ist der Satan wieder da: Drei Tage nach der Urteilsverkündung kommentiert Deutschlands höchster katholischer Würdenträger, der Kölner Kardinal Joseph Höffner, noch einmal Annelieses Tod. «Die tragischen Folgen in Klingenberg haben nichts mit der Frage zu tun, ob man die Existenz des Teufels anerkennt oder nicht. Die Ursachen für diesen Fall liegen woanders.» Deshalb werde die Kirche auch weiterhin an der Lehre von der Existenz des Teufels festhalten. Das Aschaffenburger Urteil beschränkt sich auf eine neurologische und psychiatrische

Sicht des Falles. Dadurch ermöglicht es aber indirekt der Kirche, weiterhin am Exorzismus festzuhalten, denn Anneliese gilt ja nach richterlichem Urteil nicht wirklich als vom Teufel besessen, sondern als psychisch krank. In einem Kommentar für die *Welt am Sonntag* (7. Mai 1978) erklärt deshalb der Kardinal noch einmal deutlich: «Die katholische Theologie hält an der Existenz des Teufels und dämonischer Mächte fest. Es besteht auch für den Menschen des ausgehenden 20. Jahrhunderts kein Grund, das Wirken Satans und böser Geister in unserer Welt zu leugnen oder die Aussagen darüber als absurd zu empfinden.»

Annelieses Eltern, ihr Verlobter und vor allem ihre drei jüngeren Schwestern sehen sich von allen verlassen. Kein Wort des Trostes kommt aus Würzburg, kein Schuldbekenntnis, kein Eingeständnis, die Situation zumindest falsch beurteilt zu haben, nicht einmal Solidarität in der Trauer. Besonders Annelieses jüngste Schwester Roswitha befindet sich in einer psychisch desolaten Lage. Nun ist die Stunde der Sektierer gekommen. Priester des abtrünnigen Erzbischofs Lefebvre werben um die Michels. Auch sie instrumentalisieren Annelieses Leben und Sterben. Kaspar Bullinger, ein pensionierter Oberinspektor der Deutschen Bundesbahn, stellt mit Unterstützung der Familie Michel zwei Heftchen mit den Aussprüchen der Dämonen zusammen, um durch sie Politik gegen die Reformen des Zweiten Vatikanischen Konzils zu machen.

In Amerika wird die deutschstämmige Anthropologin Felicitas Goodman auf den Fall aufmerksam. Vermittelt durch den Exorzisten Alt, erhält sie die Gerichtsakten und das Urteil. Ihr Buch wird zur Verteidigungsschrift von Ernst Alt. Um ihn zu entlasten, behauptet Felicitas Goodman: Schuld am Tod von Anneliese waren die von den Medizinern verschriebenen Medikamente, besonders das Medikament Tegretal. Felicitas Goodman hatte die Familie Michel nur einmal kurz für eine halbe Stunde besucht, um weiteres dokumentarisches Material aus Josef Michels Tresor zu bekommen. Felicitas Goodman will den Exorzisten Alt entlasten, indem sie die Mediziner belastet. Vielleicht war diese Tendenz der Darstellung des Falles die Voraussetzung, um durch Ernst Alt an das Prozeßmaterial zu kommen. Thea Hein und die Familie Michel gehen jedoch auf Distanz zu dieser Apologie, weil sie offenbar auf falschen Tatsachen beruht. In einem Brief vom 21. November 1978 an den Chefexorzisten Adolf Rodewyk äußert Anna Michel ihre Bedenken gegenüber den Behauptungen von Felicitas Goodman:

«In Sachen Anneliese wurde vor einigen Wochen ein neues Gutachten erstellt, und zwar von einer Amerikanerin Frau Professorin Dr. Goodman, Ohio USA. – Sie hat eine Stimmbandaufnahme aus den Tonbändern erstellt und erklärt hierzu, daß sich Anneliese in einem religiösen Ausnahmezustand befand. Das Gericht habe das nicht berücksichtigt. Die Stimmhöhen wären zu einer normalen Stimme sehr unterschiedlich. Als Wissenschaftlerin geht sie dann soweit, daß sie erklärt, die Ärzte wären an dem Tod der Anneliese schuld, weil sie ihr falsche Medikamente (Tabletten) verordnet haben. Glauben Sie, man könnte bedenkenlos zum Schreiben eines Buches in Amerika (das sicher später auch in deutsch übersetzt wird) eine Erlaubnis geben? – Insbesondere haben wir Bedenken, wenn sie behauptet, Anneliese wäre an den falschen Medikamenten, wofür sie die Ärzte schuldig spricht, gestorben. Anneliese konnte doch in den letzten beiden Monaten keine Tabletten mehr einnehmen.»

Unterhalb seines Hauses Mittlerer Weg 3 baut Josef Michel eine alte Scheune zu einer Kapelle mit kleinem Pilgerzentrum um. Hier können die zahlreichen Pilger, die aus ganz Europa nach Klingenberg kommen, um an Annelieses Grab zu beten, verköstigt werden, hier können Priester die Messe zelebrieren und einfache Gläubige im Gebet die Nähe zu Anneliese suchen.

In der Kapelle direkt unter dem Altar hat Josef Michel eine Grablege vorbereitet. Er plant keine erneute Exhumierung der sterblichen Überreste seiner Tochter, wohl aber eine Umbettung des schweren Sarges. Hier in der Kapelle soll eines Tages, wenn alle Welt das Sühnopfer seiner Tochter erkannt haben wird, Annelieses Sarg eine dauerhafte Bleibe finden. Hier werden die Gläubigen eines Tages niederknien und Anneliese anrufen. Und sie wird nicht schweigen, sondern Trost vom Himmel spenden.

Bevor Anna Michel mich durch die Kapelle führt, sagt sie am 24. August 1994:

«Ach, Anneliese, meine Güte, manchmal meint man gerade, man müßte sie raustun vom Grab. Aber das nützt ja alles nichts, gestorben. Sie ist halt doch gestorben, es war halt alles einmal. Ach, es ist zum Weinen, es ist jetzt noch zum Weinen. Aber der Herrgott hat sie lieber gehabt wie wir. Da kann man gar nichts machen. Der Heiland hat einmal gesagt zu ihr: ‹Du wirst mir treu sein, bis zu deinem Tod.› Man kann's gar nicht fassen, das Übernatürliche schon mal. ‹Du wirst viel leiden und sühnen, und zwar jetzt schon. Du wirst mir treu sein, bis zu deinem Tod.› Wenn man den Satz liest, könnte man weinen.»

Die drei Exorzisten aber haben keine Träne vergossen. Jeder hat auf seine Weise Anneliese Michel für seine eigenen Interessen mißbraucht. Pater Rodewyk projizierte auf Anneliese seine Erfahrungen aus dem Fall Magda. Sein zynischer Kommentar gegenüber Anna Michel zum Tod ihrer Tochter lautete: «Hier hat der Herrgott mal richtig auf den Putz gehauen, daß es die ganze Welt hört.»

Nach Annelieses Tod setzte Pater Renz sein Werk ohne jeden Skrupel in der Schweiz fort. Pater Rodewyk hatte ihn eingeladen, an einem Exorzismus, der seit dem 14. August 1975, also beinahe zeitgleich mit dem Klingenberger Fall, durchgeführt wurde, aktiv teilzunehmen. «Der Tod Annelieses war eine Zulassung Gottes, kein Fehlschlag des Exorzismus», bekennt der unbelehrbare Pater Renz. Anneliese habe zwar bis zum Rande des Möglichen leiden müssen. Die absurde Logik aber lautet: «Solches Leiden und ein solches Leben sind eine Gewähr für die Echtheit dieser Besessenheit und ihrer Aussagen.»

Pfarrer Alt versuchte durch Anneliese seine eigenen Ängste zu therapieren. Mit dem «Dämon Hitler» wurde ein Trauma seiner Kindheit berührt, das Entsetzen der Bombennächte, die Flucht vor Tieffliegern, die Angst um den Vater, der vor Stalingrad lag. Auch der kleine Ernst Alt war wie Annelieses Vater durch die Kriegserlebnisse traumatisiert, auch er schrie wie alle anderen «Heil Hitler!» und hob in strammer Haltung den rechten

Arm zum Gruß. In seiner Stellungnahme zu den Ereignissen unter dem Titel «Zehn Jahre danach» bekennt er sich auch weiterhin zur Richtigkeit des Klingenberger Exorzismus: «Ich kann nach all dem, was ich erlebt, nicht schweigen. Ich kann nicht sagen, Deutschland und die Kirche in Deutschland sind nicht bedroht. Ich kann nicht sagen, Dämonen sind Gebilde einer überreizten Phantasie! Ich kann nicht sagen, Hölle gibt es nicht. Ich kann nicht sagen, Klingenberg ist abgehakt; Anneliese Michel war geisteskrank!»

«In den Himmel will ich kommen» – Das Elternhaus

«Mangel an echter und altersgemäßer Geborgenheit in der Frühzeit ist gleichsam die Kurzformel für die Entwicklung schizoider Persönlichkeitsmerkmale.»
Anneliese Michel

Was geschah wirklich im Hause Michel? Wie konnte eine Studentin, die mit den Grundgedanken der Psychoanalyse durchaus vertraut war, Mitte der siebziger Jahre noch glauben, sie sei vom Teufel besessen? Welche Vorstellung, welche Erwartungen verband sie mit dem Begriff Exorzismus? Wie war ihr Verhältnis zu den Exorzisten? Und warum hatte keiner der sie betreuenden Ärzte und keiner ihrer akademischen Lehrer gemerkt, was in der jungen Frau wirklich vorging? Ärzte und Psychologen hatten vor Gericht gesprochen. Die vermeintlichen Symptome der Besessenheit führten sie auf medizinische und psychologische Ursachen zurück. Auch Anneliese kannte durch ihre zahlreichen Kontakte zu Ärzten diese Deutungen. Doch halfen sie ihr in keiner Weise, weil sie keine Antwort auf die Frage nach dem Sinn ihres Leidens gaben.

Warum kam vor Gericht Anneliese Michels Kindheit nicht zur Sprache? Warum wurde die Selbstdeutung ihrer Leidensgeschichte im Rahmen der Examensarbeit nicht gewürdigt? Vielleicht geschah dies auch deshalb, weil sich hinter der vordergründig rein dämonischen Thematik der Teufelsaustreibungen die geheime Geschichte einer typisch katholischen religiösen Erziehung der fünfziger und sechziger Jahre verbarg. Daß frühkindliche und pränatale Erfahrungen die Lebensspur eines Menschen prägen, gehört zu den grundlegenden Erkenntnissen der Psychologie, über die auch die Studentin Anneliese Michel in ihrer Examensarbeit über die Angst wie selbstverständlich verfügt. Um so erstaunlicher ist, daß niemand die enge Beziehung zwischen typisch katholischen Kindheitsmustern und den Themen der exorzistischen Sitzungen aufdeckte. Im Extrem der Teufelsaustreibungen von Klingenberg spiegelt sich eine religiöse Erziehung, die unzählige Kinder im Nachkriegsdeutschland erlebt und erlitten haben.

Anneliese Michel ist ein Kind der Nachkriegszeit. Wirtschaftswunder und Kalter Krieg, Sehnsucht nach Erneuerung und Angst vor dem Traditionsabbruch bestimmen das Klima, in dem sie aufwächst. Die Kinder sollen es «einmal besser haben», heißt es im deutschen Einfamilienhaus. Die Ängste der Elterngeneration, Traumatisierungen durch Hitlerbarbarei und Zweiten Weltkrieg, verdrängte Schuldgefühle und die Angst vor einem dritten Weltkrieg gehören zum Zeitgeist, in dem Annelieses Generation aufwächst. Die Ängste der Eltern übertragen sich auf die Kinder. Anneliese wird auch daran zerbrechen. «Mutter, bleib da, ich habe Angst!» sind ihre letzten Worte. Knapp zwei Monate vorher notiert Ulrike Meinhof in einem letzten Kassiber vor ihrem Suizid: «Angst ist reaktionär. Ich habe ernsthaft Angst. Ich kann nicht mehr» (8. Mai 1976).

Während in Klingenberg die exorzistischen Sitzungen laufen, unterzieht sich der Psychoanalytiker Tilmann Moser einer Selbstanalyse, in der er die negativen Folgen seiner religiösen Erziehung niederschreibt. Am Ende dieses therapeutischen Schreibprozesses wird er sich erleichtert fühlen, aber nicht erlöst von den Dämonen seiner Kindheit. Das Buch «Gottesvergiftung», die Geschichte seiner Seele, erscheint in Annelieses Todesjahr. Mit ihr versucht Tilmann Moser die Dämonen seiner pietistischen Erziehung auszutreiben. Was in den Nachkriegsjahren verdrängt wurde, tritt nun an die Oberfläche des Bewußtseins. Neurosen und Dämonen sollen durchs Wort gebannt werden. Die Schuld der Eltern verlangt nach Sühne. Wahrhaft Schuldige und Sündenböcke werden gesucht, entführt, gefoltert und ermordet. Nach den Jahren der Verdrängung folgt nun die Aufarbeitung der Vergangenheit, manchmal um jeden Preis, auch den der Selbstzerstörung. Der Zeitgeist steht auf Religionskritik. Im Religionsunterricht der Oberstufe werden die Theoretiker des Atheismus gelesen: Holbach, Feuerbach, Marx, Nietzsche und Freud. Gott ist tot, und Religion gilt als Illusion. Auch Anneliese Michel geht durch diese Schule der Aufklärung. So weltfern und unzeitgemäß der Klingenberger Exorzismus auf den ersten Blick wirkt, er teilt doch auf seine Weise das Bedürfnis der Zeit nach Psychoanalyse. Diese Gleichzeitigkeit wirkt befremdlich. Doch wir werden sehen: Anneliese versteht den Exorzismus, dem sie sich freiwillig unterziehen wird, als eine religiöse Form der Selbstanalyse. Anlaß ist die Erfahrung einer tiefsitzenden Angst, einer Selbstentfremdung, das Gefühl der inneren Leere und Heimatlosigkeit, für das es keine objektiven Gründe zu geben scheint. Ein Gefühl des Geworfenseins, des Unbehaustseins, der Gottesferne, von dem sie Heilung sucht.

Von Aschaffenburg, dem «Nizza des Nordens», führt die Bundesstraße 469 in südlicher Richtung nach Klingenberg. Der Main fließt hier zwischen den Ausläufern des Spessarts und des Odenwaldes. Die Nachbarorte heißen Elsenfeld und Erlenbach, Wörth und Röllfeld. In Rück-Schippach wird die fromme Barbara Weigand verehrt, die jeden Morgen zu Fuß nach Aschaffenburg pilgerte, um die heilige Kommunion zu erhalten. Hoch über Großheubach steht das Kloster Engelberg mit sechshundertzwölf Stufen zur Buße, und auf der anderen Seite des Spessarts liegt Lohr mit dem Landeskrankenhaus. Wer aus dem Rahmen fällt, wer verhaltensauffällig ist, dem wird im Scherz, aber auch im Ernst schnell nachgerufen: «Paß auf, dich schicken sie nach Lohr!»

Über die Mainbrücke führt die Hauptstraße in die kleine Stadt. In Annelieses Kindheit zählt Alt-Klingenberg nur zweieinhalbtausend Einwohner. Jeder kennt jeden, und getuschelt wird viel. Hinter der Mainbrücke liegt die Schule, dann knickt die Hauptstraße rechts ab, vorbei am großen Festplatz, wo alljährlich die Weinfeste gefeiert werden, vorbei am Kraftwerk und der Mainschleuse, der Schreinerei der Michels. Ihr gegenüber liegt der Friedhof und das Wohnhaus. Hinter dem Elternhaus erheben sich die Berge. Oben steht die Ruine der Clingenburg. Von ihr geht der Blick weit über das Maintal in den Odenwald. Der Wirt vom Café-Restaurant «Burgterasse Clingenburg» weiß von Teufelsspuk und Hexenverfolgungen zu erzählen.

Als Josef Michel im Jahre 1917 geboren wurde, hieß es in Klingenberg, oben auf der Clingenburg spuke es. Nachts irrten dort die unerlösten Seelen umher, und es galt unter den Klingenberger Jungen als Mutprobe, in der Dunkelheit durch die Ruinen zu schweifen. Die barocken Steinfiguren im Mairhofschen Garten sollten vor Mitternacht ihre Köpfe drehen, und die Alten wußten von Frauen, die den «bösen Blick» hatten, mit dem sie Kühe so verhexen konnten, daß sie keine Milch mehr gaben. Damals gab es hundertzwanzig Kühe und viele Ziegen in der Stadt. Besonders die Ziegen mit ihren merkwürdigen Augen mußte man immer genau beobachten. Der Teufel erschien ja oft mit Bockshörnern und Ziegenaugen. Noch Jahrzehnte später vor Gericht bekennt Josef Michel offen, daß ihn ein Mann auf dem Weg zum Prozeß wie ein Geißbock angesprungen habe. Der sei wahrscheinlich «umsessen» gewesen.

Im Wirtshaus «Zum Schwert» hat Josef Michel seinen Stammtisch. Hier wird die Kraft der roten Traube besungen: «Kling, Kling, Klingenberg – Hebet die Pokale! Edlen goldnen Wein – Schenket ein und stoßet an!» Hier findet er aber auch Zuhörer für seine langen Reden über die Endzeit und den drohenden Weltuntergang. Im Hause Michel fürchtet man die Folgen des Weingenusses und hält nach Möglichkeit die Töchter von den Weinfesten fern. Zu locker geht es dort zu, schnell passiert im Rausch eine sexuelle Enthemmung, die böse Folgen für die Mädchen haben könnte.

Wo im Weinrausch die Augen der Frauen funkeln, wo Hexen und Teufel ihr Unwesen treiben, Röcke gehoben und Hosen geöffnet werden und die Sünde manche reine Seele schwärzt, hält man es für besonders wichtig, auch die kirchlichen Gegenkräfte zum weltlichen Treiben aufzubieten. Sie heißen Beichte, Buße und tägliche Teilnahme an der Eucharistie. Schutz gegen die Sünde bietet auch der persönliche Schutzpatron. In der Taufe geht sein Name auf den Säugling über. In Annelieses Welt sind Namen keineswegs Schall und Rauch. Im Namen steckt die Macht des Heiligen, die auf den Namensträger übergehen kann. Zudem verkörpert jeder Heilige eine Tugend. So lassen sich an den Vornamen der Familie Michel die katholischen Ideale ablesen, die wie Leitsterne über den Namensträgern schweben. Sterne spenden Licht in der dunklen Nacht, und sie schenken Orientierung. Sie sind aber auch unerreichbar und zeigen somit den unendlichen Abstand zwischen Tugendideal und dem wirklichen Leben an. Geblendet vom reinen Licht der Heiligen wird Anneliese geplagt vom Bewußtsein der eigenen Sündhaftigkeit.

Der Vorname von Annelieses Vater steht für Reinheit, Opfermut, Keuschheit und Treue. Josef, der Ziehvater Jesu, wurde durch Papst Pius IX. am 8. Dezember 1870 zum Patron der Kirche erhoben. Er gilt als Zeuge der Jungfräulichkeit und Beschirmer der Tugend. Viele Priester und Bischöfe, wie Josef Stangl, tragen den Vornamen des Heiligen.

Auch der kleine Josef Michel soll nach dem Wunsch seiner Mutter Priester werden. Die Mutter ist stolz auf ihre Familie. Drei ihrer Schwestern sind Nonnen geworden, führen ein «heiligmäßiges Leben» in Keuschheit und Opfermut und sind den Sternen am katholischen Himmel dadurch ein Stück näher gekommen. Welche Gnade des Herrn wäre es, wenn jetzt noch aus der Familie ein Priester hervorginge! In Miltenberg besucht der kleine Josef deshalb das Progymnasium. Die Lateinnoten sind jedoch schlecht. Für die Mutter bricht eine Welt zusammen, als sie ihr Kind von der Schule nehmen muß. Der Vater dagegen freut sich, weil sein Sohn nun in die Firma eintritt und das Handwerk des Zimmermanns erlernt.

Josef Michel ist dreizehn Jahre, als am 7. Januar 1930 die Klingenberger Ortsgruppe der NSDAP im Gasthaus «Zum Hirschen» in Anwesenheit des Gauleiters Dr. Hellmuth gegründet wird. Am 1. Mai 1933 findet in Klingenberg eine Großkundgebung statt. Fünfundneunzig Prozent der Bevölkerung stehen offiziell hinter Hitler. Der Freiwillige Arbeitsdienst zum Abbau der Arbeitslosigkeit wird ins Leben gerufen und eine Truppführerschule mit hundertdreißig Mann Belegung gegründet. Außerhalb des Stadtkerns entstehen Arbeitslager. Die Männer haben alte Wege auszubessern und einen neuen am Hohberg zum Aussichtsturm anzulegen. 1935 erfolgt im alten Rentamtsgebäude die erste Musterung für Rekruten aus der Klingenberger Gegend. Ende August 1939 kommen über eintausendzweihundert sogenannte Rückwanderer aus dem Saarland nach Klingenberg. Damit wächst die Einwohnerzahl auf das Doppelte. Sie werden in privaten Quartieren untergebracht oder in Massenlagern. Auch Josef Michel arbeitet nach seiner Gesellenprüfung beim Arbeitsdienst, dann bei den Pionieren und rückt mit Kriegsbeginn an die West-, später nach Rußland an die Ostfront. Wie viele Deutsche kommt auch er traumatisiert aus Rußland zurück. Die Furcht vor einem neuen Krieg mit Rußland ist ebenso stark in seiner Seele wie die diffuse Angst vor den Nachstellungen des Teufels. Gegen die Mächte des Bösen aber kann nur die Gegenmacht der Heiligen helfen, das hatte er von seiner Mutter gelernt.

Deshalb ist Josef Michels Weltbild apokalyptisch und streng dualistisch. Der Mensch lebt zwischen Himmel und Hölle, zwischen Engeln und Dämonen. Seinen vier Töchtern Anneliese, Gertraud, Barbara und Roswitha erzählt er oft von Rußland. Dann spüren sie, wie tief die Angst in seiner Seele sitzt; sie erfahren aber auch, wie wunderbar die Heiligen dem Frommen beistehen. Immer wieder erzählt Josef Michel, daß ihm im russischen Winter beinahe die Füße erfroren seien. Da plötzlich fand er mitten im Schnee ein Paar wunderbar warme Russenstiefel. Der Fromme kann Gottes Wunder erfahren. Anneliese wird noch Jahre später in der Zeit der exorzistischen Sitzungen eine Stimme des Himmels vernehmen. Der heilige Josef selbst sei ihr erschienen, wie damals in Rußland dem Vater und den Seherkindern in Fátima, notiert sie in ihr geistliches Tagebuch (29. Oktober 1975). Er sei es gewesen, erklärt der heilige Josef, der seinem Schützling aus Klingenberg die russischen Stiefel in den Schnee gestellt habe.

Himmel und Hölle sind für Josef Michel keine fernen mythologischen Orte. Die Hölle ist für ihn konkret. In Rußland hatte er sie erfahren, und die Teufel glaubte er beim Namen nennen zu können: Lenin, Leo Trotzki, Josef Stalin und Nikita Chruschtschow. Katholische Rechtgläubigkeit und Antikommunismus gehören für ihn untrennbar zusammen. Der Kommunismus gilt ihm als Ausgeburt der Hölle. Deshalb erfährt Josef Michel die Studentenproteste Ende der sechziger Jahre und die offen bekundete Sympathie für kommunistische Systeme in Kuba, China oder Nord-Vietnam als dämonische Angriffe und persönliche Bedrohung.

Annelieses Vater sieht sein Leben schicksalhaft verknüpft mit zwei welthistorischen Daten. In ihnen wird Josef Michel der Dualismus von Kommunismus und Katholizismus gleichsam geographisch sichtbar. Am 12. März 1917, im Jahre seiner Geburt, hatte Zar Nikolaus II. (1868 bis 1918) nach der russischen «Februarrevolution» abdanken müssen, im November 1917 besiegelte die Oktoberrevolution den Sieg der Bolschewiki und den Triumph des Kommunismus. Hatte sich also im Osten Europas der Rachen der Hölle geöffnet, so erklang im Südwesten des alten Kontinents im gleichen Jahr die Stimme des Himmels. Denn im portugiesischen Fátima war zum ersten Mal am 13. Mai 1917 Maria, die Muttergottes, erschienen. Zwischen Fátima und Sankt Petersburg (Petrograd, Leningrad) lag Deutschland, zwischen Himmel und Hölle das kleine Klingenberg. Gerne demonstriert Josef Michel auf einer Landkarte von Europa die zentrale Lage des Weinortes im weltpolitischen Mächtespiel von Glaube und Unglaube, indem er eine Diagonale zwischen Sankt Petersburg und Fátima zieht. Aus seiner Sicht ist Klingenberg wegen dieser geostrategischen Position als Schauplatz für den endzeitlichen Kampf der guten und bösen Mächte geradezu prädestiniert. Klingenberg gilt ihm als deutsches Harmageddon, als Schlachtfeld der göttlichen und gottlosen Mächte, von dem die Apokalypse des Johannes (16,16) spricht. Mit Harmageddon rechnet Josef Michel jederzeit. Seine älteste Tochter Anneliese aber verinnerlicht das Weltbild des Vaters. Seine Ängste werden zu ihren eigenen Ängsten. Das Schlachtfeld der Endzeit wird in ihrer Seele liegen.

Anneliese und ihre Schwestern lernen nicht nur die Geschichte der Erscheinungen von Fátima kennen; die etwa hundertneunzig Kilometer nördlich von Lissabon gelegene Stadt gilt ihrem Vater im Falle eines dritten Weltkriegs auch als möglicher Zufluchtsort für seine Familie. Deshalb wird Josef Michel vor Beginn des Exorzismus im Herbst des Heiligen Jahres 1975 mit seiner Tochter Gertraud nach Fátima reisen. Während später in Klingenberg die exorzistischen Sitzungen laufen, arbeitet Gertraud in Fátima als Pilgerführerin für deutschsprachige Gruppen.

Anneliese hat die Geschichte der Offenbarungen oft gehört: In Fátima weideten die zehnjährige Lucia Santos, ihr neunjähriger Vetter Francisco und ihre sieben Jahre alte Cousine Jacinta Marrto jeden Tag die Schafe. Die drei Hirtenkinder hatten nie eine Schule besucht. Am 13. Mai 1917 erschien ihnen Maria als Lichtgestalt über einer Steineiche schwebend.

«Habt keine Angst, ich tue euch nichts zuleide», sagt sie.

«Woher seid Ihr?» fragt Lucia.

«Ich komme vom Himmel», lautet die Antwort.

Dann folgt eine lange Erklärung: «Ich bin gekommen, euch zu bitten, daß ihr sechsmal nacheinander zur gleichen Stunde wie heute, am dreizehnten jedes Monats hierher kommt bis Oktober. Im Oktober werde ich euch sagen, wer ich bin und was ich von euch will. Ich werde dann noch ein siebtes Mal kommen. Wollt ihr euch Gott schenken, bereit, jedes Opfer zu bringen und jedes Leid anzunehmen, das er euch schicken wird, als Sühne für die vielen Sünden, durch die die göttliche Majestät beleidigt wird, um die Bekehrung der Sünder, von denen so viele auf die Hölle zueilen, zu erlangen und als Genugtuung für die Flüche und alle übrigen Beleidigungen, die dem unbefleckten Herzen Mariens zugefügt werden?»

Die Kinder von Fátima gehen nun, wie es die Lichtgestalt befohlen hatte, jeden 13. des Monats zu der Steineiche. Die ihnen folgende Menschenmenge wird immer größer. Am 17. Oktober 1917 sind es mehr als fünfzigtausend Menschen, die in strömendem Regen an der Steineiche auf die Erscheinung warten. Da blitzt es, und die Madonna erscheint. Sie stellt sich als Rosenkranzkönigin vor und fordert alle zum regelmäßigen Beten des Rosenkranzes auf. Anschließend öffnet sie ihre hell strahlenden

Hände. Die Wolken teilend, geht die Sonne auf. Am Himmel beginnt ein seltsames Schauspiel, das zehn Minuten währt: Wie ein Feuerrad rotiert die Sonne und taucht die Talmulde in ein farbiges Lichtspektakel aus blauen, roten, gelben, grünen und violetten Farben. Dann erscheint neben der Sonne die Heilige Familie: die Jungfrau im weißen Gewand mit himmelblauem Mantel und neben ihr der Namenspatron von Annelieses Vater, der heilige Josef mit dem Jesuskind.

Drei geheime Botschaften vermittelt Maria über die Kinder. Die ersten beiden Offenbarungen werden schnell bekannt und auch in Klingenberg verbreitet, als im Jahre 1930 Fátima offiziell als Wallfahrtsort anerkannt ist. Josef Michel ist damals dreizehn Jahre alt. Selbstverständlich gehört das sogenannte erste Geheimnis von Fátima, eine Höllenvision, auch zum Grundbestand der religiösen Erziehung seiner Tochter Anneliese:

«Ein großes Feuermeer, und in ihm versunken schwarze, verbrannte Wesen, Teufel und Seelen in Menschengestalt, die fast wie durchsichtige glühende Kohlen aussahen. Sie wurden innerhalb der Flammen in die Höhe geschleudert und fielen von allen Seiten herab wie Funken bei einer großen Feuersbrunst, gewichtlos und doch nicht schwebend; dabei stießen sie so entsetzliche Klagelaute, Schmerzens- und Verzweiflungsschreie aus, daß wir vor Grauen und Schrecken zitterten. Die Teufel hatten die schreckliche und widerliche Gestalt unbekannter Tiere, waren jedoch durchsichtig wie glühende Kohle.»

Das zweite Geheimnis von Fátima kündigt den Ausbruch des Zweiten Weltkriegs an und fordert zur Verehrung des Unbefleckten Herzens der Gottesmutter auf:

«Wenn ihr eines Nachts ein unbekanntes Licht sehen werdet, so wisset, es ist das Zeichen von Gott, daß die Bestrafung der Welt für ihre vielen Verbrechen nahe ist: Krieg, Hungersnot. Um das zu verhindern, will ich bitten, Rußland meinem Unbefleckten Herzen zu weihen und die Sühnekommunion am ersten Samstag des Monats einzuführen. Wenn man meine Bitten erfüllt, wird Rußland sich bekehren, und es wird Friede sein. Wenn nicht, so wird es seine Irrtümer in der Welt verbreiten, Kriege und Verfolgungen der Kirche hervorrufen; die Guten werden gemartert werden, der Heilige Vater wird viel zu leiden haben.»

1942, als Josef Michel fünfundzwanzig Jahre alt ist, weiht Papst Pius XII. Rußland dem Unbefleckten Herzen der Muttergottes. Damit bekommt die Marienfrömmigkeit eine antikommunistische Stoßrichtung. Das dritte Geheimnis aber soll erst im Jahre 1960 bekanntgegeben werden. In einem versiegelten Brief wird es deshalb nach Rom geschickt.

Das Programm der kindlichen Sühneopfertheologie und die Schreckensbilder von der Hölle werden sich tief in das Herz der kleinen Anneliese einbrennen. Wie die Namen der Heiligen, so sind auch Daten in Annelieses Welt von hoher symbolischer Bedeutung. Der erste Samstag im Monat gilt als Sühnesamstag, der 13. eines Monats als Fátima-Tag, als Tag der Jungfrau von Fátima. Während die kleine Anneliese vor den frommen Erzählungen in Ehrfurcht erstarrt, wird sich später die Studentin Anneliese in der Rollenprosa des Exorzismus gegen die Sühnopfertheologie mit drastischen Worten wehren, wenn es auf der Sitzung vom 13. Oktober 1975 (Fátima-Tag) heißt: «Das ist ihr Scheiß-Tag!»

Nach dem Krieg besucht Josef Michel ab Herbst 1946 die Bauhandwerkerschule in München, legt im Sommer 1948 die Meisterprüfung ab und übernimmt den väterlichen Betrieb. Nun ist es Zeit, eine Familie zu gründen, mag Josefs Mutter gedacht haben. Vielleicht wird ihr Enkelsohn Priester werden. Von den Klingenberger Mädchen scheint sie nicht viel zu halten. Ihr Sohn liebäugelt mit einer aus Klingenberg. Die findet nicht ihr Wohlgefallen. Die Ehe von Annelieses Eltern wird durch ihre Großmutter väterlicherseits gestiftet. Es heißt, sie sei über die Diözese Würzburg gegangen. Ein Sägewerksbesitzer aus dem niederbayrischen Leiblfing, vierzig Kilometer südöstlich von Regensburg, habe für seine Tochter Anna und deren uneheliches Kind Martha einen Ehemann und Vater gesucht. Anna Fürg gehörte zur katholischen Gemeinde Maria Himmelfahrt in Leiblfing. In der Zeit von 1937 bis 1950 wirkte dort Pfarrer Martin Zinnbauer.

Wie Josef so ist auch Anna ein beliebter katholischer Name, der eng mit dem Leben der Heiligen Familie verknüpft ist. Anna ist die Mutter der Jungfrau Maria. Sie habe, so erzählen die Priester, ihr Kind Maria ohne Sünde empfangen. Anna hat ihr Kind Gott geweiht. Deshalb bringt sie ihre dreijährige Tochter zum Tempel, wo sie zur jungfräulichen Tempeldienerin ausgebildet wird. Am Fest Mariä Opferung erinnert man sich auch in Klingenberg dieses Ereignisses. Allerdings muß Maria den Tempeldienst aufgeben, als sie in die Pubertät eintritt. Menstruation und reiner Opferdienst vertragen sich nicht in Annelieses Welt. Daran hat sich seit Jahrtausenden nichts geändert. Trotz aller katholischen Reinheits- und Jungfräulichkeitsideale wird Josef Michel aus Klingenberg Anna Fürg aus Leiblfing ehelichen. Das läßt Gerüchte aufkommen, unter denen Anneliese zu leiden haben wird.

Der heilige Josef, auf dessen Namen Annelieses Vater getauft worden war, hatte erlebt, wie seine Verlobte schwanger wurde. Das Kind war nicht von ihm. Der Evangelist Matthäus erzählt, wie sehr Josef mit dieser Erfahrung zu kämpfen hatte. Öffentlich anklagen wollte er Maria nicht, plante jedoch, seine Verlobte heimlich zu verlassen. «Josef aber, ihr Mann, war fromm und wollte sie nicht in Schande bringen, gedachte aber, sie heimlich zu verlassen» (Matthäus 1,19). Da erscheint ihm im Traum ein Engel des Herrn und klärt ihn über die Umstände der Schwangerschaft auf: Das Kind sei vom Heiligen Geist, er aber solle sich um Frau und Kind kümmern, denn dieses Kind werde einst die Menschheit von den Sünden befreien. Das Kind, das Anna Fürg mit in die Ehe brachte, war nicht vom Heiligen Geist. Doch wie Maria glaubte auch sie, mit ihrer zweiten Tochter Anneliese ein Sühnopfer für die Sünden der Menschen zur Welt gebracht zu haben.

Josef Michel und Anna Fürg heiraten 1950. Auch dieses Datum ist von hoher Bedeutsamkeit und markiert augenfällig die Welt des Widerspruchs, in die Anneliese hineingeboren werden wird. Das Jahr 1950 steht ganz im Zeichen der Jungfräulichkeit. Denn Papst Pius XII. hatte verkündigt, daß die Mutter des Erlösers leibhaftig in den Himmel aufgenommen worden sei. Damit war das Ideal der Jungfräulichkeit noch einmal als frommes Bollwerk gegen Materialismus, Kommunismus und die sexuelle Freizügigkeit der Zeit gesetzt worden. Pius XII. hatte Dekrete gegen den Kommunismus erlassen, ihn als «materialistisch und antichristlich» bezeichnet, die Verehrung des Herzens Jesu empfohlen, seine Stimme erhoben, «um die Anwendung von Pessaren (Sterilet, Diaphragma) durch Ehepaare bei der Ausübung ihrer ehelichen Rechte als in sich böse zu verurteilen und zu verwerfen».

Alle Klingenberger wußten sofort, daß Anna Fürg aus Leiblfing zwar Mutter, aber nicht zugleich Jungfrau war; und wer von dem, was damals als schwere Sünde galt, noch nicht gehört hatte, sah es spätestens am Hochzeitstag. Denn die Braut aus Leiblfing durfte nach den strengen Regeln der katholischen Kirche nur mit schwarzem Schleier, nicht aber im weißen Kleid der Jungfräulichkeit vor den Altar treten. Stärker konnte der Kontrast zwischen den religiösen Idealen der Keuschheit, Reinheit und Jungfräulichkeit und dem wahren Leben nicht sein. Die Nachgeborenen können nur ahnen, wie sich der gelebte Widerspruch von Glaube und Wirklichkeit auf die Seelen der Ehepartner, vor allem aber auf Anneliese, das erste Kind dieser Ehe, auswirken wird. Wir werden es sehen.

Was war der Preis, den Anna Fürgs Eltern dafür zahlten, daß ihre Tochter mit der kleinen Martha in die Familie Michel aufgenommen wurde? Drei Nonnen hatte die Familie hervorgebracht, Josef hatte Priester werden sollen – und jetzt diese Eheschließung! Natürlich gingen sofort Gerüchte im Dorf herum. Es war die Rede von nicht unerheblichen finanziellen Zuwendungen. Aber auch Häme wird dabeigewesen sein: Wer wie die Michels täglich zur Kirche läuft, der wird's wohl nötig haben. Andere behaupteten, die kleine Martha, die Anna Fürg mit in die Ehe brachte, sei das Kind eines Geistlichen gewesen.

Anna Fürg hatte nach Abschluß der Handelsschule, also einer kaufmännischen Lehre, im Büro des elterlichen Hauses gearbeitet. 1948 wurde Martha geboren. Auch hinter ihrem Namen steckt ein theologisches Programm.

Neben dem Erzengel Michael und dem Ritter Georg ist die heilige Martha eine der beliebtesten Kämpferinnen gegen die Angriffe des Teufels.

Die zweijährige Martha, die Anna Fürg mit nach Klingenberg bringt, ist ein kräftiges, kerngesund aussehendes Kind. Deshalb sind alle in der kleinen Stadt verwundert, als die lebenslustige Martha mit den langen Zöpfen, den roten Backen und dikken Armen im Alter von acht Jahren am 5. November 1956 stirbt. Sie wird nicht im Familiengrab der Michels, sondern an der Friedhofsmauer in einem neu errichteten Grab beigesetzt. Anneliese ist damals vier Jahre alt. Ihre Mutter erinnert sich an die zahlreichen Arztbesuche, die ihr Bild von der Kompetenz der Mediziner nachhaltig beeinflussen werden. Auch Anneliese wird bei den Ärzten nicht die Hilfe finden, die sie von ihnen erwartet.

«Ja, das Kind war so stabil, war so kräftig gebaut, hat rote Bakken gehabt, und alle Leute haben sie bewundert, weil sie so gut ausgesehen hat. Aber sie hat drei Nieren gehabt, und die dritte Niere war irgendwie kaputt. Man wußte das aber nicht. Nur der Urin war immer ganz braun, wie Kaffee. Da haben sie Martha immer untersucht, da oben in der Universitätsklinik, und sind nicht auf die Idee gekommen, daß es diese schlechte Niere ist. An drei Nieren hat sowieso keiner gedacht. Und da haben sie gesagt, die hat einen Tumor drin, einen kleinen Tumor – das hat das Röntgenbild gezeigt –, und der müßte rausoperiert werden. Und sie haben gesagt, der müßte gutartig sein. Dann haben sie operiert und haben den Tumor aber nicht gefunden. Weil sie den nicht gefunden haben, haben sie den ganzen Leib aufgeschnitten, von hinten bis vorne. Also eine furchtbare Operation ist das geworden, um das zu suchen, was die so drin hat. Dann war das die dritte Niere, hat einen selbständigen Harnleiter gehabt und da war schon Eiter drin, in dem Harnleiter. Da haben sie den Eiter beim Operieren in die Blutbahn gebracht. Dann hat sie vierzig Grad Fieber gekriegt, der Eiter war in die Blutbahn gekommen, da war sie verloren. Kein Mensch hat glauben können, daß das Mädchen gestorben ist, weil sie so gut ausgesehen hat, so kräftig und rote Backen und dicke Arme.»

Zur Niederkunft ihres zweiten Kindes fährt Anna Michel von Klingenberg zu ihrer Mutter nach Leiblfing. Hausgeburten sind üblich, und überhaupt gilt Geburt als reine Frauensache. Kein Mann käme auf die Idee, während der Niederkunft anwesend zu sein. Selbst in den Krankenhäusern großer Städte sind Väter und

Geschwisterkinder auf der Wöchnerinnenstation nicht gerne gesehen. Der Besuch ist streng reglementiert. Kleinkindern ist der Zutritt zum Zimmer der Mutter sogar verwehrt.

In Leiblfing kommt Anneliese am 21. September 1952 zur Welt.

Der Name von Josef Michels erster Tochter ist eine Mischform aus den beiden berühmten Heiligennamen Anna und Elisabeth. Anna-Elisabeth oder kurz Anneliese. Beide Namenspatrone werden zu Beginn der exorzistischen Sitzungen angerufen.

Mehr Erwartungshaltung kann durch eine Namensgebung nicht erzeugt werden: Anna und Elisabeth – zwei Erwählte, zwei Urbilder der Hingabe, Opferbereitschaft und Reinheit vereinigen sich in Annelieses Namen. Und wieder sieht die irdische Welt unter diesen Sternen des katholischen Heiligenhimmels so ganz anders aus als das Ideal. Anneliese trägt den Doppelnamen der Erwählten, ist aber selbst davon überzeugt, daß sie in ihrem Geburtsort Leiblfing von einer eifersüchtigen Frau verflucht worden sei. Wir werden sehen, welche zentrale Rolle dieses Bewußtsein des Verworfenseins in den exorzistischen Sitzungen spielt, wenn sich Anneliese mit Judas, dem von Gott verworfenen Jünger Jesu, identifiziert. Als Motiv für den Fluch wird der Neid einer Frau aus dem Heimatort der Mutter angegeben. Im exorzistischen Verhör durch Pater Renz bekennt der Teufel Judas, er sei in diese Frau gefahren und habe durch sie Anneliese verflucht, so daß sie bis zur Gegenwart Eigentum der Hölle sei:

«Ja, ja, die habe ich verflucht. Ich bin nämlich noch in ihr drin. Die gehört dem da unten. Die habe ich verflucht. Ich bleib noch eine Weile drin in der. Das verfluchte Weib, das bin ich gewesen» (6. Oktober 1975).

Auch andere Dämonen bekennen im Einzelverhör: «Ich sitze schon seit der Geburt in der drinnen» (24. Oktober 1975). Dann melden sie Besitzanspruch an: «Die Rotznase ist nämlich verflucht worden. Die gehört uns» (6. Oktober 1975). Im Klingenberger Dialekt heißt es an anderer Stelle weiter: «Die andere, wo verflucht hat, war ein Neidhammel, das Weib, wo ihre Mutter her ist» (1. Oktober 1975).

Sämtliche Zitate aus den Sitzungen zeigen deutlich die therapeutische Funktion, die Anneliese Michel selbst von den Exorzismen erwartet. Sie sucht Befreiung von den Dämonen der Kindheit und wird von den Priestern als Demonstrationsobjekt für die Existenz einer überholten Vorstellung von der Hölle mißbraucht. Von Mißbrauch muß deshalb gesprochen werden, weil keiner der Exorzisten und auch nicht der Bischof von Würzburg fragt, welche Selbstmitteilung hinter Annelieses Worten steht. Anneliese will frei werden von den ungelösten Problemen ihrer Kindheit, der religiösen Schreckenswelt von Fátima; frei werden von ihrer verkrampften Beziehung zu ihrem Vater, den sie liebt, dessen Lebensängste jedoch keine Gefühle zulassen; frei werden von dem Gefühl, Sühnopfer für den Fehltritt der Mutter zu sein. Wenn sie glaubt, ihr Leben stehe unter einem Fluch, dann ist dies Ausdruck des Geheimnisses ihrer Seele, ihrer Unfähigkeit zu lieben und sich in der Welt zu behaupten, Ausdruck des Gefühls, letztlich lebensuntüchtig zu sein.

Wer war die Frau, von der Anneliese glaubte, sie habe den Fluch über ihr Leben gesprochen? War sie eifersüchtig, weil Anna Fürg trotz ihres unehelichen Kindes einen Ehemann gefunden hatte? War es Neid auf den Wohlstand der Familie? Nach dem Krieg waren Sudetendeutsche nach Bayern gekommen. Auch sie hatten in ihrer Heimat Häuser, Gärten und kleine Betriebe besessen. Ihnen hatte «der Russe» alles genommen. Sie hatten für Deutschlands Niederlage ein schweres Opfer gebracht, während sich die Menschen in Niederbayern weiterhin ihres Wohlstandes erfreuten. Warum war ihnen alles genommen worden? Warum waren die anderen von Kriegswirren weitgehend verschont geblieben? Ihre Kinder wuchsen fern der Heimat in Armut auf, den Kindern in Leiblfing aber ging es gut.

Anna Michel will sich erinnern, der Fluch sei sogar vor Annelieses Geburt im Jahr 1950, also zum Zeitpunkt der Eheschließung, ausgesprochen worden:

«Die war ein Neidhammel, das gehässige Weibsbild. Das war ja schon 1950 – der Dämon hat gesagt, 1952 wär's gewesen – wir hatten ein Geschäft, und wir waren nicht schlecht situiert. Wir haben ein schönes Geschäft gehabt. Man hat es auch äußerlich gesehen, und die Leute kamen aus dem Sudetenland, weil: die sind ja vertrieben worden. Da haben die Leute Neid gehabt. Das ist auch wieder verständlich. Die sind mit siebzig Pfund gekommen, und wir haben halt unser Geschäft gehabt und sind halt ansässig gewesen. Es ist klar, wenn du länger als vierzig Jahre so im Geschäft bist oder fünfzig Jahre, und wenn gearbeitet wird, da tut sich das auch mehren. Vielleicht war die aus dem Grund neidisch.»

Annelieses erste acht Lebensjahre werden durch die Weltuntergangsängste des Vaters und durch die Frömmigkeit der Großmutter entscheidend geprägt. «Die Anneliese ist hauptsächlich von der Mutter meines Mannes – die war ja hier im Haus – erzogen, also miterzogen worden», erinnert sich Anna Michel. Durch Großmutter Michel wird der religiöse Kosmos von Hölle, Fegefeuer und Himmel tief in der kindlichen Seele verankert. Selbstverständlich gehören regelmäßige Gebete, besonders des Rosenkranzes, zur täglichen Übung. «Betet, betet viel und bringt Opfer für die Sünder; denn viele Seelen kommen in die Hölle, weil sich niemand für sie opfert und für sie betet», hatte die Muttergottes von Fátima gesagt. Im Rosenkranzgebet werden in ständiger Wiederholung die Worte gesprochen, die Maria vom Engel Gabriel und ihrer Verwandten Elisabeth vernommen hatte. Von ihrer Großmutter hat Anneliese die drei Geheimnisse des Rosenkranzes beten gelernt: die freudenreichen, die schmerzhaften und die glorreichen Geheimnisse des Lebenswegs Jesu.

«Ja, wir haben immer zum Schutzengel gebetet», erinnert sich Anna Michel. «Ich habe ja mit denen gebetet, bis sie groß waren, und dann noch. Also wir waren ja immer eine gute Familie. In der Früh, wenn wir aufgestanden waren, haben wir gebetet. Das Morgengebet und auch zum Schutzengel, zur Mutter Gottes, zum heiligen Josef. Sonst ist keiner aus dem Haus gegangen, wenn nicht gebetet war. Das war so eingeführt, und das haben die auch gar nicht anders empfunden. Wenn das schon von Jugend auf mitgegeben wird, dann wird das auch gemacht. Wenn das nur ab und zu geübt wird, ist das dann zuwenig, das bleibt dann nicht hängen.»

Großmutter Michel besucht jeden Morgen um sieben Uhr die Frühmesse in der Pankratiuskirche, um die Kommunion einzunehmen. Denn die tägliche Kommunion gilt ihr als notwendig, weil jeden Tag aufs neue die Sünde den Menschen bedrohe. Der heilige Pankratius, das lernt Anneliese, ist wie die heilige Barbara einer der vierzehn Nothelfer. Er ist Patron der Erstkommunion, schützt vor der Lüge, Kopfschmerzen und krampfartigen Anfällen wie etwa Epilepsie. Von Pankratius wissen auch die Kindergärtnerinnen zu erzählen: Mit vierzehn Jahren gibt dieser Glaubenszeuge sein junges Leben für Christus hin. Als er wegen seines Glaubens im alten Rom unter den Kaisern Valerian (257) oder Diokletian (304) verfolgt wird, bleibt er standhaft und verteidigt voller Bekennermut seinen Glauben an Christus. Mit dem Schwert wird er dafür enthauptet. Auch die Legende dieses Heiligen enthält ein pädagogisches Programm, das sich nachhaltig in Annelieses Seele einbrennt. Es lautet: Wer sein irdisches Leben wie Pankratius hingibt, der wird dafür das ewige Leben geschenkt bekommen.

Morgens um sechs Uhr steht die Oma am Bett der kleinen Anneliese und weckt sie: «Steh auf, wir gehen zur Frühmesse!»

Jault Anneliese? Ist sie müde und will weiterschlafen? Weigert sie sich? Wer rein sein will, wer von Jesus geliebt sein möchte, der muß ein Opfer bringen. Anneliese bringt Opfer. Trotzdem wird sie von einer Kinderkrankheit nach der anderen befallen. Sind das Auswirkungen des Fluches? Oder wird sie krank, weil sie dann nicht mit der Großmutter in die Kirche gehen muß? Die exorzistischen Sitzungen sind auch ein Stück Erinnerungsarbeit, freie Assoziationen und eine lebendige Vergegenwärtigung der Familiengeschichte. Urszenen aus der Kindheit tauchen in der Rollenprosa der vielen Stimmen, die aus Anneliese sprechen, wieder auf. Auch der allmorgendliche Kirchgang mit der Großmutter.

1958, in Marthas Todesjahr, beginnt für Anneliese die Einübung ins Büßerleben. Jetzt ist *sie* das älteste Kind im Hause Michel. Ein Jahr später soll sie zum ersten Mal an der Kommunion teilnehmen. Da scheint es dringend geboten, das Enkelkind vorzubereiten. «Die Oma hat sie in die Kirche hineingeschleift. Sie war sechs Jahre alt. Die Oma hat sie fast jeden Tag vom Bett herausgezogen», sagt Anneliese am 24. Oktober 1975, von sich in der dritten Person sprechend. Auch Anna Michel erinnert sich an die Kirchgänge im Morgengrauen als eine selbstverständliche Pflicht, die Anneliese mit ihrer Großmutter stellvertretend für die gesamte Familie erfüllt:

«Ja freilich, ich hatte ja damals vier kleine Kinder, und da hat die Oma im Haushalt mitgeholfen. Anneliese ging dann immer schon mit ihr zur Frühmesse, und sie bekam dann die Frühkommunion. Um sieben Uhr war die. Früher war's immer in der Frühe. Jetzt haben wir ja so viel Abendmessen. Und da sind die halt immer in der Früh fort um halb sieben, weil sie ja immer zu Fuß gegangen sind.»

Annelieses Weg zur Pankratiuskirche führt am Friedhof und dem Sägewerk des Vaters vorbei. Das Kind ist über eine halbe Stunde unterwegs. Selbstverständlich darf vor der Frühkommunion keine Nahrung eingenommen werden. Der Leib soll ein Tempel des Herrn sein. Und gemault werden darf auch nicht. Auch für den morgendlichen Gang zur Kommunion gibt es in Annelieses Welt ein unerreichbares Ideal. Es schwebt in der Gestalt der Barbara Weigand über Anneliese. Die Bauersfrau aus dem nahen Rück-Schippach hatte den weiten Fußweg nach Aschaffenburg nicht gescheut, um die tägliche Frühkommunion zu erhalten. Fünf Stunden hin und fünf Stunden zurück war die Büßerin unterwegs, um den Leib des Herrn in der Kapuzinerkirche von Aschaffenburg zu empfangen. Das sei ein Opfergang gewesen, sagt die Großmutter, wenn Anneliese murrt, aber nicht, wenn man eine halbe Stunde vom Elternhaus zur Kirche gehen muß.

Von der Barbara Weigand (1858 bis 1943) und ihrem Eucharistischen Liebesbund wird den Kindern viel erzählt, und Annelieses zweite Schwester trägt sogar ihren Vornamen.

In der Frühmesse steht Anneliese und staunt. Der Priester spricht lateinisch. Wenn er auf dem Altar Brot und Wein wandelt, dreht er der Gemeinde den Rücken zu. Weihrauchduft erfüllt die Luft. Manchmal wird dem kleinen Mädchen davon übel. Das gilt als ungutes Zeichen, da könnte der Schwarze seine Hand im Spiel haben. Der Schwarze will nämlich Seelen fangen, besonders reine Mädchenseelen, weiß die Großmutter zu erzählen.

In der Kirche kann Anneliese beobachten, wie man nach katholischer Sitte würdig und zugleich demütig die Kommunion einnimmt. Vor den Stufen des Altars muß man stehen oder knien, und wenn der Priester mit dem Leib des Herrn kommt, dann darf man auf keinen Fall die Hand ausstrecken und die Oblate mit den sündhaften Fingern berühren. Das sei dem Herrn ein Greuel. Den Mund habe man zu öffnen, und die Zunge müsse feucht sein, damit Christi Leib sicheren Halt finde. Und dann sei der reine, sündenfreie Leib Christi im eigenen sündhaften Körper, und das sei eine Wohltat und eine Reinigung. Die Engel ernährten sich ausschließlich von ihm. Deshalb heißt die Eucharistie bei den Seherkindern von Fátima auch das Brot der Engel. Es gibt Heilige und fromme Büßerinnen, die sich schon auf dieser Erde ausschließlich vom Brot der Engel ernährt haben. Das Resl zum Beispiel, von der in Annelieses Kindheit überall gesprochen wird. Auch sie ist ein Stern im Himmel der Kindheit und wird später auf den exorzistischen Sitzungen anwesend sein.

Therese Neumann (1898 bis 1962) aus Konnersreuth in der Oberpfalz erregte in den fünfziger Jahren Aufsehen. Seit 1926 zeigten sich an ihrem Körper die blutenden Stigmata, die Wunden Jesu an Händen, Füßen und am Brustbein. Sie galt auch als Fastenwunder. Außer geweihten Hostien nahm sie angeblich keine Nahrung zu sich. Ja, das Resl war würdig, das Brot der Engel zu empfangen, hört Anneliese.

Die große Barbara hatte eine besondere Liebe zu den gefährdeten Seelen, so wie Anneliese später in den sechziger Jahren, als sie am Aschaffenburger Bahnhof zum ersten Mal in ihrem Leben Rauschgiftabhängige sieht. Der Vater spricht von ihnen verächtlich als Haschbrüder, doch Anneliese betet und fastet für diese gefährdeten Seelen, wie sie es von der Großmutter gelernt hat. «Da bringe ich freiwillige Bußopfer!» erklärt sie ihren Eltern und schläft zur Sühnung der Sünden auch während des Winters auf bloßem Fußboden.

Barbara vollbrachte große Sühneleistungen für die Sünden

der Welt. Auch was die kleine Anneliese über die große Barbara vernimmt, brennt sich unauslöschlich in ihre kindliche Seele ein. Am Ende ist ihre Seele von so vielen Vorbildern in Besitz genommen, daß Anneliese ihr eigenes Ich nicht mehr findet. «Die Priester sollen sich freuen, wenn sie Seelen finden, die ihre Worte unterstützen durch Opfer, Sühnungsleiden und Sühnungsleben», hatte Barbara Weigand gesagt. «Die Welt braucht Seelen, die es nicht mit ihr halten, Seelen, die auch in der Verachtung und Verdemütigung sich freuen, denn nur dadurch können Seelen gerettet werden. Ihr Menschen alle, vereinigt euch mit mir dem Herrn, der sich für uns auf dem Altar darbringt. Wir wollen mitopfern und mitleiden. Jede Seele, die ihm Seelen gewinnen will, muß leiden.»

Der Pfarrer und die Kindergärtnerin bestätigen, was Anneliese in ihrer frühkindlichen religiösen Erziehung durch die Großmutter aufnimmt: Es gibt einen Ort, da brennt ein unauslöschliches Feuer. Auf den Bildern der Kirche sieht sie fürchterlich schreiende Menschen, die ihre Arme verzweifelt aus den Flammen strecken. Doch die Teufel stoßen sie immer wieder in den Rachen der Hölle zurück. Aus ihm gibt es kein Entrinnen. Wer hier einmal steckt, dem kann niemand mehr durch sein Opfer helfen. Michael, der Engel mit dem feurigen Schwert, der Kämpfer gegen den Teufel und die Horden Satans, er würde es niemals zulassen, daß eine dieser Seelen doch noch Gnade erführe.

Zu Annelieses religiöser Welt gehört auch die Hölle. Sie ist ebenso wirklich wie der Himmel voller Heiliger. Die Welt der Heiligen ist schwer zu erreichen. In den offenen Rachen der Hölle kann die Seele jedoch leicht straucheln. Die Geschichte vom reichen Mann und dem armen Lazarus warnt alle Menschen. Der Reiche sitzt in der Hölle, und nicht einmal ein Tropfen Wasser wird ihm zur Kühlung gereicht. In der Hölle hockt auch Judas zu ewiger Pein. Niemand werde ihn dort jemals herausführen. Doch neben diesen in alle Ewigkeit Verlorenen gibt es Seelen, für die es sich lohnt, kleine Sühneopfer zu bringen. Seelen, die im Fegefeuer sitzen, die dort durch gerechte Strafen ihre Verfehlungen büßen können und somit noch eine Chance haben, rein zu werden. Für sie ist noch nicht alles aus. Im Leiden werden sie gereinigt, und wer mit ihnen leidet, der kann diesen armen Seelen helfen.

Auch die kleine Anneliese lernt, welchen Beitrag sie zur Läuterung der Seelen im Fegefeuer und zur Rettung der Heidenkinder in Afrika leisten kann, damit deren Seelen nicht eines Tages in die Hölle kommen. Zum Beispiel durch den Verzicht auf eine Süßigkeit oder die Spende eines Groschens in die Büchse der Heidenmission. Wenn der Groschen in den Kasten fällt, dann nickt der Neger zum Dank; ein gutes Werk ist getan, und die kleine Geberin der Gabe ist einen Schritt weitergekommen auf ihrem Himmelspfad.

Während der ersten fünf Lebensjahre befällt Anneliese eine Kinderkrankheit nach der anderen: Masern, Mumps und Scharlach. Die drei Geschwister werden geboren, und die ältere Halbschwester stirbt. Die familiären Belastungen sind groß. Man kann auch ahnen, was es für Josef Michel und seine Mutter bedeutet, daß ein Stammhalter ausbleibt. Wer soll das Geschäft übernehmen, das Josef nun in der vierten Generation führt? Im Kindergarten fühlt sich Anneliese unwohl, weil sie von den anderen Kindern gehänselt wird. Aufgrund ihrer schwachen Konstitution wird sie ein Jahr später als üblich im Jahr 1959 eingeschult. Es ist auch das Jahr ihrer ersten Kommunion.

Auf dem Kommunionsbild sieht man Anneliese im weißen Kleid der Jungfräulichkeit, mit weißem Handtäschchen am rechten Armgelenk. In den Händen mit weißen Spitzenhandschuhen hält sie das weiß gebundene Meßbuch. Um den Hals trägt sie eine Kette mit einem Kreuz und an das Kleid geheftet ein Myrtensträußchen. Aus leuchtenden Augen blickt sie in die Kamera, der breite Mund deutet ein Lächeln an. Über den geraden Nasenrükken zieht sich eine Linie zur Stirn. Das blonde Haar mit dem Reif aus weißen Stoffblumen ist akkurat bis in die Schläfenecken geschnitten und so gekürzt, daß es nur leicht die Stirn bedeckt. An den Seiten bedeckt es gerade die Ohren. Rechts neben Anneliese steht ihre weiße Kommunionkerze. Der Docht brennt an der Spitze. Er ist soeben für das Foto angezündet worden und wird sicherlich gleich nach erfolgter Aufnahme wieder gelöscht werden.

Unter der Kerzenspitze befindet sich ein weißer Kranz zum Auffangen des Wachses und darunter ein Abendmahlskelch, über dem der Leib des Herrn schwebt. Anneliese blickt den Betrachter feierlich und glücklich an. Vom Tag ihrer ersten Kommunion an darf auch sie das Brot der Engel essen. Jetzt hat sie Anteil am Himmel. Später wird Anneliese in ihrem Brief vom 19. August 1970 an ihre Mutter bekennen:

> **«Eins mußt Du Dir merken:**
> **in den Himmel will ich kommen,**
> **mag es kosten, was es will,**
> **für den Himmel ist mir**
> **nichts zu viel.»**

Wie oft wird die kleine Anneliese angesichts der Schreckensszenarien von Hölle und Fegefeuer den Satz im stillen gesprochen haben: «In den Himmel will ich kommen und nicht in die Hölle!»

Zur Welt der Kunst, der Literatur, des Theaters wird Anneliese kein Zugang vermittelt. Sie ist durchaus intelligent, zeigt gute Leistungen in der Schule, so daß sie später als erstes und einziges Kind aus der Familie das Gymnasium besuchen wird. Doch trotz guter Leistungen liebt sie die Schule nicht. Sie leidet ständig unter Prüfungsängsten. Gesungen wird viel in der Familie, zu Hause oder während eines Ausflugs. Bücher gibt es nicht. Bildung ist für die Familie kein Selbstzweck. Gelernt wird, um ein berufliches Ziel zu erreichen und den Lebensunterhalt zu sichern. Statt Goethe, Schiller, Brecht oder Thomas Mann gibt es jedoch reichlich religiöse Heftchen und Traktate. Berichte über geheime Offenbarungen, stigmatisierte Gottesfreundinnen, Marienerscheinungen und Prophezeiungen werden verschlungen. Josef Michel zieht dann durch die Wirtshäuser von Klingenberg und gibt lautstark wieder, was er gelesen hat. In seinem Stammlokal «Zum Schwert» werden die Zeichen der Zeit ausführlich erörtert. Besonders die 1950 erschienenen Prophezeiungen des Alois Irlmeier aus Freilassing berühren Annelieses Vater wie ein Blitz, bestätigen sie doch die eigenen Ängste und Gesichte.

Der bayerische Rutengänger und Brunnenbauer Alois

Irlmeier (1894 bis 1959) wurde im Ersten Weltkrieg verschüttet. Vier Tage lag der junge Mann unter den Trümmern, ehe er gefunden und geborgen wurde. Im Laufe der kommenden Jahre entdeckte er seine Gabe, in Gesichten die Zukunft zu schauen.

Der Irlmeier Alois, davon weiß Annelieses Vater in bewegenden Worten zu erzählen, habe von einem dritten Weltkrieg gesprochen. Der stehe kurz bevor. Von der «Goldenen Stadt» im Osten werde er sich bis an den Atlantik ausbreiten. Die letzte Schlacht werde in Köln stattfinden.

«Dann kommt eine Naturkatastrophe, und die Russen ziehen nach Norden –

Um die Finsternis und die Not zu überstehen, kauft Blechdosen, und tut Reis und Hülsenfrüchte hinein, die verderben nicht –

Auch das Brot und das Mehl hält sich –

Die Flüsse werden trocken, das Gras gelb –

Wasser aus der Leitung kann man trinken –

Am Rhein ist ein Halbmond, der alles verschlingen will –

Um Landau gibt es nichts mehr, weitum alles gelb und vernichtet –

Nur Gott kann helfen, und die Menschen werden ihn rufen und zu ihm zurückkehren –

Viel Beten kann das Greuel abkürzen –

Im Osten bringen sich die Großen selber um, denn dort wird eine schreckliche Revolution sein. Rot und gelb sind die Massen auf den Straßen.»

Die Worte des Weltuntergangspropheten schärfen Josef Michels Wahrnehmung der politischen Ereignisse in den fünfziger Jahren. Er nimmt das Weltgeschehen durch Irlmeiers Optik wahr. Durch dessen apokalyptische Brille glaubt er durch die Oberfläche auf den Grund der Geschehnisse schauen zu können. Der Lauf der Geschichte scheint Irlmeiers dunkle Gesichte zu bestätigen. Hatte der Prophet – wie die Seherkinder von Fátima – nicht alles vorausgesagt? Die Niederschlagung der Aufstände vom 17. Juni 1953, den Algerienkrieg, den Volksaufstand 1956 in Ungarn und den Sues-Krieg? Als Fidel Castro im Jahre 1959 die

Revolution in Kuba vollendet, den Besitz von US-Firmen verstaatlicht und 1960 ein Handelsabkommen mit der UdSSR schließt, da werden in Klingenberg Lebensmittelvorräte angelegt, wie es der Prophet aus Freilassing empfohlen hatte. Mochten viele Menschen bisher über die Weltuntergangsängste gelächelt haben, nach dem Bau der Berliner Mauer am 13. August 1961, der Stationierung sowjetischer Raketen auf Kuba und der Invasion in der Schweinebucht 1962 hält die ganze Welt den Atem an. In Bargfeld am Südrand der Lüneburger Heide füllt der Endzeitpoet Arno Schmidt die Kellerregale mit Lebensmitteln, in Münster wurden geheime Lager mit Zucker angelegt. Der dritte Weltkrieg scheint unmittelbar bevorzustehen. Auf Zypern beginnt der Bürgerkrieg zwischen Griechen und Türken, und am 22. November 1963 unterbricht die ARD das laufende Abendprogramm. Der Mann, der vielen Deutschen als Garant der Freiheit und als Bollwerk gegen den Kommunismus gilt, ist erschossen worden. Keine Live-Reportage, keine hastigen Kommentare, keine Interviews. Statt dessen Schweigen. In Klingenberg und überall, wo bereits ein Fernseher im Wohnzimmer steht, sitzt man erschüttert vor der dunklen Mattscheibe. Die Ermordung John F. Kennedys, hatte Alois Irlmeier nicht auch sie vorausgesehen?

Der Krieg zwischen Nord- und Südvietnam flammt wieder auf, Amerika unterstützt Südvietnam gegen den kommunistischen Vietcong und tritt 1965 in den Krieg ein. Anneliese ist dreizehn Jahre alt und kein Mädchen mehr. Der Vietnam-Krieg wird ihren weiteren Lebenslauf begleiten und exakt einen Tag nach ihrem Tod, am 2. Juli 1976, beendet sein. Im Fernsehen ergänzen sich die Kriegsbilder aus Vergangenheit und Gegenwart. Nachmittags werden Dokumentaraufnahmen von großen Luftschlachten des Zweiten Weltkriegs gesendet, die abendliche Tagesschau zeigt B-52-Bomber über Nordvietnam. 1967 putscht in Griechenland das Militär, Israel erobert die Sinaihalbinsel, der Prager Frühling unter Alexander Dubček wird durch den Einmarsch von Truppen aus der UdSSR, DDR, Polen, Ungarn und Bulgarien niedergeschlagen; in China wütet die Kulturrevolution. Alois Irlmeier hatte alles prophezeit: «Von der Goldenen Stadt wird es ausgehen», hatte er gesagt, und jeder glaubt nun zu wissen, daß er von Prag und der Niederschlagung des Prager Frühlings gesprochen hatte. «Rot und gelb sind die Massen auf den Straßen», hatte er geweissagt, und jetzt blickten alle auf das kommunistische China.

Anfang der sechziger Jahre erwartet man in Klingenberg die Veröffentlichung des dritten Geheimnisses von Fátima. Doch Papst Johannes XXIII. läßt diese nicht zu. Das nährt den Boden für Spekulationen. Sein Nachfolger pilgert 1967 nach Fátima. Auch er schweigt über den Inhalt der dritten Offenbarung. Die Gläubigen werden auf das Heilige Jahr 1975 vertröstet, das Jahr, in dem die exorzistischen Sitzungen beginnen werden. Dann wird der Papst erneut geheimnisvoll schweigen. Doch die Dämonen melden sich durch Anneliese zu Wort und verkündigen am 10. Oktober 1975: «Ja, ihr sollt die Botschaft von Fátima befolgen. Wenn dies nicht erfüllt wird, kommt ein neues Strafgericht. Ihr verreckt alle, hier in Europa.»

Die harte Arbeit der Eltern im Sägewerk läßt gemeinsame Urlaube mit den Kindern kaum zu. Müßiggang gilt als aller Laster Anfang. Doch ist das Ziel ein Wallfahrtsort oder eine Kirche, dient der Ausflug der Erbauung oder Berührung mit dem Heiligen, dann ist kein Weg zu weit. In Italien besucht Josef Michel den geheimnisvollen Pater Pio und die Mama Rosa. Doch nicht nur in der Ferne sind heilige Orte und Menschen mit besonderen spirituellen Gaben. In unmittelbarer Nähe liegt das Kloster Engelberg, zu dem man von Klingenberg aus wandert. Herrlich ist der Blick von dort oben über den Main bis weit hinein in den Odenwald. Das Schwarzbier stillt den Durst, und Handkäs mit Musik gibt's dazu.

In der fränkischen Gemeinde Heroldsbach soll 1949 die Muttergottes erschienen sein. Heroldsbach gehört zu den kirchlich nicht anerkannten Erscheinungsorten, die den frommen Eifer von Josef Michel in besonderer Weise herausfordern. Höllenangst und Himmelsfreuden halten sich in seiner Seele die Waage. Die Szenarien des Schreckens sind ihm auch Ansporn zur Frömmigkeit. Seine robuste Natur hat sich eingerichtet im dualistischen Denken. Erst in Annelieses Seele wird der Waagbalken unter der

Belastung von Heiligen zur Rechten und Dämonen zur Linken brechen.

Der fromme Eifer ist auch eine Form des volkstümlichen Protestes gegen die Amtskirche nach dem Motto «Wir sind die Kirche!». Hinter der Fassade makelloser Frömmigkeit verbirgt sich ein eigenwilliges Aufbegehren gegen den Kurs der Kirche. Die Frömmigkeit der Michels ist endzeitlich geprägt. So demütig und traditionalistisch die Bekenntnisse klingen, hinter ihnen steht auch ein Geist der konservativen Rebellion gegen die eigene Kirche. Annelieses Kindheit ist begleitet von immer neuen Meldungen angeblicher Erscheinungen der Muttergottes in ganz Europa und Südamerika. Eine besondere Beachtung bis in die exorzistischen Sitzungen hinein finden die Wallfahrtsorte Heroldsbach (Landkreis Forchheim), San Damiano/Norditalien (zwanzig Kilometer südlich von Piacenza am Apennin), Montichiari-Fontanelle/Norditalien (Bistum Brescia) und Marienfried (einen Kilometer von Markt Pfaffenhofen an der Roth). Die Kirche erkennt keine dieser Erscheinungen an. Das steigert ihre Attraktivität bei den konservativen Rebellen gegen den Zeitgeist. Natürlich kennt Anneliese auch die kirchlich anerkannten Wallfahrtsorte Vierzehnheiligen und Altötting mit der Gnadenkapelle der schwarzen Madonna. In kurzen Wochenendausflügen mit dem Auto sind sie von Klingenberg aus leicht zu erreichen.

Das Kloster der heiligen Anna in Altötting ist Annelieses Namenspatronin geweiht. Hier hatte Bruder Konrad von Parzham (1818 bis 1894) an der alten Pforte des Kapuzinerklosters einundvierzig Jahre lang Dienst getan. Papst Pius XI. hatte ihn bereits wenige Jahrzehnte nach seinem Tod heiliggesprochen (20. Mai 1934).

Bruder Konrad wird von der Familie Michel als ein Mann mit Engelsgeduld verehrt. Neben Barbara Weigand und Therese von Konnersreuth gehört er später während der Teufelsaustreibungen zu den himmlischen Mächten, die als Annelieses Beistand gelten. Bis zu zweihundertmal am Tag läutete der fromme Bruder Konrad die Klosterglocke. Wallfahrer kamen, um eine Kerze oder ein Medaillon weihen zu lassen, sie gaben Almosen oder baten um eine milde Gabe. Kinder, Handwerksburschen oder Bettler bekamen eine Suppe, ein Bier, Geld oder ein Stück Brot. Bruder Konrad blieb inmitten der Geschäftigkeit freundlich, geduldig und war stets voll innerer Sammlung. Ganz im Dienst an den Gotteskindern in dieser Welt und zugleich ausgerichtet auf die Ewigkeit.

«In den Himmel will ich kommen, wie der Bruder Konrad!» mag Anneliese gedacht haben. Doch vor ihr liegt der Schulwechsel nach Aschaffenburg. Mit ihm taucht sie in eine andere Welt ein.

«Der Teufel ist in mir, alles ist leer in mir» – Die Schulzeit

«Die Hitparade habe ich auch gesehen.
Auch Rex Gildo mit ‹Love a little bit, Belinda›.»
Anneliese Michel

Mit dem Schulwechsel nach Aschaffenburg schlüpft Anneliese aus dem katholischen Kokon des Elternhauses. Jeden Morgen fährt sie mit der Bahn am Main entlang in Richtung Norden. Aschaffenburg liegt «da unten». Schon hier unter den Schülern und Berufspendlern kommt sie mit einer ihr fremden Welt in Berührung. Die frommen Bußübungen der Barbara Weigand, die Visionen der Seherkinder von Fátima, die Frage nach der Echtheit der Marienerscheinungen von Heroldsbach interessieren hier niemanden. Anneliese merkt, daß die ihr vermittelten religiösen Werte außerhalb des Elternhauses kaum auf Widerhall stoßen. Sie fühlt sich fremd und unzeitgemäß.

Die Mitschüler plagen sich weder mit Sühnegedanken noch Rosenkranzgebeten herum, die Hölle halten sie für eine Erfindung der Priester, und vor dem Geistlichen zeigen sie wenig Ehrfurcht. Sie sind nicht bereit, sich schuldig zu fühlen, wenn sie den sonntäglichen Kirchgang versäumt haben; und wenn der Religionslehrer kein interessantes Unterrichtsprogramm anbietet, dann melden sie sich, ohne ein schlechtes Gewissen zu haben, vom Religionsunterricht ab.

Die Autorität der Lehrer bröckelt, politische Reformbewegungen der Studenten beeinflussen auch das Schulleben; vor den Schultoren werden Flugblätter verteilt. SK / ML, KPD-Aufbauorganisation, NPD, DKP heißen die Gruppen. Auch am musikalischen Himmel erscheinen neue Sterne: statt Volksmusik und mehrstimmigem Gesang erklingen die Lieder der Beatles und Stones. Die Stars nehmen Drogen und werden sich wie Janis Joplin, Jimi Hendrix und Jim Morrison damit zugrunde richten.

Nach Schulschluß gehen die Schüler auf die Straße und demonstrieren gegen den Vietnam-Krieg. Im Geschichtsunterricht wird nun auch die neuere deutsche Geschichte thematisiert. Die Klassen der Oberstufe besuchen mit ihren Lehrern den Hitler-Dokumentarfilm von Joachim Fest. Auch Anneliese wird ihn sehen und bis ans Ende ihres kurzen Lebens im Bann der Bilder stehen.

Anneliese Michels Schule, das Aschaffenburger Dalberg-Gymnasium, wurde 1875 als «Königlich Bayerische Höhere Weibliche Bildungsanstalt» gegründet. Bis 1956 war sie zugleich Ausbildungsstätte der angehenden Volksschullehrerinnen. Dann hieß sie für einige Jahre Deutsches Gymnasium. Seit 1965 hatte das Dalberg-Gymnasium einen musischen, seit 1972 einen neusprachlichen Zweig. Den Namen des letzten Erzkanzlers des Deutschen Reiches, Fürstprimas des Rheinbundes, Erzbischof von Regensburg, Karl Theodor, Reichsfreiherr von Dalberg, trägt die Schule ebenfalls seit 1965.

Anneliese besucht den musischen Zweig des Dalberg-Gymnasiums. Klavierspiel und Gesang gehören zu ihren Prüfungsfächern. Die Schule wird von Frau Dr. Philumena Lehner geleitet. Die Eltern sind stolz auf ihre Tochter. Einst wird sie Volksschullehrerin sein. Entsprechend hoch ist aber auch der Erwartungsdruck, dem sich die gesamte Familie ausgesetzt sieht. In Klingenberg wissen alle, daß Josef Michels älteste Tochter das Gymnasium besucht. Neid kommt auf und Skepsis. «Na, ob die Anneliese wohl gescheit genug ist?» heißt es hinter vorgehaltener Hand. Auch blickt Anna Michel mit Sorge auf die Gefahren, denen sie ihre Tochter jetzt ausgesetzt sieht. Diese verdichten sich vor allem in Gestalt des männlichen Geschlechts. Jeden Tag kommt Anneliese nun mit Jungen in Kontakt. Am Mittagstisch werden die Schulerlebnissee ausführlich berichtet und kommentiert.

«Mama», sagt Anneliese, «da unten in dem Gymnasium ist alles ganz anders wie hier zu Hause. Eine ganz andere Umwelt, ein anderes Milieu. Die Jugend will vom Glauben oder von der Religion nicht viel wissen. Manche gehen vom Religionsunterricht raus.»

«Es war sehr streng», erinnert sich Anna Michel, und spricht von ihrer Tochter, als lebte sie noch. «Wenn ich Anneliese nochmals forttun müßte, da käme sie mir nie mehr rein. Obwohl die Ausbildung schon sehr schön war.»

Durch den Schulwechsel erlebt Anneliese nun täglich, wie unzeitgemäß sie aufgewachsen ist. Denn die allmorgendliche Fahrt von Klingenberg nach Aschaffenburg ist ein kultureller und religiöser Zeitsprung. Anneliese lebt fortan in zwei Welten. Anderen Fahrschülern geht es ähnlich. Auch sie betreten jeden Morgen, wenn sie am Aschaffenburger Bahnhof aus dem Zug steigen, eine andere Lebenswelt; auch sie kommen wie Anneliese aus kleinen Dörfern oder Städten des Odenwaldes oder Spessarts, aus Leidersbach, Elsenfeld, Mainaschaff, Mömbris, Mespelbrunn und Alzenau, wo sich die große Wellpappenfabrik befindet. Noch heute hat das Dalberg-Gymnasium einen weiten Einzugsbereich. Über die Hälfte der Schüler und Schülerinnen kommen jeden Morgen von weit her mit Bus und Bahn.

Der Schulwechsel setzt in den Schülern und Schülerinnen neue Energien frei. Sie entdecken andere Werte, vernehmen neue Töne, legen die braven Kleider der Kindheit ab und lassen ihr Haar wachsen. Der Kontrast der Welten führt zur Lockerung der Sitten, manchmal zur Enthemmung, oft zum Protest und fast immer zur Befreiung von der Autorität der Eltern und Lehrer. Anneliese jedoch reagiert mit Verunsicherung und Angst auf den Schulwechsel und die Zeit der Umwertung der Werte. Gegen Eltern und Lehrer vermag sie nicht zu rebellieren.

Anneliese leidet unter den Lehrern. Sie sind ihr zu streng und haben wenig Verständnis für ihre Empfindsamkeit. Herr Dr. Braddatsch, Herr Dürr, Herr Hoffmann, Herr Dr. Pohl gehören zu ihren Lehrern. Besonders der Mathematiklehrer Betz und Studienrat Müller (Deutsch/Latein) fordern ein diszipliniertes Lernen auch am Nachmittag. Ihre Erwartungen sprechen die Lehrer gegenüber Annelieses Mutter offen aus: Wer im Unterricht nicht mithalten könne, der solle besser rasch die Schule verlassen, anstatt die Lehrer und die Mitschüler unnötig zu belasten. Nur der Religionslehrer findet Annelieses Sympathie. Für ihn fertigt sie extra Fleißaufgaben an. Die Schularbeiten werden von Annelieses Mutter betreut. Bis zum Abitur fragt sie regelmäßig Lateinvokabeln ab. Anneliese erledigt ihre Hausaufgaben im Wohnzimmer. In einer Ecke hinter dem Kachelofen legt sie ihre Hefte und Schulbücher ab.

Der Schulwechsel nach Aschaffenburg bedeutet auch für Anna Michel eine zusätzliche zeitliche Belastung neben ihrer Arbeit in Haus und Büro. Vor allen Dingen aber weiß sie sich von den Nachbarn und Kunden beobachtet. Alle wissen, daß Anneliese das Gymnasium besucht, und man erkundigt sich sehr genau nach den Lernfortschritten. Ob die Anneliese es schaffen wird? Der Vater war auch nicht der hellste Kopf in der Schule gewesen. «Schuster, bleib bei deinem Leisten!» heißt es auch in Klingenberg. Das Gelingen oder Mißlingen der Schullaufbahn ist von Anfang an auch eine Sache der Familienehre gewesen. Über Annelieses Kindheit schwebten die wachsamen Blicke der Heiligen. Nun sind zusätzlich die Augen des ganzen Dorfes auf sie gerichtet.

«Mama», sagt Anneliese voller Zukunfts- und Prüfungsängste zu ihrer Mutter, «du stellst dir gar nicht vor, was da alles auf uns zukommt. Wer da nicht ganz außerordentlich mitarbeitet, kann da unten nicht bestehen.»

Der Schulstreß ist enorm. Anneliese wird letztlich auch an den Spätfolgen der damals entstandenen Prüfungsängste zerbrechen. Im Gegensatz zu heute sind die Aufnahmebedingungen für das Gymnasium hoch. Mit Anneliese werden sechzig Schüler und Schülerinnen in zwei Klassen eingeschult. Dann wird wie überall in den deutschen Schulen kräftig gesiebt.

«Beim Abitur waren es nur noch siebzehn. Können Sie sich vorstellen, was die von denen verlangt haben?!» fragt Anna Michel. «Jedes Jahr sind sechs oder sieben Schüler durchgefallen.»

Erste Konflikte treten auf, als Anneliese in der zehnten Klasse ihren ersten Freund hat und mit der Mode der Zeit gehen will. Ihre Mitschülerinnen tragen kein brav geschnittenes, knielanges und am Hals geschlossenes Kleid, wie es Anna Michel von ihrer Tochter verlangt. Auch in der Winterkälte besteht sie darauf, daß Anneliese ein Kleid oder einen Rock trägt, weil sich dies so schickt. Die Kleiderordnung ist nicht nur eine Sache der bürgerlichen Moral, sondern vor allen Dingen sichtbares Zeichen der katholischen Ordnung. Diese verbietet jungen Frauen das Tragen von Hosen. Schließlich habe die Muttergottes auch keine Hosen getragen, heißt es. Wer als Mädchen keine Kleider mehr tragen will, gilt deshalb als Rebell. Damals wie heute ist der Gruppenzwang unter den Jugendlichen enorm. Auch Anneliese will wie alle anderen Mädchen Hosen tragen, am liebsten mit Schlag. Gegen das Argument der katholischen Sittlichkeit setzt sie die Vernunft und sagt: «Da steck ich halt wärmer drinnen.» Die Mutter kontert: «Aber wenn du dich warm genug anziehst, kannst du das auch überbrücken.» Als Gegenargumente nicht überzeugen, wird die Muttergottes höchstpersönlich in den Familienkonflikt eingeschaltet, um die Position der Eltern zu stärken: «Da hat die Muttergottes mit ihr gesprochen und hat gesagt, sie solle keine Hosen tragen, da wär man wie ein Mann, und sie möchte das nicht haben. Da hat Anneliese keine mehr angezogen», berichtet Anna Michel.

Anneliese und ihre Schwestern haben untereinander ein ausgezeichnetes Verhältnis. Die strenge Fürsorge der Eltern schweißt sie mit ihren kleinen und großen Geheimnissen zusammen. Sie sind ein Herz und eine Seele, lachen und schäkern miteinander, singen gerne gemeinsam, sind unternehmungslustig und in der kleinen Stadt viel unterwegs. Anneliese, Gertraud, Barbara und Roswitha sehen blendend aus. Das fällt natürlich auch den Klingenberger Jungen auf, die ihnen scharenweise hinterherlaufen und Josef Michel schlaflose Nächte bereiten.

Besonders angespannt ist die familiäre Situation, als Anneliese mit ihren Mitschülerinnen auf eine Fete gehen will. Immerhin setzt sie sich durch. Spätabends wartet ihr Vater vor dem Haus des Gastgebers in seinem Wagen, um Anneliese nach Klingenberg zu fahren. Andere Mädchen dürfen auf der Fete übernachten oder gehen nach Hause, wann es ihnen beliebt. Anneliese ist es peinlich, wenn ihr Vater unten im Auto gesehen wird. Einmal in der Faschingszeit darf sie bei ihrer Freundin Maria Burtig sogar übernachten. Marias Eltern genießen das Vertrauen der Familie Michel, ist doch Marias Vater Schulleiter des Aschaffenburger Kronberg-Gymnasiums.

An ihren ersten Freund aus der zehnten Klasse erinnert sich Anneliese noch viele Jahre später. Sie waren beide gemeinsam zu einer Geburtstagsparty eingeladen. Der Junge sucht das Gespräch mit Anneliese und macht dabei körperliche Annäherungsversuche. Anneliese fühlt sich überfordert und reagiert angstbesetzt, wendet sich von ihm ab und tanzt mit einem anderen Jungen. Der Konsum von Haschisch und anderen leichten Drogen ist ein fester Ritus auf den Feten. Auch Annelieses erster Freund wird erste Erfahrungen mit leichten Drogen gemacht haben. Am Aschaffenburger Bahnhof sieht sie jeden Tag die Drogenabhängigen und Junkies.

Opfermut, Sühne, Gebet heißen die Tugenden, die Anneliese von klein auf durch die Großmutter, durch Kindergarten und Volksschule vermittelt worden sind. Sie hatte von den Seherkindern aus Fátima gehört, die durch Fasten und Beten das Unheil von der Welt anhalten wollten. Jetzt ist für sie der Zeitpunkt gekommen, wo das Christentum zum ersten Mal in ihrem Leben praktisch werden kann. Sie mißt die frommen Worte der Kindheit am wirklichen Leben und macht dabei zwei irritierende Entdeckungen: Niemand will ihr Opfer haben, weder die Welt draußen, noch der eigene Vater. Das bewegt sie nachhaltig und verstärkt ihr Minderwertigkeitsgefühl, das steigert ihre depressive Neigung und ihr Gefühl der Fremdheit.

Eines Mittags berichtet Anneliese während des gemeinsamen Essens von den Rauschgiftabhängigen am Aschaffenburger Bahnhof. Wie immer sitzt sie neben ihrem Vater. Sie kennt die alten Sprüche: Wer Drogen nimmt, ist selber schuld! Sollen die doch kaputtgehen! Die sind nur zu faul zum Arbeiten! Anneliese sagt: «Aber diese kann man retten. Wenn man für sie betet und wenn man für sie was tut, wenn man für sie opfert, dann kann man sie retten.»

Anneliese benutzt die altvertrauten frommen Worte, mit denen sie in der Familie aufgewachsen ist: beten, opfern, retten. Sie weiß, wie sie mit ihrem Vater reden muß. Nun aber macht sie erneut eine Erfahrung, die sie bleibend verunsichern wird. Sie entdeckt den Widerspruch zwischen frommen Worten und dem realen Leben. Denn der Vater empfindet Annelieses Idee als Provokation: «Du, Anneliese, horch mal, mit so Gedanken darfst du dich nicht befassen, Anneliese, du bist nicht so fest, und das ist für dich nicht gut.»

Anneliese aber läßt sich nicht beirren. Sie beginnt für die «Haschbrüder» zu beten und zu fasten. «Dann hat sie drei Jahre lang nur auf dem Fußboden geschlafen», erinnert sich ihre Mutter. Wahrscheinlich gehört diese Bußübung zum Bereich der Legendenbildung. Sie verdeutlicht jedoch unabhängig von ihrer historischen Wahrheit, wie Anneliese in ihrer Jugendzeit versucht hat, die Tugenden ihrer frühkindlichen religiösen Situation zu retten, um mit den Heilmitteln der Tradition die Wunden der Moderne zu lindern. Dieser Brückenschlag konnte nicht gelingen.

Anneliese spürt erneut, wie unzeitgemäß ihre religiösen Ideale sind. Sie befindet sich in einer schizophrenen Situation. Schüler und Studenten gehen jetzt auf die Straße, nennen die Widersprüche beim Namen, protestieren gegen die Eltern, den Staat und die Ideale, mit denen sie in der Nachkriegszeit aufgewachsen sind. Der Kabarettist Wolfgang Neuss parodiert die Kirche: «Das jüngste Gerücht» (1963), «Neuss Testament» (1965). Der Kampf gegen die Notstandsgesetze beginnt: «Macht euren Notstand in der Sahara», «Mein Papi will wieder Blockwart werden», «Demonstration gegen Notstand ist Selbstschutz». Noch immer stellt die CDU / CSU, die auch von Josef Michel gewählt wird, nach der Regierung Erhard (1963 bis 1966) mit Kurt Georg Kiesinger den Bundeskanzler. Der Tod Benno Ohnesorgs am 2. Juni 1967 und die Verhaftung von Fritz Teufel werden in Klingenberg ebenso kommentiert wie die antiamerikanischen Demonstrationen. In Deutschland ist der Teufel los. Jeden Morgen berichtet die Zeitung vom Treiben der Berliner Kommune I: «Teufel raus – Hoppe rein!», «Teufel grüßt Berlin», «Freiheit für Teufel», und eine Verballhornung des alten Luther-Liedes lautet: «Und wenn die Welt voll Teufel wär und wollt uns gar verschlingen, so fürchten wir uns nicht so sehr, es soll uns doch gelingen.» Zu den Personen im Umkreis der Kommune I gehört auch Andreas Baader. Noch kennt ihn niemand, ebenso die Pastorentochter Gudrun Ensslin, die beim Tag der offenen Tür der US-Airforce-Base Tempelhof (16. Juli 1967) gegen die Vietnam-Politik demonstriert. Ihr Bild ist aber bereits in allen Zeitungen. Sie schiebt einen Kinderwagen mit ihrem Sohn Felix übers Vorflugfeld. Auf dem Wagen befindet sich ein Plakat: «Wenn ich groß bin, trage ich mein MG immer bei mir – Köpfchen, Köpfchen!» Anneliese kann nicht aus sich heraustreten, sie kann sich nicht befreien, indem sie andere öffentlich dämonisiert, wie es nun in den Großstädten geschieht:

«Enteignet Springer!»
«USA, SA, SS!»
«Studium ist Opium!»
«Alle Professoren sind Papiertiger!»
«Wird der Mond kommunistisch? –
US-Truppen, auf zum Mond!»

Die Studentenproteste werden im Hause Michel auch deshalb ausführlich kommentiert, weil Anneliese in Zukunft eine Universität besuchen soll. Die Parolen der Linken empfindet Josef Michel als persönliche Bedrohung, sie berühren sein russisches Trauma. Für ihn deuten die Zeichen der Zeit erneut auf einen unmittelbar bevorstehenden Weltuntergang. Nicht die Schüsse auf Rudi Dutschke (11. April 1968), aber ein deutscher Bundeskanzler, der öffentlich geohrfeigt wird wie Kiesinger von Beate Klarsfeld (6. November 1968), ist für ihn ein apokalyptisches Zeichen. Das wahre Gesicht des Kommunismus enthüllt sich für ihn beim Einmarsch der Truppen des Warschauer Pakts am 20./21. August 1968 in Prag. Der Höhepunkt der kommunistischen Bedrohung ist für Josef Michel mit der politischen Wende in Bonn erreicht, der Bildung der SPD / FDP-Koalition unter Willy Brandt und Walter Scheel im Herbst 1969. Zeitgleich signalisiert die Dauerserie des Schulmädchenreports – «Mädchen zwischen Schulbank und Erotik» – das Ende der Moral. Anna Michel kommentiert rückblickend diese Jahre: «Die Scham ist verlorengegangen. Mein Mann hat das auch immer gesagt. Schamhaftigkeit, wo man früher gehabt hat, die gibt's gar nicht mehr. Das ist einfach weg. Die Leute gucken darüber weg und machen sich überhaupt nichts draus. Die gehen auch in die Kirche so. Das ist egal. Wenn sie überall, hinten und vorne ausgeschnitten sind. Die glauben auch nicht mehr, daß da der Heiland wirklich zugegen ist in der Kirche.»

Ist es ein Zufall, daß inmitten der Höhepunkte des Studentenprotestes und des Einmarsches der russischen Panzer in Prag im Sommer 1968 Anneliese ihren ersten Anfall erleidet? In der Nacht hat sie einen generalisierten Krampfanfall mit Zungenbiß und Einnässen. Anneliese ist jetzt sechzehn Jahre alt. Die Eltern reagieren beide mit Panik. Dieses Kind überfordert sie. Der Hausarzt rät zum Besuch eines Nervenarztes. Der Anfall könne vom Hirn ausgelöst worden sein, da sei der Rat eines Spezialisten nötig. Anna Michel rechnet gleich mit dem Schlimmsten, sie sieht die schulische Karriere ihrer Tochter gefährdet, sie hört schon den Spott der Nachbarn und die gehässigen Worte der Neider. Nach allem, was sie mit der kleinen Martha durchgemacht hat, ist sie nun übersensibel. Niemand darf etwas von der geheimnisvollen Krankheit erfahren, damit es nicht etwa heißt: Die Anneliese hat's im Kopf. Studieren sollte sie, und nun geht sie nach Lohr ins Landeskrankenhaus!

Anneliese weiß, daß sie für ihre Eltern eine seelische Belastung ist. Deshalb wird sie in den kommenden Jahren viel Schmerz in sich hineinfressen, um die Eltern nicht zu belasten. Josef Michel fährt nach dem ersten Anfall seiner Tochter vom Sommer 1968 nach Süditalien in den Ort San Giovanni Rotondo zum stigmatisierten Wunderheiler Pater Pio. Hier sucht er Rat und Trost.

Doch der Anfall wiederholt sich nach einem Jahr im August 1969, knapp einen Monat nachdem mit Neil Armstrong und Edwin Aldrin die ersten Menschen den Mond betreten hatten. Wieder befindet sich Anneliese in einer angespannten Lage, wieder ist sie nur Zuschauerin des Lebens. Während alle Schülerinnen Tanzkurse besuchen und jeden Samstagnachmittag für den Abschlußball üben, muß Anneliese zu Hause bleiben. Sie kennt die Welt der Bälle nur aus dem Neckermann-Katalog. Mit ihrer Schulfreundin Gudrun Steigerwald aus dem Spessartdorf Heigenbrücken tauscht sie sich am Telefon und brieflich ausgiebig über die neuesten Modelle aus dem Neckermann-Katalog aus. Auch Annelieses Schwestern Gertrud (Gerti), Barbara (Babsi) und Roswitha beteiligen sich am Studium der Kataloge.

«Wie gefällt Dir denn das nilgrüne Kleid im Neckermann-Katalog (37,80 DM; Seite 59)? Könnte man es eventuell auch zum Abschlußball des Tanzkurses anziehen oder nicht? Immer das Zuhause wird mir langsam zuviel. Habt ihr auch den Katalog vom Otto-Versand. Schau doch mal (S. 117 Nr. 1) das Kleid gefällt mir auch sehr gut. Es kostet 68,– DM. Wie gefällt es Dir gegenüber dem grünen vom Neckermann? Ich finde es von Roland ja ganz toll, mir eine Karte aus Italien (Venedig) zu schicken. Die paßt ganz gut in meine Sammlung. Ich höre gerade Schlagerderby. Alle meine Hits:

In the ghetto (Elvis Presley)
War es ein Traum? (Carel Gott)
Pretty Belinda
Mendocino
In the year 2525

waren dabei. Ich wollte sie eigentlich heute abend aufnehmen, aber meine Eltern ließen sich nicht aus der Küche vertreiben», schreibt Gudrun (10. September 1969).

Nach dem zweiten Anfall in der Nacht zum 25. August 1969 suchen Mutter und Tochter den jungen Aschaffenburger Nervenarzt Siegfried Lüthy auf. Er hat seine Praxis noch heute im dritten Stockwerk des Hauses Weißenburger Straße 34. Dr. Lüthy verschreibt Anneliese das antiepileptische Mittel Zentropil – morgens eine und abends zwei Tabletten. Die Messung der Hirnströme ergibt keine Auffälligkeiten. Über ein Jahr soll sie die Tabletten einnehmen, tatsächlich setzt sie aber nach drei Monaten das Medikament ab, weil sie es nicht verträgt. Diese Medikamentenunverträglichkeit zeigt sich auch später in der Spezialklinik für Lungen- und Bronchialerkrankungen. Offenbar handelt sie in beiden Fällen eigenmächtig und setzt die Einnahme ohne Wissen der Ärzte ab.

Siegfried Lüthy erinnert sich in unserem Gespräch vom 25. August 1994: «Die Anneliese Michel war am 25. 8. 1969 erstmals in meiner Sprechstunde. Sie hatte in der Nacht vom 24. zum 25. 8. einen generalisierten Krampfanfall mit Zungenbiß und gab an, daß sie vor einem Jahr bereits auch nachts einen Anfall hatte mit Einnässen. Der neurologische Befund war unauffällig. Sie war auch psychisch unauffällig. Am 27. 8. 1969 EG, das ebenfalls unauffällig war. Ich verschrieb ihr daraufhin, nachdem es der zweite Anfall war, Zentropil, morgens eine Tablette, abends zwei Tabletten.»

Den Nervenarzt sucht Anneliese erst nach drei Jahren am 5. September 1972 wieder auf. Er wird nicht erfahren, daß seine Patientin in der Zwischenzeit für ein halbes Jahr in einer Spezialklinik gewesen ist. Dieser Kuraufenthalt steht am Ende einer Kette von Krankheiten, die wie ein Verhängnis empfunden werden. Anneliese leidet ständig unter entzündeten Mandeln. Im Krankenhaus von Wasserlos bei Alzenau in Unterfranken wird sie deshalb operiert, doch stellen sich bei der Entfernung der Mandeln Komplikationen ein. Denn der behandelnde Arzt übersieht eine Entzündung, und so gerät während der Operation Eiter in die Blutbahn. Eine Infektion folgt der nächsten: Erst ist das Rippenfell, dann die Lunge entzündet. Wochenlang liegt Anneliese im Krankenhaus.

Vom 28. Februar, dem Beginn der Passionszeit, bis zum 29. August 1970 dauert die anschließende Kur. Anneliese ist siebzehneinhalb Jahre alt, als sie die Kur in der Spezialklinik für Lungen- und Bronchialerkrankungen für Kinder und Jugendliche in der Heilstätte Mittelberg im Allgäu antritt. Chefarzt der Klinik ist Dr. Geiger, Stationsarzt Dr. Schulz-Herringen. Sie wissen nicht, daß Anneliese Antiepileptika verschrieben bekommen hat. In den Mittelberger Briefen versucht Anneliese möglichst positive Erlebnisse in den Vordergrund zu stellen, um ihre Eltern mit der Schilderung ihrer eigenen Ängste nicht zu belasten. In ihrem ersten Brief beschreibt Anneliese ausführlich die Fahrt mit der Bahn von Miltenberg, dem nächsten größeren Bahnhof südlich von Klingenberg, nach Oy-Mittelberg im Allgäu und nennt dabei beinahe jeden Bahnhof, den der Zug passierte.

«Von Kempten fuhr ich dann mit dem Schienenbus nach Oy. Dort war schon jemand mit dem Bus da, und hat mich abgeholt. Die Fahrt von Kempten nach Oy ist wunderbar. Viele hohe Tannen mit Schnee bedeckt, reihen sich entlang der Bahnlinie. In Oy hat es fast 1 m Schnee, soviel habe ich überhaupt noch nicht gesehen. Schöne bayerische Häuser gbt es auch. In Mittelberg hat es noch mehr Schnee, und hier hat es noch mehr. An manchen Stellen bis zu 2 m. Die Heilstätte ist etwas außerhalb von Mittelberg, weiter am Berg oben. In Oy und Mittelberg sind viele Kurleute und Skifahrer. Euch würde es bestimmt auch hier gefallen. Die Landschaft ist wunderbar.

Mit dem Luftdruck, das war so eine Sache. Schon im Schwarzwald sind mir die Ohren zugegangen. Als wir nach Ulm kamen ging es wieder weg. Gegen Kempten ging es wieder los, und hinauf war es noch schlimmer. Ich habe gedacht, meine Ohren platzen. Heute ist es wieder weg.» (1. März 1970).

Über ihren Gesundheitszustand und die therapeutischen Maßnahmen ist sie gut informiert, kennt die Medikamente aus dem Krankenhaus in Aschaffenburg und die Medikamente, die ihr in Mittelberg verschrieben werden. Die neuen Tabletten (Benzazyl) verträgt sie nicht und erbricht sich. Sie leidet unter Appetitlosigkeit, ißt wenig. Das verstärkt die Übelkeit, besonders abends. Von Mittelberg aus organisiert sie die Abrechnungen mit der Krankenhasse und teilt ihrer Mutter mit, was sie zu tun hat: «Außerdem vergiß nicht dem Gesundheitsamt zu schreiben, wegen der Kostenübernahme von der LVA» (1. März 1970).

Anneliese ist auf ihrem Zauberberg am Wochenende eingetroffen. Zu Beginn der neuen Woche wird sie ausführlich von Dr. Schulz untersucht, Röntgenaufnahmen der Lunge werden angefertigt. «Der Harn und der Magensaft wurden auch untersucht.

Durch einen Schlauch in den Magen durch den Mund kommt der Magensaft herauf. Scheußlich!!! Ich bekomme morgen nochmal die Prozedur gemacht mit dem Magensaft. Aber es geht bei mir schnell, zum Glück. Aus dem Magensaft werden eventuelle Lungenbazillen festgestellt. Wenn die Untersuchungen beendet sind, bekomme ich dann die Medikamente. Die haben hier dieselben, die ich schon bisher genommen habe. Myambutol, Neoteben, Isoxyl. Außerdem wird Streptomycin gespritzt. Ob ich gespritzt werde, weiß ich noch nicht, weil ich die ganzen Medikamente schon im Krankenhaus bekam.»

Offenbar haben die behandelnden Ärzte des Aschaffenburger Krankenhauses nach Mittelberg kein Begleitschreiben über die von Anneliese eingenommenen Medikamente und Infusionen geschickt.

«Jetzt wissen sie gar nicht, was sie mir geben sollen, weil ich nicht genau die Mengen weiß, die ich gespritzt und durch Infusion bekam» (4. März 1970).

Die ersten Wochen vergehen mit Liegekuren. Einförmig ist der Tagesablauf: Um halb acht werden die Kinder und Jugendlichen geweckt. Nach dem Frühstück erfolgt die erste Liegekur bis zehn Uhr. Von zehn bis zum Mittagessen um zwölf Uhr unternehmen sie einen Spaziergang. Nach dem Essen ist die zweite Liegephase, der von vier bis sechs Uhr ein zweiter Spaziergang folgt. Die Fenster sind Tag und Nacht geöffnet. Der Alltag hat begonnen, und Anneliese wird es «stinklangweilig». Ihre Mutter schreibt regelmäßig, richtet Grüße von der Stationsschwester Siegrid aus Aschaffenburg und Annelieses ehemaliger Kindergärtnerin aus, zeigt sich aber auch besorgt, daß ihre Tochter an Gewicht zunehmen könnte. Anneliese zerstreut ihre Sorgen.

«Die Liegekur ist gerade um, liege aber trotzdem im Bett, morgen gehe ich wahrscheinlich wieder spazieren. Daß ich zu fett werde, brauchst Du nicht zu fürchten; ich hab nicht viel Appetit; ich muß mich immer zum Essen zwingen» (12. März 1970).

Anneliese läßt sich jedoch von der einbrechenden Langeweile nicht unterkriegen. Sie wird aktiv, belegt einen Kurs in Stenografie, läßt sich von Klingenberg Bach- und Händelnoten für das Klavierspiel nachsenden, später auch Gitarre und Akkordeon, Lateinlehrbücher und eine Grammatik. Pfarrer Sommer, der geistliche Leiter der Anstalt, wolle mit ihr üben.

«Schicke mir doch bitte die Lateinbücher Rot und Orange; ich weiß aber nicht, wo sie sind; wahrscheinlich im Kinderzimmer. Der Direktor von der Heilstätte will mit mir übersetzen. Der Direktor ist übrigens Pfarrer; hat ganz schön was los. Er will mit mir Caesar übersetzen. Übrigens die Lateingrammatik, die schwarze mit grünem Streifen, brauche ich auch noch. Zur Zeit beschäftige ich mich mit Englisch» (12. März 1970).

Zugleich nimmt Anneliese regen Anteil am häuslichen Alltag in Klingenberg. Sie berät beim Einkauf, kommentiert die Anschaffung von zwei neuen Betten, gibt ihren Geschwistern Lektüreempfehlungen und gedenkt selbstverständlich der Namenstage. Am 19. März, dem Josefstag, besucht sie um neun Uhr die heilige Messe. Auch im täglichen Gebet weiß sie sich der Familie verbunden. «Das Beten vergeße ich am allerwenigsten.» Abends um sieben Uhr geht sie regelmäßig zur Messe. So wird der Kontakt zu Pfarrer Sommer immer enger. Die anderen Mädchen im Heim sind jünger als Anneliese. Deshalb nimmt sie an ihren abendlichen Unternehmungen keinen Anteil. Nach dem Besuch der Messe legt sie sich ins Bett, während die anderen bis neun oder zehn Uhr im Gemeinschaftsraum fernsehen oder sich mit Spielen die Zeit vertreiben. Im Bett schreibt sie Briefe oder strickt Pullover für sich und die Geschwister, bastelt zum Muttertag oder einem anderen Anlaß ein Mobile mit Schwänen, eine Schreibmappe, ein Körbchen, Untersetzer für Gläser, zwei Armbänder, eins für die Schwester Gertraud, eins für den Vater. Sie weiß, daß diese Beschäftigungen eigentlich für kleine Kinder gedacht sind. Doch die Eltern freuen sich über die Basteleien.

Pfarrer Sommer und die Welt der Gottesdienste sind ihr ein Zufluchtsort. Hier fühlt sie sich wohl, hier sieht sie sich gefordert, wenn sie die Hausmessen mit dem Geistlichen vorbereitet. Außerdem ist der gelehrte Gottesmann die einzige männliche Kontaktperson der bald Achtzehnjährigen.

«Dann muß ich außerdem den ganzen Tag Messen einstudieren; in der einen Messe spiele ich das Xylophon; eine weitere muß ich mit den anderen einstudieren. Ich meine den Gesang für die Messe. Ein Pater war da, der hat mit uns eine einstudiert, der hat vielleicht was los; ein prima Musiker, von der Sorte Zilch, spielt Orgel und Klavier, aber wie. Er hat gesagt, er würde mich sofort in den Chor aufnehmen. Ich war bei den Vorsängern, zu dritt waren wir. Haben auf Tonband gesungen; zum Schluß übertöne ich den ganzen Chor mit dem hohen g, während die anderen runtersingen. Heut war der Bischof hier; von dieser Diözese. Er hat eine kurze Ansprache gehalten und uns den Segen gegeben. Ich soll auch von ihm grüßen. Ich muß in 8 Tagen zum Namenstag des Direktors ein Gedicht aufsagen mit 7 Strophen je 4 Zeilen. Ich komme bald nicht zum Lernen vor lauter anderen Sachen» (13. April 1970).

Mit Pfarrer Sommer unternimmt sie auch regelmäßig Ausflüge in die nähere Umgebung. Sie besuchen die Wieskirche, den Lechfall, die Städte Füssen und Nesselwang. Die Ausführungen des Pfarrers über Geologie und Baustile nimmt sie gelehrig auf.

«Der Lech ist übrigens ganz grün; das hängt mit der Beschaffenheit des Gesteins zusammen. In der Steingadner Kirche waren wir auch. Die ist in 3 Baustilen gebaut. Rokoko, Renaissance und Gotik» (7. Mai 1970).

Die Männer, zu denen die bald Achtzehnjährige Kontakte pflegt, sind durchweg Geistliche. Für den kranken Pfarrer Geßner, der auch in dem Heim untergebracht ist, erledigt sie Schreibarbeiten. Daß der Vater des Geistlichen in der Staustufe des Mains bei Klingenberg ums Leben gekommen ist, berichtet sie zweimal nach Hause. Noch immer nimmt sie regen Anteil am Leben der Familie. Oma Fürg, die Großmutter mütterlicherseits, liege zuviel im Bett. Das sei nicht gut für den Kreislauf, mahnt Anneliese. Selbstbewußt in der Rolle der großen Schwester berät sie ihre Eltern bei der Wahl des weiteren Ausbildungsweges der «Kleinen».

Sie ist die erste und wird die einzige bleiben, die ein Gymnasium besucht. Die zehnte Klasse des Dalberg-Gymnasiums in

Aschaffenburg hat sie abgeschlossen. Längst ist sie ihren Eltern geistig entwachsen. Das lange Jahr der Krankheit und der Kur bedeutet auch eine Unterbrechnung der Schule. Anneliese wird älter als ihre Mitschülerinnen sein.

Im Heim wird sie auf die Abteilung 7 verlegt. «Hier ist es viel schöner als auf der Abteilung 5. Dort sind lauter alberne Gänse und den ganzen Tag wissen sie nicht, was sie treiben sollen, während wir hier viel basteln» (13. April 1970). Mit Monika Schermer, ihrer neuen Freundin aus Abteilung 7, lernt sie regelmäßig Latein und Englisch. Doch auch Monika, mit der sie eine lange Freundschaft verbinden wird, ist mit vierzehn Jahren beinahe vier Jahre jünger als Anneliese. Monika besucht die achte Klasse eines humanistischen Gymnasiums in Eichstätt.

Noch immer hat Anneliese erhöhte Temperatur. Die Verweildauer im Heim beträgt sechs bis zwölf Monate, und auch Anneliese beginnt über die Zeit nachzudenken, die ihr noch bevorsteht. Wird sie nach den Sommerferien wieder zu Hause sein oder noch ein zweites Schuljahr verlieren? Soll sie sich dem Schulstreß des Dalberg-Gymnasiums noch einmal stellen? Es gibt Schulen, an denen das Abitur leichter zu erwerben ist. Vielleicht werde sie ihre weitere Schulbildung an einem anderen Gymnasium der Gegend mit geringeren Leistungsanforderungen fortsetzen. «Ob ich nach Walldürn gehen soll oder in Aschaffenburg weitermachen soll, weiß ich immer noch nicht. Außerdem weiß ich nicht einmal, ob ich bis Schulanfang zuhause bin. Klavier spiele ich hier auch. Jeden Tag eine halbe Stunde» (16. April 1970).

Ihr Berufswunsch ist noch immer Volksschullehrerin. Sie wählt das Vertraute. Eine der drei Schwestern soll später im Sägewerk die Büroarbeit der Mutter unterstützen. Dazu brauche sie kein Abitur, sondern nur die Handelsschule, schreibt Anneliese an ihre Schwester Gertraud. Allerdings solle sie sich sorgfältig überlegen, ob sie wirklich diese Berufswahl treffen möchte. Schließlich sei es gut, sich Optionen offenzuhalten: «Wenn Du später ins Büro gehen willst, reicht natürlich die Handelsschule vollkommen. Falls Du aber einen anderen Beruf ergreifen willst, wäre die Mittelschule schon besser, weil man eine breitere Bildungsgrundlage hat. Wenn man allerdings von der Handelsschule aus auch die Mittlere Reife erlangen kann, könntest Du auch diese besuchen. Ich weiß wirklich keinen besseren Rat. Hoffentlich entscheidet ihr richtig!» (14. April 1970).

Nach katholischem Brauch der Zeit sammeln die Geschwister Geld für die Mission. «Spart für das Heidenkind weiter!» werden sie von der großen Schwester ermuntert. «Lerne nicht zu viel; auch wenn Du viele Hausaufgaben zu machen hast, gehe unbedingt an die frische Luft; mindestens eine halbe Stunde», wird die Schwester Gertraud ermahnt. Samstags hört sie wie alle jungen Frauen die Hitparade. Star im April 1970 ist Rex Gildo mit «Love a little bit, Belinda».

Freundinnen aus Aschaffenburg berichten von ersten Männerfreundschaften. Darunter sind auch ihre Klassenkameradinnen Marielies, Moni und Gudrun, mit der sie gemeinsam die Versandhauskataloge studiert hat. Sie fangen an zu rauchen und hängen in Cafés herum. Die leidenschaftliche Chorsängerin Anneliese kann nur mit dem Kopf schütteln.

«Die Moni hat mir geschrieben, daß die Gudrun einen Freund hat, seit neustem. Er geht auf die Ingenieursschule in Frankfurt und ist im 2. Semester. Die Moni schrieb auch, daß sich die Marielies sehr verändert hat in ihrem Charakter. Sie waren beide über Nacht bei Gudrun, an ihrem Geburtstag im März. Die Gudrun raucht neuerdings auch; so ein dummes Ding; versaut sich ihre ganze Stimme durch das Qualmen» (14. April 1970).

Die Tabletten vertrage sie noch immer nicht. «Ich bekomme jetzt statt der 12 großen Benzazyl 4 rote kleinere Ektebin, die natürlich viel stärker als die Benzazyl sind. Das merk ich sofort, wenn ich sie geschluckt habe; überhaupt abends, da wird's mir immer schlecht, wenn ich nicht genug gegessen habe» (16. April 1970). Zur Zeit gehe es ihr gut. Wenn die Mutter wissen möchte, wie es ihrer Tochter Anneliese gehe, so solle sie die Blätter am Blumenstock von Monika Hugo betrachten. Die gäben auf mystische Weise über ihren Gesundheitszustand Auskunft. «Beobachte gut den Stock von Monika Hugo. Wenn er die Blätter hängen läßt, geht es mir nicht gut. Wenn er schön aussieht, geht's mir gut. Zur

Zeit geht es mir prima. Habe den ganzen Tag zu tun; überhaupt keine Langeweile» (16. April 1970).

Natürlich werden noch immer die neuesten Neckermannkataloge studiert, und wenn Gerd Müller und Franz Beckenbauer bei der Weltmeisterschaft 1970 im Spiel gegen England den Einzug ins Viertelfinale erstreiten, stimmt auch Anneliese in das «Wir-Gefühl» ein. «Hast Du gestern Fußball geschaut?» fragt sie ihre Schwester Gertraud. «Der Gerd Müller hat klasse gespielt. Das freut mich, daß wir dieses Mal gegen England gewonnen haben. Als nächstes müssen wir gegen Italien spielen; die packen wir bestimmt auch.» Fachmännisch wird kommentiert: «Beckenbauer spielte toll. In der 2. Halbzeit war das Spiel der Deutschen überhaupt weit besser; viel schneller und wendiger; das hinderte die Engländer, ihre Abwehrmauer zu bilden; dadurch und durch die Täuschungsmanöver gelangen uns die Tore. Der Schiedsrichter war auch ganz prima. So langweilig wie in der 1. Halbzeit war das Spiel auch vor 4 Jahren.» Dann folgt ein Vergleich mit dem klassischen Spiel Deutschland – Uruguay von 1966. Anneliese besuchte damals die achte Klasse. Den Sommer 1966 hatte die Familie in Berchtesgaden verbracht. Das Spiel gegen die Urus hatten Gertraud und Anneliese in der Küche von Rugi Bugi gesehen. Zurückgekehrt nach Klingenberg verfolgten sie das Endspiel Deutschland – England bei Hildegard.

Der Vater hält seine Tochter mit Zeitungsausschnitten über die schulischen Ereignisse auf dem laufenden. Wie überall in Deutschland wird auch in Aschaffenburg gegen den Numerus clausus demonstriert. Aufruhr ist dem Vater ein Greuel. Als Nichtakademiker versteht er auch nicht den Grund der Studentenproteste. In ihrem Brief an die Mutter erläutert Anneliese ausführlich die bildungspolitische Situation in Deutschland. «Es ist ganz recht, wenn die Gymnasien gegen den ‹Numerus clausus› (d.h. gegen die Zulassungsbeschränkung an den Universitäten) protestieren. Wenn man was studieren will, das einen auch wirklich interessiert und Spaß macht, braucht man einen so guten Notendurchschnitt, den nur wenige erreichen können.» Als angehende Lehramtsstudentin könnte sie selbst ein Opfer der Zulassungsbeschränkungen werden. «Und warum führen sie den ‹Numerus clausus› überhaupt ein – nur aus dem einen Grund, weil sie zu wenig Universitäten haben und das Geld ihnen dazu fehlt. Andererseits haben sie genug Geld für Kriegsrüstungen und Atomforschungen. Nichts gegen Atomforschung, wenn sie für friedliche Zwecke verwendet wird, aber das ist ja meistens nicht der Fall. Durch den ‹Numerus clausus› wollen sie also herbeiführen, daß nicht mehr soviele Studenten auf die Universitäten können.»

Damit hat sie ihren Vater für die bildungspolitische Lage sensibilisiert. In Aschaffenburg werden die Abiturzeugnisse ausgeteilt. Die Namen der besten Schüler und Schülerinnen aus Unterfranken erscheinen in der Zeitung. Josef Michel schneidet auch sie aus und schickt sie nach Mittelberg. Unter den Ausgezeichneten ist auch Marietta Link (Notendurchschnitt 1,7) und die Schwester von Annelieses Freundin Monika Schermer aus dem Heim in Mittelberg. Sie heißt Lioba.

Annelieses Briefe sind stets adressatenbezogen. Dem Vater schreibt sie deshalb über Politik und nimmt dabei Bezug auf einen Artikel aus der katholischen Zeitschrift «Bildpost». «Hast Du die Bildpost vom 14. Juni gelesen? Da steht auf der 2. Seite (Überschrift: Eine Fallgrube für Bonn) klar und deutlich drinnen, wie uns der Brandt an die Russen verkauft.» Auch ihr eigener politischer Standort bleibt der großen bayerischen Partei treu. Ablehnung findet die Ostpolitik der SPD-Regierung. «Bonn garantiert den Frieden mit Russland, während die Russen bei geringstem Aufmucken von uns einmarschieren können, wie sie es in der CSSR taten. Wir haben noch 1 Chance beim nächsten Treffen in Moskau. Wenn die der Brandt vermasselt, sitzen wir im Dreck.» Da klingen Ängste der Zeit an, eine unsichere berufliche und politische Zukunft; und der nächste Anfall bereitet sich vor.

Anneliese hat in allen Bereichen eine entschiedene Meinung und läßt sich nicht fremdsteuern. Im Heim lernt sie neues religiöses Schrifttum kennen und empfiehlt die Lektüre ihren Geschwistern statt des «Kitsches», den sie bisher zu lesen bekamen. Sie beugt sich auch nicht bedingungslos den Anordnungen der Ärzte. «Mit den Tabletten ist es bei mir Essig. Die Ektebin sind so stark, daß es mir jedesmal schlecht wird. Jetzt setze ich wieder aus» (7. Mai 1970). Übelkeit und Erbrechen sind die Nebenwirkungen. Dann erlebt sie während der Liegekur am 3. Juni 1970 um vierzehn Uhr einen kurzen epileptischen Anfall. Kurz zuvor hatte Anneliese Besuch von ihrer Mutter erhalten. Die Ärzte schreiben noch am gleichen Tag einen Brief an die Eltern:

«Bei Ihrer Tochter Anneliese kam es heute gegen 14 Uhr während der Liegekur zu einem kurz anhaltenden epilepsieähnlichen Anfall. Wie wir anschließend erfahren haben, soll Ihre Tochter nach eigener Angabe im vergangenen Jahr im Juli 2 Anfälle gehabt haben. Eine entsprechende Kopfaufnahme (EEG) soll von einem Facharzt angefertigt worden sein. Da uns nähere Angaben über das Ergebnis sowie verabfolgte Medikamente nicht bekannt sind, bitten wir Sie um baldigste entsprechende Mitteilung mit evt. Angabe der Adresse des Facharztes. Im übrigen hat sich der rechtsseitige Lungenbefund wie erwartet, zufriedenstellend verbessert» (3. Juni 1970).

In einem Begleitschreiben kommentiert Anneliese ihren Anfall. Mit dieser Krankheit kann sie rational umgehen. Von einer dämonischen Deutung des Anfalls findet sich im Jahre 1970 noch keine Spur. Im Gegenteil. Annelieses Brief zielt deutlich auf eine Beruhigung der Mutter. Sie ist der Adressat sämtlicher persönlicher Mitteilungen, nicht der Vater. «Ich habe mir wieder die Zunge verbissen und verkrampft war ich auch; einen Schrei habe ich auch fahren lassen; das haben sie mir alles danach erzählt.» Zeuge des Anfalls sei Stationsschwester Viridiana. «Reg dich bloß nicht auf. Das geht schon wieder weg.» Der Stationsarzt verschreibt Anneliese das Medikament Mylepsinum. Den Brief der Ärzte an ihre Eltern kommentiert sie:

«Du wirst von Dr. Schulz einen Brief bekommen; ich hatte heute wieder so einen Anfall in der Liegekur wie vor einem Jahr, wo ich bei dem Nervenarzt war. Der Dr. Schulz möchte jetzt allerhand wissen, das Du ihm beantworten sollst. Wie der Nervenarzt heißt in Aschaffenburg, und welche Tabletten ich eingenommen habe. Die müssen in meinem Nachtkästchen sein; es ist eine blaue Packung; ich weiß nicht mehr wie sie heißen.» Dann bittet sie ihre Mutter, die Ärzte nicht über die eigenwillige Absetzung des Antiepileptikums zu informieren.

«Schreib nicht dem Dr. Schulz, daß ich die Tabletten 1 Jahr lang einnehmen hätte sollen; das habe ich doch nicht gemacht. Ich habe gesagt 3 Monate hätt ich sie nehmen sollen, und solange habe ich sie auch genommen» (3. Juni 1970).

In Kempten wird Anneliese von Dr. Wolfgang von Haller neurologisch untersucht. Das EEG ist in Ordnung. Trotzdem bekommt sie Apyolan verschrieben. Zusätzlich leidet Anneliese an einer Kreislaufschwäche. Die Ärzte der Klinik untersuchen sie erneut und stellen eine Schilddrüsenüberfunktion von fünfzehn Prozent fest. Daß auch Annelieses Mutter darunter leidet, wissen sie nicht. Nach der Verabreichung von Jodtabletten verschwinden die Schwindelanfälle. Anneliese ist genau über ihren körperlichen und seelischen Zustand informiert. «Der Anfall muß doch vom Gehirn ausgelöst worden sein. Durch die Drüsenüberfunktion bekommt man ja einen Kropf.» Bis zur dämonischen Selbstdeutung ihrer Krankheiten werden noch drei Jahre vergehen.

Statt der Ektebin wird ihr neben Myambutol und Neotebin ein neues, namentlich nicht genanntes Medikament verschrieben. Anneliese trinkt täglich Nährbier, nimmt aber trotzdem nicht zu. Sie leidet unter Eßstörungen und Heimweh, klagt außerdem über Depressionen. Mit Schwester Viridiana spricht sie über die Verweildauer im Heim. Neun Monate seien die Regel. Das hieße für Anneliese, daß sie bis Weihnachten in der Klinik bleiben müsse. Wie soll ihre Zukunft aussehen? Schon jetzt ist sie älter als ihre Mitschülerinnen! «Zur Zeit habe ich soviel Heimweh, daß ich überhaupt nichts essen kann. Und die Schilddrüsenüberfunktion hilft natürlich noch dazu; außerdem habe ich zu hohen Blutdruck (135); da hat man auch weniger Appetit, Depressionen (Niedergeschlagenheit) hat man auch; das kannst Du im Krankenbuch nachlesen» (Juni 1970).

Anneliese verbringt die Tage mit Stricken. Zu Hause in Klingenberg schneidert ihre Schwester Gertraud für sie ein blaugeblümtes, gesmoktes Kleid. Mitte Juni hat sie keine Eßstörungen mehr. Auch die Kreislaufbeschwerden sind vorbei. Wieder beruhigt sie die Eltern, denn ihnen ist der Gedanke, ihre Tochter leide an einer Störung der Hirnfunktion, unerträglich. «Der ganze Schwindel und sehr wahrscheinlich der Anfall kam von der Schilddrüse.» Auf die Schilddrüsenüberfunktion führt Anneliese «Schwindel, Appetitlosigkeit, Depressionen, Müdigkeit» und den hohen Blutdruck (rechts 90/135; links 80/120) zurück. Der Anfall hat für sie nichts Beunruhigendes und wird noch immer in keiner Weise dämonisch gedeutet. Sie stellt ihn jedoch in einen Zusammenhang mit dem Besuch ihrer Mutter in Mittelberg: «Daß der Anfall und Du zusammengekommen sind, mußte so kommen, sonst müßte ich immer noch die Ektebin nehmen und gesund werden würde ich auch nicht, weil ich dauernd gebrochen habe» (15. Juni 1970).

Anneliese neigt dazu, Gleichzeitigkeiten von unterschiedlichen Ereignissen eine Botschaft zu entnehmen. Als Pfarrer Sommer beim Sprung durch das Johannisfeuer mit zwei Jungen zusammenstößt und sich das Schienbein bricht, kehrt die Formulierung wieder: «das mußte so kommen». Ausführlich schildert sie den Vorfall in einem Brief an die Eltern. Als sie ihn schreibt, hat sie auf den Tag genau noch sechs Jahre zu leben. Hinter dem kleinen Wäldchen hatte der Abend mit Gesang begonnen, von Annelieses Freundin Helene auf dem Akkordeon begleitet. Pfarrer Sommer hatte daran so große Freude, daß auch Anneliese ihre Eltern bittet, sogleich ihr eigenes Akkordeon von Klingenberg nach Mittelberg zu senden. Um neun Uhr wird das Feuer entzündet.

«Die Buben von der Abteilung 6 sprangen durchs Feuer, auch der Herr Direktor. Nach einer Weile springt er nochmals; zur gleichen Zeit als er lossprang, sprangen von der anderen Seite auch 2 los; direkt über dem Feuer gab es einen Zusammenprall; dabei ist es dann passiert. Aber das mußte so kommen, der Direktor hätte sonst einen Herzklaps bekommen, weil er jedem alles recht machen wollte. Von sich aus hätte er keine Ruhe gegeben, also mußte er gezwungen werden. Er ging immer nachts um 2 ins Bett, um 5–6 Uhr stand er schon wieder auf. Schule halten mußte er auch, Rechnen und Deutsch und was alles dazugehört. Außerdem ist er ja Priester. Jeden Morgen um $^{1}/_{2}7$ Messe halten, Predigten machen, dann die ganzen Schreibarbeiten, die für einen Direktor anfallen und was er zusätzlich noch alles machte, z.B. Dach decken» (1. Juli 1970).

Der Unfall bedeutet für den unermüdlich tätigen Priester, Verwaltungschef und Lehrer eine heilsame Zwangspause. Nun liegt er in «seinem Hexenhäuschen».

Einige Patientinnen werden Anfang Juli entlassen. Christel, ihre Bettnachbarin, war beinahe ein Jahr in der Klinik. Nun belegt Anneliese ihr Bett, damit sie direkt neben ihrer Freundin Monika liegen kann. Neu im Zimmer ist eine erst dreizehnjährige Schülerin. Eine Zwölfjährige ist sogar zum dritten Mal in der Heilanstalt. Monika Scheibl und Helene Felber, die Akkordeonspielerin, werden entlassen. Die neue Bettnachbarin ist mondsüchtig und liebt es, Anneliese und ihre Freundin Monika zu schockieren. In dem langen Brief an die Eltern berichtet Anneliese auch über die Dreizehnjährige:

«Stellt Euch vor, die ist mondsüchtig; aber gestern hat sie uns ausgeschmiert. Fängt die doch prompt zu wandeln an, steht auf, legt sich wieder hin, wälzt sich im Bett, hockt sich hinein; die hat so echt gespielt, daß sie uns alle täuschte. Ich hab einen halben Herzkolaps gekriegt; aber die schläft wirklich so unruhig. Gestern Nacht fängt sie plötzlich zu schreien an, und haut um sich und heult und winselt; ich habe sie dauernd angeredet und angeschrien, aber die plerrt weiter; zum Schluß ist sie dann doch endlich aufgewacht. Heut Nacht hat sie mich auch wieder aus dem Schlaf geweckt» (1. Juli 1970).

Den Lesern in Klingenberg fällt bei dieser Schilderung sogleich die Geschichte vom mondsüchtigen Knaben ein, den Jesus geheilt hat. «Siehe, ein Geist ergreift ihn, daß er plötzlich aufschreit, und er reißt ihn, daß er Schaum vor dem Mund hat, und läßt kaum von ihm ab und reibt ihn ganz auf.» (Lukas 9,39–40) Im August richten sich Annelieses Gedanken wieder verstärkt auf die schulische Zukunft. Soll sie überhaupt noch die Oberstufe besuchen? Dr. Schulz «hat gesagt, bei mir kennt sich niemand aus» (19. August 1970). Wird sie jemals ihren Beruf als Lehrerin ausüben können? Was wird sein, wenn sie ein Anfall unverhofft vor der Schulklasse heimsucht? Lohnt es sich überhaupt noch, das Abitur zu machen? Bildung ist für Anneliese kein Selbstzweck. Die Zusammenarbeit mit Pfarrer Sommer hat ihr viel Freude gemacht und ihr eine berufliche Alternative aufgezeigt. Jetzt könnte sie bereits eine Ausbildung als Katechetin beginnen und sich drei Jahre Schulstreß ersparen.

Nach dem «epilepsieähnlichen Anfall» hatte Anneliese mit einer religiösen Deutung ihrer Krankheitsgeschichte begonnen, die nun Mitte August ihren ersten Abschluß findet. Schwester Viridiana ist ihr dabei eine wichtige Gesprächspartnerin. «Sie sorgt wie eine Mutter für einen. Sie war selbst schon viel krank und sie sagt, sie dankt Gott, wenn sie überhaupt arbeiten kann» (3. Juni 1970). Anneliese hat nun ein Jahr Krankenhaus- und Sanatoriumsaufenthalt hinter sich, ein Jahr war sie von der Welt isoliert. Sie fragt sich: Warum hat es gerade mich getroffen? Was ist der Sinn dieser langen Krankheit? Warum hat mich Gott heimgesucht? Anneliese ist überzeugt, alles kommt von Gott, die guten und die bösen Tage, Glück und Unglück, Gesundheit und Krankheit. Gott hat auch ihr ein Zeichen gegeben, er hat durch die Krankheit zu ihr gesprochen. Sie erlebt die letzten Wochen in Mittelberg als einen spirituellen Reifungsprozeß. Sechs Jahre später wird er seinen Höhepunkt erreicht haben, als sich Anneliese mit dem leidenden Christus identifiziert.

Das Gebet ist ihr seit frühester Kindheit so selbstverständlich wie das Atmen. Ihr berufliches Schicksal hat sie in die Hände der Mutter Gottes gelegt. Am 15. August wird das Fest der leiblichen Aufnahme Mariens in den Himmel gefeiert. In dieser Zeit ringt Anneliese intensiv im Gebet mit Maria um eine neue Perspektive für ihre Zukunft.

«Ich werde jetzt halt doch versuchen, das Abitur zu machen, obwohl ich mich, bevor ihr da gewesen seid, mich vollkommen damit abgefunden hatte, das Abitur nicht zu machen, sondern Katechetin zu werden. Aber das kann ich immer noch werden, wenn ich das Abitur nicht schaffe. Vielleicht kann ich meine Fähigkeiten und Anlagen doch besser nutzen, wenn ich Lehrerin werde. Wer weiß, warum ich jetzt noch vor Schulbeginn hier entlassen werde. Es gibt keine Zufälle im Leben, das sind alles Fügungen Gottes. So habe ich mit der Mutter Gottes ausgemacht, daß wenn ich Katechetin werden soll, ich das Abitur nicht schaffe, während ich es schaffe, falls ich Lehrerin werden soll. Außer sie gibt mir es deutlich genug auf andere Weise zu verstehen.»

Das Gebet zur Königin des Himmels schenkt ihr Sicherheit und Gelassenheit. In dem Brief an die Mutter (19. August 1970) folgen weitere Ausführungen, die nicht nur zeigen, wie Anneliese um ihre Berufung, ihren Auftrag und den Sinn ihrer langen Krankheit gerungen hat, sondern wie ihr durch diese religiöse Selbstdeutung ein neues Selbstbewußtsein zuwächst. Von der Autorität der Eltern kann sie sich nur befreien, indem sie die religiösen Werte der Kindheit radikalisiert. Damit grenzt sie sich von der Frömmigkeit der Mutter ab.

«Ich bin eigentlich ganz froh darüber, daß ich krank war, da geht einem so manches auf. Man erkennt, daß es andere Werte gibt, als Geld, Reichtum und Autos, für das es sich lohnt zu leben. Daß man zur Ehre Gottes auf dieser Welt ist und nicht für vergängliche Werte. Das solltest Du Dir auch einmal überlegen. Aber wenn man gesund ist und im Alltagsleben steckt, da denkt man, mir geht es doch gut, was kümmert es mich, wenn andere Menschen in Biafra oder Lateinamerika sterben vor Hunger, die Hauptsache, mir geht es gut. Das Schlimmste ist heutzutage die Gleichgültigkeit dem Nächsten gegenüber und mag es nur in der Nachbarschaft sein. Die Menschen können heute so unmenschlich sein, weil es ihnen zu gut geht. Eigentlich müßte in ihnen noch der Schrecken vom letzten Kriege drinnen stecken. Aber das ist heute schon alles vergessen.»

Anneliese sucht, wofür es sich zu leben lohnt. Der Glaube an Gott und an das Leben nach dem Tod soll schon heute das Verhalten auf der Erde bestimmen. Wer in den Himmel kommen will, der muß ein gottgefälliges Leben führen. Was aber gefällt Gott? Der Brief versucht eine Antwort zu geben.

«Eins mußt Du Dir merken:
in den Himmel will ich kommen,
mag es kosten, was es will,
für den Himmel ist mir
nichts zu viel.»

Wie kommt man in den Himmel? Die Antwort, die Anneliese in Mittelberg gefunden hat, lautet: duch ein tätiges Leben, durch Nächstenliebe: «Darum sollte ich auch mein Leben in den Dienst für den Nächsten stellen aus Liebe zu Gott, und mehr auf Gottes Lohn hoffen als auf Menschen Lohn. Besser von den Menschen verachtet werden als von Gott. Vielleicht weißt Du jetzt auch, warum ich Katechetin werden möchte, wenn es Gott so für mich bestimmt hat. Und sei froh, daß ich so denke und Du keine Hure als Tochter hast.»

In Klingenberg hat sich inzwischen einiges verändert. Anna Michel hat ihre Mutter von Leiblfing nach Klingenberg geholt. Sie macht sich auch Gedanken, wie die Nachbarn auf Annelieses Rückkehr reagieren werden. Niemand soll erfahren, daß ihre Tochter in einer Heilanstalt war. Schnell entstünden dann neue Gerüchte über die Familie, wie sie es schon einmal beim Tod der kleinen Martha erlebt hat. Anna Michel schlägt ihrer Tochter eine Sprachregelung vor. Wenn sie nach ihrer Rückkehr gefragt werde, wo sie so lange gewesen sei, solle sie einfach sagen, sie sei «auf Erholung» gewesen. In ihrem letzten Brief aus Mittelberg tritt Anneliese jedoch noch entschiedener auf. Das Muttergotteserlebnis hat sie innerlich gestärkt. Sie will nur noch Gott gefallen und schert sich nicht um der Menschen Urteil. «Ob das jemand glaubt, daß ich auf Erholung war oder nicht ist doch egal. Was geht denn mich das Geklatsch an, das ist mir völlig wurscht» (19. August 1970).

Der letzte Brief aus Mittelberg ist ein entschiedenes Plädoyer für das Recht auf Selbständigkeit, für das Recht, den eigenen Weg zu gehen. Als Älteste der vier Geschwister reklamiert Anneliese dieses Recht auch für ihre jüngeren Geschwister. Gertraud hat in den Ferien gegen den Willen der Mutter im Krankenhaus gearbeitet. Anneliese schreibt: «Daß die Gertraud in das Krankenhaus ging, das sollte Dir schon recht sein. Sei froh, daß sie überhaupt sich traute und soviel Courage besaß; darauf solltest Du stolz sein.» Anneliese hat in Mittelberg andere Mädchen kennengelernt. Fast alle waren jünger und dennoch selbstbewußter und weltoffener als sie. Im Vergleich zu ihnen treten die Defizite der Klingenberger Erziehung deutlicher hervor. Monika nimmt in München an einem internationalen Jugendtreffen teil. Monikas Schwester Lioba arbeitet für zwei Monate in einem Schweizer Hotel, um ihre Französischkenntnisse aufzubessern.

«Die sind so selbständig, während ich mir manchmal so unbeholfen vorkomme mit meinen fast 18 Jahren. Deshalb ist es auch gut, daß die Gertraud ins Krankenhaus ging, damit sie mehr mit Menschen zusammenkommt und den Umgang mit ihnen lernt. Das kann einem später von großem Nutzen sein; jetzt ist es auch noch nicht so schlimm, wenn man sich etwas dumm anstellt, während es peinlich ist, wenn man dann in die 20 geht» (19. August 1970).

Nach der Rückkehr ins Elternhaus verstrickt sich Anneliese wieder in den alten Beziehungsmustern. Nichts hat sich geändert, nichts wird sich ändern. Suizidgedanken quälen sie. Rückblikkend kommentiert Anneliese die Jahre 1969/70 in einem Brief vom 2. September 1974 an Pfarrer Alt. Darin schildert sie ihre seelische Situation dramatischer und verzweifelter, als sie in den Briefen aus Mittelberg an die Eltern hervortritt:

«Ich heulte oft abends für mich. Zu niemandem konnte man gehen und seine Sorgen loswerden. Dann heulte ich nicht mehr, weil ich sah, daß es zwecklos war; dann konnte ich nicht mehr heulen. Dann wurde ich ganz schlimm krank, Rippenfellentzündung und TBC. Ich kam mir immer einsamer vor und noch hilfloser. Mama sagte ich nichts, weil sie sich keine Zeit nahm, und so wurde es immer schlimmer mit mir. Von Gott fühlte ich mich irgendwie total verlassen. Dortmals war ich schon ziemlich umsessen. Ich wollte mich immer umbringen. Dortmals hatte ich höllische Angst, wahnsinnig zu werden vor Verzweiflung. Dann kam die Erfahrung, daß Gott mich doch nicht restlos verlassen hat. Ich konnte wieder beten. Es ging besser und ich wurde gesund. Dann kam ich zu meinem Unglück in die Heilstätte nach Mittelberg. Dort ging's wieder abwärts. Dort machte ich Qualen durch. Das Gebet gab mir keinen Halt mehr und auch sonst nichts. Dann kam ein kleiner Aufschwung, als ich nach einem halben Jahr entlassen wurde, aber ich war innerlich irgendwie tot.»

Während der Mittelberger Zeit ist Anneliese zu einer religiösen, aber noch nicht dämonischen Deutung ihrer Krankheit durchgedrungen. Diese wird erst nach dem Abitur im August 1973 während einer Pilgerfahrt nach San Damiano beginnen. Daß Anneliese bereits in Mittelberg Teufelsvisionen gehabt haben soll, gehört in den Bereich der Legendenbildung. Sie visualisieren und deuten innere Erlebnisse, entsprechen aber nicht der historischen Wahrheit. Dazu gehört auch die folgende Legende aus dem Umkreis des Exorzisten Alt, nach der Annelieses Anfall vom 3. Juni 1970 dämonisiert und um der Dramaturgie willen von der Mittagszeit auf die Stunde der Abenddämmerung verlegt wird. Während des Rosenkranzgebetes habe Anneliese eine Marienvision und gleichzeitig eine Teufelserscheinung gehabt:

«Plötzlich, wie ein Wetterleuchten, das drohend aufsteigt über fernen Horizonten, sah sie eine riesige, teuflische Fratze. Sie verschwand fast im gleichen Augenblick, aber es hatte genügt, um sie mit einem eisigen, unnennbaren Grausen zu erfüllen. ... Oft hatte sie Angst, am Abend den Rosenkranz zu beten, was ihr so viel bedeutet hatte in der Verbindung zu den Ihren daheim und zur Mutter Gottes, ihr Trost in beiden Welten. Man konnte schließlich nie wissen, ob sich ihr, statt des süßen Wohlgeruchs der Gottesmutter, nicht etwa wieder jenes Scheusal, jene teuflische Fratze von neuem aufdrängte. Es geschah noch einige Male, und jedes Mal hatte es sie taumelig gemacht, so als würde sie in einen tiefen Schacht gestoßen. Beim letzten Mal war ihr der furchtbare Gedanke gekommen, was, wenn dieses schreckliche Etwas in Wirklichkeit in ihr selbst drinnen säße, nicht weit von dort draußen, wo sie es wahrzunehmen schien? ‹Es ist in mir, in mir, in mir›, diese Angst hallte tagelang in ihr wieder.» Die Mutter Anna Michel kommentiert diese Legende aus der Apologie von Felicitas Goodman: «Also mir ist das ganz neu.»

Eigentlich wollte Anneliese nach ihrer Rückkehr das Gymnasium in Amorbach besuchen, «wo es halt leichter ist». Doch im Elternhaus und in der Schule bleibt alles beim alten. Die kommenden Jahre in der Oberstufe sind arbeitsintensiv. In den Ferien langweilt sich Anneliese. Gern nähme sie an einer Ferienfreizeit für Jugendliche teil. Doch die Eltern würden dies niemals erlauben. So beschließt Anneliese, in den Ferien arbeiten zu gehen. Ihre Freundinnen verdienen sich Geld als Serviererinnen im Café oder im Wirtshaus. Das ist ein Ferienjob, zu dem die Mutter niemals ihre Zustimmung geben würde. Einer Arbeit im Krankenhaus wird sich die Mutter jedoch kaum widersetzen können, denkt Anneliese, schließlich hatte ihre Schwester Gertraud ja bereits die Bahn gebrochen. Anna Michel versucht ihrer Tochter auch diese Arbeit auszureden. Sie weiß, wie wenig belastbar Anneliese ist. Doch Anneliese setzt sich durch und fährt nach Erlenbach ins Krankenhaus.

Krankenhausatmosphäre ist Anneliese vertraut, und sie genießt es zu Beginn ihrer Tätigkeit, wenn sie von den Patientinnen wegen des weißen Kittels als Ärztin angesprochen wird. Stolz berichtet sie ihrer Mutter, daß man sie «Frau Doktor» rufe. Und für einen Augenblick träumen beide von einem neuen Berufsziel. Doch bald holt die Wirklichkeit Anneliese ein. Die Arbeit belastet sie zu sehr. Dem tätigen Leben, von dem sie in Mittelberg geträumt hatte, ist sie nicht gewachsen. Diese Erfahrung des Scheiterns wird sie nachhaltig prägen. Wieder fühlt sie sich ausgestoßen. Sie flieht zurück in die vertraute Welt der Schule. Das Studium wird nichts anderes als eine verlängerte Schulzeit sein. Als sie sich im Beruf bewähren soll, wird sie von den alten Versagensängsten gepackt.

Im Jahre 1972 geht Anneliese auf die Zwanzig zu, und noch immer stellt sie sich nach ihren eigenen Worten «etwas dumm an». Monika Schermer, ihre Freundin aus Mittelberg, ist inzwischen sechzehn Jahre alt, als sie ihr im Frühjahr 1972 von den Fastnachtsfreuden aus ihrer Heimatstadt Eichstätt berichtet. Die Nachmittage verbringt sie in dem Lokal «Roma». Hier ist fast die ganze Klasse regelmäßig versammelt, denn zu Hause ist es langweilig, besonders in den Ferien. Die meisten Jugendlichen nehmen Haschisch, geben zumindest mit dem Konsum an. Das hat Polizeirazzien zur Folge. Auch im «Roma». Zufällig ist Monika an diesem Tag nicht in ihrem Stammlokal. Sämtliche Jugendliche, die keinen Ausweis dabeihatten, werden auf die Polizeiwache geführt.

Im Februar, erinnert sich Monika, weilte ihre gesamte Klasse zum Skifahren in den Bergen. Das war eine ausgelassene Zeit. Noch nie habe sie so viel gelacht. Nur die Faschingszeit habe eine Steigerung geboten. Sechsmal sei sie unterwegs gewesen: auf drei Schülerbällen, einer Party und dann auf den Veranstaltungen zum Rosenmontag und Faschingsdienstag. Dieser sei der Höhepunkt gewesen. Ein Freund habe das Auto seines Vaters geliehen bekommen, dann habe man sich mit acht Personen in den Wagen gequetscht und sei auf ein Dorf gefahren, um die braven Bürger zu schocken. Einer ihrer Freunde tritt mit seiner Band in Landershofen auf. Egal, was die Band an modernen Liedern spielte, die Dorfbewohner tanzten stur im Walzertakt. «Jedenfalls haben wir dann Beat getanzt und wurden anfangs bestaunt wie Mondschafe.» Auch wegen der Kleidung. «Du hättest mal die Leute sehen sollen, als wir anrückten, alle in Hosen und dann die Buben alle mit langen Haaren und ein bißchen vergammelt angezogen.» Doch bald werden die Dörfler von der Fröhlichkeit der Jugend angesteckt. «Aber nach und nach machten sie auch mit. Eine Frau, die neben mir tanzte, sagte immer zu ihrem Mann: ‹Geh, Alter, das schaffst du schon noch.› Und sie selbst warf immer ihre Arme in die Luft und schrie: ‹Olé, Olé!› Ich sage Dir, ich konnte fast nicht mehr vor Lachen. Ein älterer Mann schaute mir immer zu und sagte dauernd zu seiner Frau: ‹Schau mal die an, die ist quicklebendig›, und dann zu mir: ‹Gel Fräulein, Sie sind temperamentvoll? Wieviel ham's den scho abgenomma im Fasching?› Ich sage Dir, ich hab' den ganzen Abend durchgetanzt, war aber auch nachher vollkommen fertig.»

Anfang der siebziger Jahre sitzt man natürlich nicht auf einem Stuhl, sondern im Schneidersitz auf nacktem Boden. Da ist man sich der Aufmerksamkeit sicher. Auch Monika und ihr Freund Claus setzen sich auf den Fußboden, unterhalten sich und erwarten die Reaktion der Dörfler. «Schauts moi die o, die hocken auf'm Boden!» Monika fühlt sich so wohl in dieser Rolle, daß sie Anneliese mitteilt, im nächsten Jahr wieder den Fasching auf dem Dorf zu feiern. Am Aschermittwoch wacht sie beschwingt auf und fängt beim Ankleiden zu tanzen an. Auch in der Schule hallt die Heiterkeit der Faschingstage in ihr nach, und mit Jutta beginnt sie zu tanzen. «Am Aschermittwoch habe ich auch zum ersten Mal eine ganze Stunde, nämlich in Biologie, richtig fest geschlafen» (Brief vom 31. März 1972).

Auf den exorzistischen Sitzungen wird Anneliese auch die Erinnerungen an die Faschingszeit erneut durchleben. Vier Jahre nach dem Bericht ihrer Freundin gilt sie selbst als besessen. Der Bischof hat es bestätigt. «Am Fasching sind wir losgelassen» (23. Februar 1976) ruft jetzt der Dämon Judas. Überall feiern die jungen Leute ausgelassen. Tanzen gilt Anneliese jetzt als Teufelszeug. Anneliese meint, ein Sühnopfer für die Freundinnen bringen zu müssen. Die Muttergottes selbst verlange es. «Es ist Fasching, und da braucht die Hohe Dame Ersatz für die anderen, welche die ganze Nacht nach mir tanzen!» (27. Februar 1976) ruft der Dämon. «Und sei froh, daß ich so denke und Du keine Hure als Tochter hast. Du weißt ja, wie es in den Großstädten manchmal zugeht», hatte Anneliese in ihrem letzten Brief aus Mittelberg an die Mutter geschrieben.

Am 5. September 1972, Anneliese ist nun in der Oberprima, sucht sie mit ihrer Mutter Dr. Lüthy auf. In der vorausgegangenen Nacht des 4. September hatte sie erneut einen großen epileptischen Anfall gehabt. Der Anfall wiederholt sich am 8. November. «Ich hatte den Eindruck», erinnert sich Siegfried Lüthy im Gespräch vom 25. August 1994 mit mir, «daß die Medikamente nicht regelmäßig genommen wurden, und machte ihr dann klar, daß gewissenhafte Einnahme der Medikamente geboten ist. Und deswegen wurde auch kein Wechsel der Medikamente vorgenommen, sondern sie nahm weiter diese drei Tabletten Zentropil am Tag.» Vor (8. Januar 1973) und nach dem Abitur (6. Juli 1973) kommt Anneliese wieder in Lüthys Sprechstunde. Sie hat keine Anfälle mehr gehabt und nimmt jetzt wohl regelmäßig die Medizin. Dafür bekommt sie mitten im Abitur die Röteln. Depressionen plagen sie.

Auf die totale Überforderung der Schule reagiert sie mit psychosomatischen Symptomen. Ihre überspannten Sinne glauben Klopfgeräusche und seltsame Gerüche wahrzunehmen. Wieder beginnt für Mutter und Tochter eine Odyssee durch verschiedene Facharztpraxen vom Internisten bis zum HNO-Arzt. Natürlich liegt kein organischer Befund im HNO-Bereich vor. Am 1. April 1973 gibt Annelieses alter Hausarzt Dr. Vogt seine Klingenberger Praxis auf. Dr. Kehler tritt seine Nachfolge an.

«In den letzten beiden Schuljahren wurde mir alles so Wurscht», erinnert sich Anneliese später. «Der Zustand wurde immer schlimmer. Ich wurde in den Jahren völlig apathisch und hatte an nichts Interesse.» Beim schriftlichen Abitur im Frühjahr 1973 wird Anneliese von alten Prüfungsängsten heimgesucht. Sie legt Prüfungen in den Fächern Deutsch, Latein, Englisch und Mathematik ab, dazu neben einer Klausur eine fachpraktische Prüfung in Musik. Die Lehrer bekommen jedoch von den Ängsten ihrer äußerlich unauffälligen Schülerin nichts mit. Latein ist ein Paukfach. Es verlangt regelmäßiges, diszipliniertes Lernen, das jedoch durch Fleiß und Anstrengung zu meistern ist. Anna Michel hilft, so gut sie kann. Doch ist Anneliese vor Angst wie gelähmt. Am Tag vor der Lateinklausur sitzt sie mit ihrer Mutter im Wohnzimmer. Seit drei Stunden versucht sie sich zu konzentrieren, was aber nicht gelingen will. Schließlich verstummt sie, kann kein Wort mehr sprechen. Anna Michel beschwört ihre Tochter: «Anneliese, sprich doch nach.» Doch Anneliese sitzt und schweigt. «Die saß dort, redete nichts mehr. Ich habe gedacht: Liebe Zeit, die soll jetzt Abitur machen! Ich war ganz fassungslos. Ja, und das ist noch schlimmer geworden.»

Noch schwieriger als die Lateinprüfung wird die schriftliche Abiturklausur im Fach Deutsch. Hier kann sie sich nur bedingt vorbereiten. Sie kann die in der Schule bearbeiteten Texte erneut studieren, kann ihr Wissen über literarische Epochen vertiefen. Die Interpretation eines Textes verlangt jedoch mehr als formales Wissen. Anneliese steht am Tag der Deutsch-Klausur vor dem

Dalberg-Gymnasium und zögert hineinzugehen. «Mama, ich mußte dreimal rund ums Gymnasium laufen, bis ich überhaupt zur Haustür hab reingehen dürfen», berichtet sie zu Hause von dem inneren Widerstand, der sie ergriffen hat. Doch Anneliese überwindet ihn, betritt das Schulgebäude, geht in den Raum, wo die Klausur geschrieben wird. Als sie die Aufgabe liest, schwinden ihr die Sinne. Sie kann keinen klaren Gedanken fassen. Dafür hört sie in ständiger Wiederholung eine Stimme in ihrem Inneren:

«Du bist verdammt!
Du bist verdammt!
Du bist verdammt!»

Ihrer Mutter aber erzählt sie nichts von den Stimmen, um sie nicht noch mehr zu beunruhigen. Musik ist ein weiteres Prüfungsfach, in dem Anneliese erhebliche Schwierigkeiten bekommt. Sie spielt Klavier und Akkordeon und liebt seit frühester Kindheit den Gesang. Nun versagt ihre Stimme immer öfter. Mit der Mutter übt sie gemeinsam für die praktische Prüfung. Doch während der Prüfung ist ihre Stimme schwach, und sie kann die Vornote im Fach Singen nicht halten. «Wie sie heimgekommen ist, hat sie geweint. Drei Tage hat's geweint, nur wegen dem Singen. Das ist ihr nicht so gut bekommen. Vielleicht war da auch der andere, der ihr da irgendwie immer ein bißchen reingehauen hat. Es war alles erschwert für sie, das ganze Abitur war erschwert.»

Anneliese besteht das Abitur (8. Juni 1973), doch verschlimmert sich ihr seelischer und körperlicher Zustand. Ihre berufliche Zukunft ist jetzt völlig ungewiß. Anna Michel sucht das Gespräch mit ihrer Tochter über die gemeinsamen Erfahrungen mit der Abiturprüfung. Wenn Anneliese wie ursprünglich geplant in Würzburg studieren wolle, werden neue und noch anspruchsvollere Prüfungen auf sie zukommen. Das Abitur war schon für die gesamte Familie eine Qual. Welche Belastungen werden dann erst durch die Lehramtsprüfungen entstehen? Anneliese ist beinahe verstummt. Sie reagiert kaum noch auf Ansprache. Und sie kann nicht mehr gehen. Ihre Glieder haben sich versteift. Mit einer Hand auf die Tischplatte gestützt, schlurft Anneliese, das rechte

Bein hinter sich herziehend, immer wieder um den Tisch herum, daß der Mutter angst wird: «Anneliese, ich kann's nicht mehr sehen. Was ist denn mit dir los?» Doch Anneliese antwortet nicht. Oft sucht sie stundenlang Zuflucht im Gebet vor der Jesusstatue. Worte erreichen sie nicht mehr. «Dann ist sie immer da her zum Heiland und hat immer stundenlang da gestanden, hat immer gebetet. Aber sie hört nichts mehr. Wir waren so traurig, das kann ich gar nicht sagen.» Für die Mutter bricht eine Welt zusammen. Anneliese, ihre älteste Tochter, sollte als einziges Kind aus der Familie Abitur machen. Jahrelang hatten beide gemeinsam gelernt. Und nun das! Anna Michel ist verzweifelt: «Anneliese, wenn du Lehrerin werden willst, in dem Zustand ist das nicht möglich.»

Josef Michel sieht eine Möglichkeit, Anneliese auf seine Art zu helfen. In der Zeitung hat er von dem neuen Wallfahrtsort San Damiano in Italien gelesen. Hier soll die Muttergottes erschienen sein. Thea Hein aus dem Nachbarort Ebersbach bietet eine Bus-Pilgerfahrt an. Er werde während der Osterferien mitfahren, erklärt Josef Michel, um sich ein Bild vom Ort zu verschaffen und die angebliche Heilkraft der Quelle zu überprüfen. «Das ist echt, das San Damiano», sagt er nach seiner Rückkehr. «Da müßte die Anneliese auch runterfahren, vielleicht wird sie geheilt. Denn so kann sie nicht mehr weitermachen.»

Drei Jahre zuvor hatte Anneliese im Gebet mit Maria das Bestehen des Abiturs von ihrer Gnade abhängig gemacht. Doch nun ist die Krise größer als je zuvor. Noch zweimal sucht sie mit ihrer Mutter den Nervenarzt Dr. Lüthy in Aschaffenburg auf. Am 3. September 1973 gibt sie an, auch weiterhin anfallsfrei zu sein. Doch grübele sie. Dr. Lüthy fragt nach. Anneliese macht Ausführungen über ihre mangelnde Motivation, ihre fehlenden Antriebskräfte. Nachts könne sie nicht richtig schlafen. Sie sehe Fratzen vor ihren inneren Augen. Dann wird sie noch konkreter, beginnt über den Teufel zu sprechen. Sie fühle sich völlig leer, habe das Gefühl, der Teufel habe von ihr Besitz genommen. Sie spricht vom drohenden Ende der Welt. Ein großes Brandgericht werde kommen. Das ist die Welt der Seherkinder von Fátima und die apokalyptischen Ängste des Alois Irlmeier, es sind besonders die

Ängste ihres Vaters, die Anneliese mit diesen Worten zitiert. Siegfried Lüthy notiert auf seiner Karteikarte Annelieses Ausführungen in Stichworten. Wörtlich heißt es da:

«Sie habe keine Entscheidungskraft, kein Interesse.

> **Schlafstörungen.**
> **Sehe öfter Fratzen.**
> **Teufel ist in mir, alles ist leer in mir.**
> **Brandgericht.»**

Diese Notiz vom 3. September 1973 ist der erste sichere Nachweis von Annelieses dämonischer Selbstdeutung ihres Zustandes. Der Besuch bei Dr. Lüthy bildet für Anneliese ein weiteres Schlüsselerlebnis, erfährt sie doch, daß ein Gespräch über ihre religiöse Selbstdeutung der psychischen und somatischen Symptome mit einem Arzt nicht in der Weise möglich ist, daß ihr von dieser Seite geholfen werden könnte. Erneut spürt sie ihre Unzeitgemäßheit. Im Weltbild der Ärzte kommen ihre inneren Erfahrungen nur als Symptome einer krankhaften Religiosität vor. Überhaupt hat Anneliese den Eindruck, daß Religion in der Welt der Psychologen grundsätzlich dem Neuroseverdacht unterliegt. Hundert Jahre nach der Verkündigung des Unfehlbarkeitsdogmas steht dem Antimodernismus der Kirche ein selbstbewußter Antiklerikalismus der Moderne gegenüber. Manche «Päpste» der Psychoanalyse geben sich ebenso unfehlbar wie ihre kirchlichen Gegenspieler. Nur ein Psychologe, der auch offen ist für eine religiöse Sicht des Menschen, hätte Anneliese vielleicht helfen und sie vor dem nun beginnenden Weg in den Tod bewahren können. So nimmt das Verhängnis seinen Lauf. Niemand stellt sich ihm in den Weg.

Lüthy kommentiert aus der Sicht des Nervenarztes: «Bei dieser Schilderung fiel ein etwas verworrenes Denken auf. Ich hatte dann den Verdacht, daß da eine beginnende paranoide Psychose mit hinzu komme. Und dann war sie am 10. September 1973 nochmals in meiner Sprechstunde. Da war ein deutlich verworrenes Denken festzustellen mit paranoiden Denkinhalten. Zu diesem Zeitpunkt hab ich die Anneliese Michel zum letzten Mal gesehen. Sie ging dann nach Würzburg.»

Drei Jahre später, inmitten der exorzistischen Sitzungen, wird Anneliese die Zeit ihres Abiturs im Gespräch mit dem Exorzisten Renz kommentieren und eine Parallele zwischen den schulischen Prüfungen und den Exorzismen ziehen:

«Beim Abitur hatte ich es genauso schlimm! So ein furchtbares Grauen. Oh, Herr Pater, das ist ein Grausen. Das ist so ein Entsetzen, daß Sie meinen, Sie befinden sich schon in der Hölle selber drin. Dann kommen Sie sich so verlassen vor, wie überhaupt nichts. Dann können Sie um Hilfe rufen zur Mutter Gottes, die sind alle wie taub. Ich stell mir dann immer vor, Herr Pater Arnold, daß es so war am Ölberg. So muß es gewesen sein. Natürlich in unendlichem Maß stärker. Wo es heißt, daß Er den Todesschauer gehabt hat. Ich meine immer so in etwa, nur unvorstellbar schlimmer noch, weil Er ja die Sünden der ganzen Welt auf sich genommen hat.»

«Ich bin eine Schlange» – Unter der Sonne Italiens

«Ihr Mütter, betet für eure Kinder!
Seht doch, wie sich die Welt dem Abgrund nähert,
wie der Teufel Unheil anrichtet.
Bittet die Schutzengel,
sie mögen eure Kinder behüten,
erleuchten und anspornen,
den Weg zum Himmel zu beschreiten.»
Marias Botschaft
vom 23. Januar 1970
in San Damiano

Josef Michel mußte ohnmächtig mit ansehen, wie seine Tochter unter dem Schulstreß am Aschaffenburger Dalberg-Gymnasium gelitten hatte. Anneliese war eine durchschnittliche Schülerin, und der Numerus clausus schwebte als dunkle Wolke auch über ihrer Reifeprüfung. Josef Michel konnte ihr weder in den Schulängsten beistehen noch wider die seelischen Nöte helfen. Selbst voller Ängste, hatte er erlebt, wie seit fünf Jahren, seit dem ersten Anfall von 1968, ein Leiden zum nächsten gekommen war. Er verfolgte, wie seine Frau von Arzt zu Arzt mit Anneliese gegangen war. Nichts hatte sich am Leidenszustand seiner Tochter geändert. Im Gegenteil!

Josef Michel war voller Mitleid und zugleich voller Ungeduld. Im Herbst 1973 sollte Anneliese in Würzburg mit dem Studium beginnen. Noch während des Abiturs seiner Tochter war er mit einer Pilgergruppe in den kleinen norditalienischen Wallfahrtsort San Damiano gefahren. Hier hatte er eine ihm vertraute religiöse Welt entdeckt, ein Fátima der sechziger und siebziger Jahre. In San Damiano, so hieß es, erscheine an jedem Herz-Jesu-Freitag und an jedem Herz-Maria-Sühne-Samstag die Mutter Gottes persönlich.

Die Seherin von San Damiano war Rosa Quattrini, von allen Mama Rosa genannt. Zu dieser Frau hatte Josef Michel sogleich eine Geistesverwandtschaft verspürt, denn auch Mama Rosa war eine glühende Anhängerin des Paters Pio. Diesen hatte sie am Michaelistag 1961 im Gebet angerufen und war von ihren Leiden geheilt worden. Zum Dank unternahm Mama Rosa eine Pilgerfahrt in die Provinz Foggia. In San Giovanni Rotondo empfahl ihr Pater Pio das Gebet zum Erzengel Michael und zur Mutter Gottes, und er kündigte ihr ein großes Ereignis an, das am 16. Oktober 1964 auch eintrat. In dem Dreihundert-Seelen-Dorf San Damiano erschien in einem Birnenbaum Maria, «Unsere liebe Frau von den Rosen», und verkündigte ihre Botschaft:

«Meine Tochter, ich komme von sehr weit her. Verkünde der Welt, daß alle beten sollen, weil Jesus das Kreuz nicht länger tragen kann. Ich will, daß alle gerettet werden, die Guten und die Bösen. Ich bin die Mutter der Liebe, die Mutter aller; ihr seid alle meine Kinder. Deshalb will ich, daß alle gerettet werden. Ich bin deswegen gekommen, weil ich die Welt zum Gebet führen will, denn die Strafgerichte stehen nahe bevor. Ich werde jeden Freitag wiederkommen und dir Botschaften geben; du sollst sie der Welt bekanntgeben.»

Maria gab auch den Befehl, neben dem Erscheinungsort zu graben. Ihren Anweisungen folgend entdeckte man eine Quelle, deren Wasser von den Pilgern kanisterweise abgefüllt und nach Hause getragen wurde. Mama Rosa ließ einen Rosenhain anlegen und einen Pflaumenbaum pflanzen. Die Quelle wurde eingefaßt und mit einer Kupferkuppel bedeckt. Eine Statue der Maria und des Paters Pio standen im Zentrum des Erscheinungsgeheges.

Auch Josef Michel hatte heiliges Wasser nach Klingenberg gebracht und ein wundertätiges Jesusbild. Vater Michel erklärte es seinen Töchtern. Das Antlitz Jesu zeige gelegentlich blutige Striemen von der Geißelung. Dann müsse man viel beten, um dem Heiland in seiner Qual beizustehen. So würden auch die Striemen verschwinden, und der Heiland lächele wieder milde. Dem Wasser aus San Damiano habe die Mama Rosa Heilkräfte nachgesagt. Besonders bei Besessenheit. «Trinkt viel Wasser!» habe die Mutter

Gottes gefordert. «Dieses Wasser wird euch die Gesundheit der Seele und des Leibes geben und euch reinigen. Es wird die Besessenen befreien.»

In dieser Welt der Wunderkräfte fühlt sich Josef Michel wohl. Das dualistische Weltbild der Mama Rosa ist endzeitlich gestimmt. Vom großen Endkampf zwischen den guten und bösen Mächten spricht die Mutter Gottes von San Damiano, dem Abgrund der Sünde und den Prüfungen, die den Frommen bevorstehen. Sie bestätigt die dritte Botschaft von Fátima, kündigt ein großes Strafgericht Gottes über die ganze Welt an. Das deckt sich mit Josef Michels Zeitdiagnose.

«Bereitet auch auf eine gute Beichte vor. Die Welt kann von einem Augenblick zum anderen zu einem Friedhof werden. Was wird dann aus euch, wenn ihr vor Gottes Gericht erscheinen müßt? Es geht um Hölle oder Himmel!»

In San Damiano hatte Josef Michel seine Sorgen Thea Hein anvertraut. «Ich habe eine Tochter, ach, die ist krank und ist auch nicht krank. Ich möchte sie mal zur Mama Rosa mitnehmen.»

«Na ja», entgegnet Thea Hein, «nichts dagegen, kann sie ruhig mitfahren.»

Thea Hein fährt seit 1971 einmal im Monat mit zwei bis drei Bussen nach San Damiano, insgesamt ist sie fünfundachtzigmal in Italien gewesen. Die frommen Pilger verstehen sich als Teil einer konservativen Bewegung gegen die Neuerungen in der katholischen Kirche. Zu ihnen gehören auch Priester, wie Pfarrer Ferdinand Habiger von der Aschaffenburger Muttergottes-Pfarrei «Unsere liebe Frau».

Thea Hein ist robust, willensstark, durchsetzungsfähig und besitzt zugleich, wenn man ihr religiöses Weltbild teilt, eine warme, mütterlich fürsorgliche Ausstrahlung. Der Teufel und die Dämonen gehören zu ihrem religiösen Weltbild. Doch hat sie vor dem Teufel keine Angst, im Gegenteil, denn vor der dunklen Fratze des Teufels leuchtet für sie die Schönheit des göttlichen Lichts um so herrlicher. In San Damiano wird der Böse noch beim Namen genannt, hier gibt es ein klares Weltbild. Das schenkt Sicherheit.

Der Teufel gehört auch zur Dramaturgie der Wallfahrtsorte. In San Damiano ist es an der Tagesordnung, daß die Gebete der Pilger durch schrille Schreie unterbrochen werden. «Das war schon so, daß der Teufel geschrien hat, das hat der ganze Ort gehört, so schlimm hat der geschrien», berichtet Thea Hein.

Die Buswallfahrten nach Italien werden auch von Jugendlichen gerne in Anspruch genommen, doch Thea Hein durchschaut sofort, wenn einige ihrer jugendlichen Gäste die preiswerte Fahrt über den Brenner nur dazu benutzen wollen, um sich Wein oder Rauschgift zu besorgen. Eine Pilgerfahrt ist keine Butterfahrt. Doch weiß man auch: San Damiano wäre nichts ohne die Sünder. Erst ihre Anwesenheit kann die heilende Kraft des Ortes immer wieder augenfällig demonstrieren. Jedem, der willfährig ist, wird hier ein klarer Weg zum Glauben gezeigt. Die Endzeitstimmung und das dämonische Weltbild haben eine erzieherische Dimension: Sie wollen die Menschen zur Umkehr bewegen. «Niemand soll verlorengehen, weder die Guten noch die Bösen», hatte die Mutter Gottes gesagt. Auch Thea Hein nimmt die Rauschgiftesser gerne mit auf die Fahrt und will schon viele von ihnen gerettet haben.

«Da hatt' ich damals so eine ganze Clique Rauschgiftsüchtiger im Bus gehabt. Sie werden's kaum glauben, die haben sich alle bekehrt. Sind heimgekommen und haben den Rosenkranz um den Hals gehabt. Wie wir heimgekommen sind vom Bus, hat mein Mann den Kopf geschüttelt und hat gesagt: ‹Das ist unmöglich, da hat jeder einen Rosenkranz umhängen.› Die haben Rauschgift dabeigehabt, das wußte ich schon. Das haben sie in die Toilette geworfen damals. Und das sind heute große Beter.»

Auch Anneliese wird insgesamt fünfmal nach San Damiano fahren. Die erste Fahrt findet nach dem Abitur im Juni 1973 statt. Die vier Geschwister werden Thea Hein anvertraut. Der Bus aus Ebersbach hält direkt vor Josef Michels Sägewerk. Anneliese und ihre Schwestern tragen lange Röcke bis hinunter zur Ferse; sie sind ausgelasseen und sehen in der Reise nach Italien vor allen Dingen den Freizeitwert. Anna Michel hat ihren Töchtern Strohhüte gekauft. Alle sind glücklich, glauben, die Fahrt werde auch

Anneliese guttun und sie auf andere Gedanken bringen. Das Gegenteil wird der Fall sein.

Wenige Tage nachdem die Geschwister zurückgekommen waren, meldet sich Thea Hein. Sie schellt. Anna Michel öffnet die Tür. Doch Thea Hein tut geheimnisvoll, möchte nur mit Josef Michel sprechen. Es ist gegen sechzehn Uhr. Zu diesem Zeitpunkt arbeitet Annelieses Vater noch im Werk. Erst um siebzehn Uhr legt er regelmäßig die Arbeit nieder. Thea Hein geht über die Straße zum Sägewerk und berichtet Josef Michel, was sie mit Anneliese in San Damiano erlebt hat.

Josef Michel ist erschüttert. «Stell dir vor, was die Frau Hein sagt», teilt er später seiner Frau mit. «Die sagt, die Anneliese sei besessen oder zumindest umsessen.»

Die Besessenheitsdiagnose teilt er zu diesem Zeitpunkt in keiner Weise. Auch Anna Michel weist sie schroff von sich. «Das gibt's ja nicht! Das kann nicht sein! Das ist nicht wahr! Das brave Mädchen wird jetzt besessen sein unter Millionen von Menschen!»

Es gibt viele Gründe, warum der Mensch nach katholischer Auffassung ein Opfer der Dämonen werden kann. Der 1925 in Modena geborene Don Gabriele Amorth, Mitglied der Internationalen Päpstlichen Marianischen Akademie und seit 1985 beauftragter Exorzist der Diözese Rom, gilt neben dem 1930 in Sambia geborenen Erzbischof Emmanuel Milingo (Arluno bei Mailand) und dem deutschen Pallottinerpater Hans Buob (Evangelisationszentrum Maihingen) als einer der zeitgenössischen Spezialisten auf dem Gebiet der Unterscheidung der guten und bösen Geister. Don Gabriele nennt vier mögliche Gründe für dämonische Anfechtungen:

1. Wie bereits im biblischen Buch Hiob, kann Gott selbst den Teufel beauftragen, einen Menschen zu versuchen. Dieser Fall gilt als äußerst selten.

2. Oftmals sind Verwünschungen (Flüche) Ursache eines dämonischen Angriffs.

Während in den ersten beiden Fällen das Opfer unschuldig ist, gibt es zwei selbstverschuldete Ursachen für dämonische Nachstellungen:

3. Der Mensch verharrt ohne Reue im Zustand der Sünde.

4. Er sucht bewußt den Kontakt zu Zauberern, Satanskulten oder schließt sogar einen Pakt mit dem Teufel.

Dämonische Anfechtungen, so der Exorzist Pfarrer Franz Knothe (Diözese Fulda), machen sich unterschiedlich bemerkbar durch körperliche oder seelische Leiden, Mißerfolge im Berufsleben, Pessimismus, Verzweiflung und Selbstmordgedanken. Treten diese Beeinträchtigungen nur zeitweilig auf, so spricht der Exorzist von einer *Umsessenheit*. Zu ihrem Bild gehören auch körperliche oder seelische Störungen, etwa von unsichtbarer Hand ausgeführte Schläge oder Geißelungen. Die Umsessenheit gilt als Vorstufe der *Besessenheit*. Der Besessene ist von dem Dämon vollkommen in Besitz genommen. Dieser spricht durch ihn in unbekannten Sprachen. Er weiß über entfernte und verborgene Dinge Bescheid, verursacht in Kopf und Magen körperliche Beschwerden und verbreitet einen «höllischen Gestank», besonders Brandgeruch. Zuweilen kann er sein Opfer über dem Boden oder Bett schweben lassen. Medikamente sind ihm gegenüber unwirksam. Aggressiv dagegen reagiert der Dämon auf alles Heilige und Geweihte: Weihwasser, Kreuze, Reliquien, Medaillen, Jesusbilder, Gebete und Hostien.

Wer kein gottgefälliges Leben führt, wer lügt, hurt und stiehlt oder Drogen nimmt, der kann zur Strafe von Dämonen in Besitz genommen werden. Bei dem Leben aber, das Anneliese geführt habe, gebe es keinen Grund für eine Besessenheit, meint Anna Michel. Sie bleibt zwei weitere Jahre lang skeptisch gegenüber der Besessenheitshypothese. Doch Thea Hein ist entschieden in ihrem Urteil. Deshalb hält Annelieses Mutter es wiederum auch nicht für ausgeschlossen, daß sie recht haben könnte. Sie erinnert sich an jenen Abend im Juni 1973, als Anneliese von der Fahrt nach Italien zurückkam:

«Ich habe am längsten gebraucht. Ich muß das gestehen, daß ich mindestens zwei Jahre das nicht geglaubt habe. Ich konnte das nicht vereinbaren. Ich habe gewußt, das Mädchen hat einen guten Umgang, wie ich Ihnen schon gesagt habe. Und wenn die Partys gehabt hatten, hat sie mein Mann abgeholt, und sonntags ist sie in die Kirche gekommen. Wir sind zusammen spazierengegangen, nicht, daß sie in eine Diskothek gegangen wäre, das war nicht, und zum Tanzen auch nicht, erstens hat sie's nicht gelernt – sie wollte immer einen Tanzkurs machen, aber das hat dann sowieso schon nicht mehr geklappt, da war schon allerhand im Gange – die ist nicht so außer Haus gegangen wie andere Mädchen. Durch das schwere Studium war sie dann auch so beansprucht mit dem Lernen. Das hat mich so geärgert, weil's am Landgericht immer gesagt haben, wir oder ich, wir hätten ihr eingeredet, daß sie besessen ist. Das hat mich ja am meisten geärgert vom ganzen Prozeß, weil ich's ja am wenigsten geglaubt habe. Der Mann noch eher.»

Was war in San Damiano geschehen? Anneliese und ihre Schwestern hatten sich auf die Fahrt nach Italien gefreut. Sie alle haben die Schulausbildung beendet und stehen jetzt vor einer neuen Lebensphase. Ihre Freundinnen fahren nun mit der Interrail-Karte durch Europa, nehmen an Jugendcamps in der Bretagne oder Dänemark teil, einige fahren sogar mit ihren Freunden allein in den Urlaub. Daran ist natürlich im Hause Michel nicht zu denken. Ohne Begleitung der Eltern zu reisen ist nur im Schutz einer Pilgergruppe möglich. So ist die Wallfahrt nach San Damiano auch ein Ersatz für eine selbständige Abiturreise. Die Fahrt im Bus ist anstrengend. Während der ganzen Nacht wechseln die Gebete. Vorne im Bus sitzt Thea Hein, auf den hinteren Plätzen die Geschwister, Anneliese hinten rechts in der zweiten Reihe. Zur Unterhaltung und Einstimmung legt Thea Hein Kassetten in den Recorder, Mitschnitte von Vorträgen, Andachten und Predigten, darunter auch Reden von Kurt Koch über das Dämonische und die Freimaurer.

In seinen Vorträgen hatte Koch zahllose Begegnungen mit Menschen gehabt, die als vom Teufel besessen galten. Auf dem Hintergrund seiner Erfahrungen nennt Kurt Koch vier Hauptkriterien für Besessenheit: 1. Das Resistenzphänomen: Geisteskranke, so hatte er beobachtet, wurden durch sein Gebet beruhigt. Im Besessenen jedoch bewirkte das Gebet einen Widerstand gegen den Beter. Der Besessene schrie, tobte und griff den Beter an. 2. Besessene fielen beim Gebet in Trance, zeigten 3. hellsichtige Fähigkeiten und sprachen 4. in der Trance manchmal Fremdsprachen, die sie nicht gelernt haben.

Am nächsten Vormittag kommen Anneliese und ihre Schwestern rechtzeitig in San Damiano an, um noch die Erscheinung der Gottesmutter um Punkt zwölf Uhr zu erleben. Thea Hein weiß aus Erfahrung, daß sich viele Jugendliche nach der langen Fahrt lieber im Bus ausschlafen, als unter der heißen Sonne Italiens auf eine Erscheinung der Maria zu warten, die in den meisten Fällen sowieso nur von der Mama Rosa wahrgenommen wird. Deshalb läßt sie nach der Ankunft den Bus räumen und die Türen abschließen, damit sich niemand drücken kann. Die Geschwister Michel fahren zum ersten Mal mit, da ist also Kontrolle geboten, und tatsächlich, beim Kontrollgang durch den Bus entdeckt Thea Hein das Sorgenkind der Familie Michel.

«Ja, was ist denn da los?» spricht sie Anneliese an. «Da im Bus gibt's keine Gnade; Gnade gibt's vorne bei der Mutter Gottes.»

Anneliese ist übermüdet, erschöpft, und in ihrem Kopf kreisen die Gedanken. Sie beginnt die Erfahrung ihrer Selbstentfremdung im Licht der Fallgeschichten von angeblicher und vermeintlicher Besessenheit zu betrachten. Thea Hein ist resolut. Sie nimmt Anneliese bei der Hand und führt sie aus dem Bus:

«Komm, gehst mit mir vor, der Bus wird zugemacht. Das gibt's nicht. Alle anderen sind da. Jeder geht raus und vor zur Mutter Gottes.»

Thea Hein läßt Anneliese nun nicht mehr los und führt sie zu dem kleinen Oratorium im Haus der Mama Rosa. Hier stehen zwischen Blumen und Kerzen verschiedene Marienstatuen, ein Bild des Paters Pio und das wundertätige Jesusbild, das sich während des Gebets sichtbar verändert. Wer lange genug bete, könne mit eigenen Augen das Wunder erleben, wie sich die blutigen Striemen im Antlitz des Heilands verändern und schließlich einem Lächeln weichen. Unter den zahlreichen Pilgern gehört Thea Hein zu den privilegierten, die unmittelbaren Zugang zur Mama Rosa haben. Doch als sie versucht, mit Anneliese das Gebetshaus zu betreten, reißt sie sich von ihr los, läuft über die große Wiese zum Paradiesgärtchen mit der großen Statue der Mutter Gottes. Hier haben sich andere Beter versammelt. Thea Hein ist in Sorge, kann aber jetzt die betende Gemeinde nicht stören. Später geht sie zur Wasserquelle, füllt ein Glas und reicht es Anneliese.

«Pfui Teufel, das stinkt, das kann man nicht trinken!» ruft Anneliese.

«Was sagst du da, was stinkt? Das stinkt doch nie im Leben; das ist doch so frisch wie nur was!» entgegnet Thea Hein.

Anneliese weigert sich auch weiterhin, an dem Glas zu nippen. Thea Hein ist eher irritiert als zornig. «Ich hab noch so für mich gedacht: Also du bist doch die erste, die sagt, das Wasser stinkt. Das Wasser ist doch besonderes Wasser, das Wasser geht nie kaputt.» Zunächst aber schenkt sie der merkwürdigen Reaktion keine weitere Beachtung. Doch während der Rückfahrt wird sie erneut durch Annelieses Verhalten irritiert. Während sie vorne im Bus vom Beifahrersitz aus die Gruppe zu immer neuen Gebeten anleitet, wird sie von einer der Schwestern mehrfach unterbrochen: Anneliese bitte sie, nach hinten in den Bus zu kommen. Thea Hein weist die Bitte zunächst ab. Sie sei schließlich für sämtliche Pilger verantwortlich und könne sich nicht ausschließlich dem Fräulein Michel widmen. Nach einer Weile schickt Anneliese erneut eine ihrer Schwestern nach vorne.

«Ich habe keine Zeit», antwortet Thea Hein, «wenn ich vorne bete, kann ich nicht hinten in den Bus laufen.»

Doch weil Anneliese beharrlich bleibt, begibt sie sich schließlich zur vorletzten Reihe des Busses, wo Anneliese zwei Plätze für sich in Anspruch nimmt. An einer Kette trägt Thea Hein ein silbern glänzendes Medaillon, dem sie wundertätige Kräfte zuschreibt. Auch Anneliese will sie, wie den anderen Pilgern, eine wundertätige Medaille schenken. Doch als sie sich zu Anneliese hinunterbeugt, ergreift diese den Anhänger, hält ihn fest in der Hand und will ihn abreißen, weil sie den Glanz nicht ertragen könne und Atemnot bekäme. Mehrfach schreit sie:

«Tu schnell die Medaille weg!»

«Warum denn?»

«Ich kann sonst nicht mehr atmen.»

Dann verkrampft sich Anneliese und zittert am ganzen Körper. Wahrscheinlich hat sie einen Anfall.

Thea Hein reagiert sogleich. Sie nimmt das Kreuz von ihrem Rosenkranz in die Hand, richtet es auf Anneliese und sagt:

«Du, dir will ich mal was sagen, im Namen der Heiligsten Dreifaltigkeit, du tust mal da deine Finger weg!»

Anneliese läßt sich jedoch nicht beirren. Sie hält weiterhin das Medaillon umklammert.

«Frau Hein, tun Sie es weg, tun Sie es weg!»

Erst nachdem Thea Hein dreimal den Befehl wiederholt hat, lösen sich langsam die Finger. Verärgert dreht sich die Pilgerleiterin um und will wieder zu ihrem Platz gehen, da bekommt sie von Anneliese einen Tritt in den Rücken. Doch kaum hat sie wieder das Gebet aufgenommen, kommen wieder Annelieses Schwestern zu ihr und bitten erneut um ihre Hilfe. Sie entgegnet:

«Das kommt überhaupt nicht in Frage. Keinen Schritt gehe ich mehr nach hinten. Wenn sie was will, soll sie her zu mir kommen.»

Das wiederholt sich noch mehrfach, bis Anneliese tatsächlich zu ihr kommt. Inzwischen ist es vier Uhr. Gerade hat der Bus den Brenner passiert. Anneliese nimmt neben ihr Platz, zittert wieder am ganzen Körper und verkrampft sich. Etwa sieben Minuten dauert der Anfall. Im Morgengrauen entwickelt sich nun ein langes seelsorgerliches Gespräch, in dem Anneliese offen über ihre Ängste und Schuldgefühle spricht.

«Ich bin nicht ich selbst», sagt Anneliese. «Ich kann nicht machen, was ich will.»

Damit entschuldigt sie vor Thea Hein ihr Verhalten in San Damiano und im Bus, ihre Weigerung, das Oratorium zu betreten, das Wasser zu trinken und den Fußtritt. Thea Hein nimmt sie in den Arm und hält sie an ihrer mütterlichen Brust fest. Anneliese beruhigt sich, faßt Vertrauen und spricht offen von ihren Schuldgefühlen: «Ich habe schwer gegen Gott und die Liebe gesündigt. Oh, wenn Sie wüßten, was ich alles gegen Gott getan habe.»

Das Schuldbekenntnis kann den Höhepunkt einer Pilgerfahrt bilden. Wer sich in der Begegnung mit dem Heiligen seiner eigenen Schuld bewußt wird, wer sie bekennt, der kann von ihr zu einem neuen Leben befreit werden, heißt es. Pilgerfahrten haben somit nach dem Selbstverständnis der Gruppe eine therapeutische Funktion. Deshalb entgegnet Thea Hein, Anneliese solle eine vollständige Beichte ablegen, dann werde ihr Gott alles verzeihen.

«Nein, das kann ich nicht; ich kann nicht beichten; das kann ich nicht. Wenn Sie nur wüßten, was ich für eine bin, was ich für eine Schlange bin.»

Thea Hein sagt: «Du mußt beten.»

«Wenn ich beten will», antwortet Anneliese, «stehen mehrere Teufel um mich herum. Die sehen so häßlich aus, das kannst du dir nicht vorstellen. Du kannst dir überhaupt nicht vorstellen, wie häßlich die sind.»

Nun wird es Thea Hein doch unheimlich, zumal sie einen intensiven Brandgeruch wahrzunehmen meint. Morgens um sieben Uhr erreicht der Bus Miltenberg. Hier findet der Abschlußgottesdienst statt. Anneliese kniet neben Thea Hein, singt nicht, betet nicht, und wieder beginnt sie zu zittern.

Von ihren Depressionen hatte Anneliese auch gegenüber ihren Eltern gesprochen. Vom Teufel jedoch nicht. Da ist sie bei Thea Hein an der richtigen Adresse. Ihr vertraut sie sich an, ihr erzählt sie ihre Leidensgeschichte, die zahlreichen Arztbesuche und auch die Behandlung durch den Nervenarzt Siegfried Lüthy. Von dieser Frau fühlt sie sich angenommen, ihr berichtet sie von der Angst, immer tiefer abzurutschen und am Ende im Landeskrankenhaus Lohr für alle Zeit zu verschwinden. Dort würde sie bis ans Ende ihres Lebens namenlos dahinleben.

Thea Hein sichert ihr Hilfe zu. Wenige Tage nach der Pilgerfahrt findet der Besuch im Elternhaus statt. Ursprünglich wollte Thea Hein das Gespräch fortsetzen. Doch jetzt verweigert sich Anneliese. Thea Hein meint erneut, Brandgeruch wahrzunehmen. Im Wohnzimmer steht der Fernseher. Er ist ausgeschaltet. Anneliese zeigt auf die Mattscheibe und sagt: «Schau, da steht er wieder, da guckt er wieder raus!»

«Wer? Ich sehe nichts.»

«Na ja, mein Freund, der Teufel!»

Ist das eine Provokation, weil Anneliese an diesem Tag nicht mit Thea Hein sprechen will? Sie ergänzt: «Frau Hein, es ist heute zwecklos, mit Ihnen ein Gespräch anzufangen. Sie strahlen heute nicht die Kraft aus wie im Bus.»

Thea Hein erinnert sich, daß sie an diesem Tag noch nicht den Rosenkranz gebetet hat. Deshalb leuchtet ihr Annelieses Aussage ein. Jetzt werde sie Annelieses Eltern aufklären, «daß die ganze Angelegenheit teuflisch ist». Anneliese will das auf keinen Fall. Doch Thea Hein entgegnet: «Wenn ich dir helfen soll, dann müssen deine Eltern alles wissen, und ohne ihre Einwilligung mach ich nichts.»

«Nun, dann sag es ihnen halt», entgegnet Anneliese und fängt im selben Moment wieder zu zittern an.

Dann findet der Besuch im Sägewerk statt. Josef Michel reagiert bestürzt, will nicht glauben, was ihm Thea Hein erzählt. Die Anfälle seiner Tochter konnte man bisher verheimlichen, doch nun gab es Zeugen. Das ist ihm peinlich genug, doch als noch schrecklicher empfindet er die dämonische Deutung der Krankheit. Er ruft nach seiner Tochter und stellt sie zur Rede. Sie bestätigt die Aussagen von Thea Hein. Daraufhin wird sie von ihrem Vater geschlagen, als wolle er ihr so den Spleen austreiben.

«Ihren Eltern konnte sie nichts sagen. Die Eltern wußten nichts», erinnert sich Thea Hein, «und die haben's auch nicht geglaubt, weil: Ihr Vater hat sie zuerst auch geschlagen.» Doch dann geht Josef Michel in sich und fragt nach möglichen Gründen für eine Besessenheit.

«Wo kann so etwas herkommen? Ich sage Ihnen, Frau Hein, daß ich in der Freizeit pendle und das indische Yoga, Gedankenübertragung, betreibe.»

Thea Hein entgegnet: «Von jetzt an müssen Sie täglich den Rosenkranz beten und den Exorzismus, wenn Sie Gottes Hilfe haben wollen.»

Dann fährt sie nach Hause. Annelieses Eltern halten sich an die Anordnungen, beten für ihre Tochter, doch nach drei Tagen ruft Anna Michel verzweifelt bei Thea Hein an: «Wir können das Gebet nicht mehr beten. Ich kann nicht mehr!»

Während des Gebets habe sie am ganzen Körper ein furchtbares inneres Brennen verspürt, dann Lähmungserscheinungen an den Händen. Schließlich habe eine kalte Hand nach ihr gegriffen. Plötzlich habe sie eine kräftige Ohrfeige bekommen, obwohl sich außer ihr niemand im Zimmer befunden habe. Thea Hein empfiehlt nun beiden Eltern, das Exorzismusgebet aufzugeben, doch Josef Michel fühlt sich stark genug, weiter zu beten. Wenn er den Rosenkranz betet, ist Anneliese immer völlig naßgeschwitzt.

Doch drei Tage später ruft er wieder bei Thea Hein an. Er habe morgens den Exorzismus und den Rosenkranz gebetet, sei dann in den Betrieb gegangen, wo ihm plötzlich übel geworden sei. Er habe am ganzen Körper furchtbare Schmerzen gehabt. Es sei ein Gefühl gewesen, als steche ihm jemand mit einem Messer in seine Eingeweide. Die Arbeit habe er abbrechen müssen.

Anna Michel sucht Zuflucht an den Familiengräbern. Hatte das Übel, von dem sie jetzt wieder heimgesucht werden, nicht schon vor langer Zeit begonnen, schon lange vor Annelieses Geburt?

«Ihr müßt mir jetzt helfen!» betet sie zu ihrer verstorbenen Schwiegermutter und zu der kleinen Martha. «Wenn nämlich der Teufel könnte, würde er uns alle kaputtmachen.»

Dann ruft sie noch den Pater Pio an: «Lieber Pater Pio, jetzt mußt du mir helfen!»

Kaum hatte Anna Michel das Gebet gesprochen, da hört sie ein Hundewinseln. Sie weiß, daß sich manche Dämonen in Hunden verbergen, wie Mephistopheles in einem Pudel. Doch als sie sich umblickt, ist weit und breit kein Hund zu sehen.

Nun sucht Anna Michel wieder ärztliche Hilfe. Am 6. Juli 1973 besuchen Mutter und Tochter den Nervenarzt Lüthy. Worüber sie gesprochen haben, ist nicht mehr zu ermitteln. Siegfried Lüthy erinnert sich, daß Anneliese – wie schon beim Besuch am 8. Januar 1973 – anfallsfrei gewesen sei. «Am 6. Juli 1973 ebenfalls anfallsfrei, das EG war unauffällig. Die Zentropil-Medikation wurde weiter fortgesetzt.» Doch Thea Hein glaubt jemanden zu kennen, der jetzt Anneliese von ihren Ängsten befreien kann. Sie hat das Buch von Adolf Rodewyk «Dämonische Besessenheit heute» gelesen und ist überzeugt, daß Pater Rodewyk Anneliese helfen könne, telefoniert mit dem Spezialisten für Besessenheitsfragen und schildert ihm die Lage. Zur genaueren Begutachtung erbittet dieser einen schriftlichen Bericht, den sie ihm am 31. Juli 1973 zukommen läßt. Damit setzt sie die kommenden Ereignisse in Gang.

Die Vorstellung von der Besessenheit gehört zu Annelieses Selbstdeutung ihrer seelischen und körperlichen Leidensgeschichte, der Exorzismus ist jedoch Thea Heins Idee. Bedingt durch die Erziehung, durch die lange Krankengeschichte und die Begegnung mit Thea Hein findet in Anneliese die schon seit den Mittelberger Tagen angelegte religiöse Selbstdeutung ihre dämonische Ausformung. Niemand hat ihr die Besessenheit eingeredet, schon gar nicht die Eltern, denen Thea Heins Hypothese ebenso peinlich war wie die Diagnose des Nervenarztes und der Klinikaufenthalt in Mittelberg. Niemand hat ihr die Krankheit eingeredet, aber es war auch niemand da, der sie ihr hat ausreden können oder wollen. So nimmt das Drama seinen Lauf.

«Ursprünglich ging alles von der Anneliese aus», erinnert sich auch Peter Himsel. «Sie hat gesagt: ‹Ich bin besessen.› Und keiner hat's ihr geglaubt. Und jeder hat gesagt: ‹Du spinnst, du bist ja verrückt, das gibt's überhaupt nicht.› Und deswegen kam sie ja zum Psychiater und überallhin, in die Nervenklinik, und ist da behandelt worden.»

Adolf Rodewyk antwortet mit einem ausführlichen Kommentar zu den Ereignissen in seinem Brief vom 6. August 1973 an Thea Hein. Dieser wird die Grundlage für die Genehmigung des Exorzismus durch Bischof Stangl werden. Er nimmt also für den Fortgang der Ereignisse eine Schlüsselstellung ein. Die Diagnose des Chefexorzisten lautet:

«Ich habe Ihren Brief mehrmals gelesen und habe den Eindruck, daß bei Anneliese ein begründeter Verdacht auf Besessenheit vorliegt. Sie wissen aus meinen Büchern, daß ich mich in diesen Dingen auskenne.»

Pater Rodewyk ist die Autorität schlechthin auf dem Gebiet der Besessenheit. In zehn Punkten stellt er seine Sicht der Vorkommnisse dar. Für Besessenheit sprechen folgende Anzeichen:

1. Annelieses Reaktion auf geweihte Gegenstände. Sie fühlt sich vom Glanz der Medaillen geblendet, kann also die Gegenwart geweihter Gegenstände nicht ertragen. Auch das geweihte Wasser von San Damiano kann sie nicht trinken. Das seien klare Hinweise auf eine Besessenheit.

2. Anneliese erträgt nicht das Gebet. Im Wallfahrtsort, im Bus und auch beim Abschlußgottesdienst betet Anneliese nicht mit, sondern fällt in ein merkwürdiges Zittern.

3. Anneliese verbreitet einen unangenehmen Geruch, den auch andere Menschen wahrnehmen, selbst dann, wenn sie körperlich nicht zugegen ist.

Hier bittet Pater Rodewyk um eine genauere Angabe über den penetranten Geruch und fragt, ob es ein Brandgeruch gewesen sei. Außerdem möchte er das minutenlange Zittern näher beschrieben bekommen.

4. Anneliese zeigt auffällige psychische Phänomene. So sieht sie in dem ausgeschalteten Fernseher ein Bild, das überhaupt nicht existiert. Sie hat also eine Halluzination und erklärt, sie sehe ihren Freund, den Teufel. In den Bereich der paranormalen psychischen Wahrnehmung gehöre auch, daß Anneliese im Bus eine besondere Strahlung feststellte, die Thea Hein beim Besuch in Annelieses Elternhaus fehlte.

5. Annelieses Verhalten ist widersprüchlich. Sie stößt Thea Hein von sich, und im nächsten Moment bittet sie um ein Gespräch. Sie wechselt in der Anredeform vom «Du» zum «Sie».

6. Der Versuch, Anneliese zu helfen, führt zu körperlichen und seelischen Beschwerden bei den Eltern. Die Mutter spürt nach dem Beten des Exorzismus ein Brennen im ganzen Körper, in ihren Armen kribbelt es, von unbekannter Hand erhält sie einen Schlag ins Gesicht, ohne daß jemand sichtbar in ihrer Nähe ist. Der Vater bekommt nach dem Gebet Leibschmerzen. Hier, so Rodewyk, sei der ursächliche Zusammenhang jedoch nicht eindeutig.

7. Es treten Infestationen, Quälereien auch außerhalb des Körpers, auf. Dazu zähle das Hundewinseln auf dem Klingenberger Friedhof, obwohl kein Tier anwesend war. «Das alles zusammen genommen ist eine ganz nette Zahl von Anzeichen.»

8. Anneliese hat sich selbst Schlange genannt. Diese Identifikation mit dem Satan und der Wechsel in der Anredeform vom «Sie» zum «Du» «paßt sehr gut auf den Teufel». Bei schärferem Zusehen hätte Thea Hein am Klang der Stimme und an der Veränderung des Gesichtsausdrucks während des Sprechens sogleich den Unterschied zwischen Annelieses eigenen Worten und den aus Anneliese sprechenden Worten des Teufels hören können.

9. «Der Grund der Besessenheit könnte in persönlicher Schuld liegen.» Anneliese habe sich gegenüber Thea Hein selbst der Sünde bezichtigt: «Wenn Sie wüßten, was ich alles gegen Gott getan habe! Ich kann nicht beichten. Wenn Sie wüßten, was ich für eine bin, was ich für eine Schuldige bin!»

10. «Ziel dieser Besessenheit scheint zu sein, daß wieder alles in Ordnung kommt.» Dies sei eine in San Damiano geschenkte Gnade. Anneliese müsse also zur Beichte geführt werden. Weil aber der Teufel dies verhindern wolle, müsse er bekämpft werden. «Wenn man den Teufel wirken läßt, wird er die Beichte unmöglich machen. Darum muß er angegriffen werden, bis die Beichte möglich ist. Erst danach ist Schluß der Besessenheit zu erwarten. Anneliese braucht also priesterliche Hilfe. Das dürfte sich kaum mit einem Mal erledigen lassen, sondern es fordert längere priesterliche Hilfe. Ein Priester müßte es also zunächst mit dem ‹Exorzismus probativus› versuchen.»

Erst wenn die Angelegenheit so weit durchgeführt worden sei, müsse der Fall dem Bischof vorgelegt werden, um von ihm die Vollmacht zum Gebet des Schlußexorzismus zu erwirken.

Damit ist der Ablauf vorgezeichnet, an den sich Annelieses Eltern und Thea Hein halten werden. Pater Rodewyk steht kurz vor dem achtzigsten Lebensjahr. Er selbst fühle sich zu alt für die Anstrengungen, die auf jeden Exorzisten zukommen. Doch wolle er mit seinem Rat gerne auch weiterhin zur Verfügung stehen. Die Arbeit vor Ort aber müsse ein anderer Priester übernehmen. Auch sieht er ganz realistisch, daß es – trotz seiner Autorität – im Jahre 1973 nicht leicht werden wird, eine kirchliche Genehmigung für den Exorzismus zu bekommen, denn in der Folge der Liberalisierungen des Zweiten Vatikanischen Konzils haben viele Priester den Glauben an die Existenz des Teufels abgelegt. Zudem wurde die niedere Weihe des Priesters zum Exorzisten am 15. August 1972 aufgehoben.

«Da manche Priester heute nicht mehr an die Existenz des Teufels glauben wollen, obwohl der Papst erst kürzlich erklärt hat, dieser Glaube gehöre zur Lehre der katholischen Kirche, muß die Eingabe an den Bischof gut unterbaut sein. Der hier vorliegende Brief könnte dafür eine Vorlage sein.»

Annelieses Eltern macht Rodewyk Mut, weiterhin ihr Kind zu segnen und den Exorzismus, etwa in folgender Form, zu beten:

«Ich befehle dir, unreiner Geist,
daß du meine Tochter in Ruhe läßt,
im Namen des Vaters,
des Sohnes
und des Heiligen Geistes.
Amen.»

Sollten sich bei den Eltern wieder unangenehme Reaktionen zeigen, dürften sie sich davon nicht abschrecken lassen, denn «natürlich wird er auch mal zurückschlagen». In der Bibel aber heiße es ausdrücklich, der Christ solle dem Bösen widerstehen. Falls Josef Michel wieder von Leibschmerzen geplagt werde, solle er als Mittel gegen die Angriffe des Teufels ein Glas Wasser trinken, dem Weihwasser beigemischt sei. Dies sei zwar kein absolut sicheres Mittel, habe sich aber in anderen Fällen durchaus bewährt. Es komme vor allen Dingen darauf an, die Mittel gegen den Teufel zu erproben, mit denen man selbst am besten zurechtkomme. Abschließend mahnt der erfahrene Exorzist die Beteiligten zur absoluten Verschwiegenheit gegenüber Außenstehenden, also Menschen, die das dämonische Weltbild nicht teilen, denn schnell könne es einen Skandal geben.

«Noch einen guten Rat: Nach außen so wenig wie möglich

über die Sache reden: Kommen die Reporter dahinter, dann gibt es eine unerträgliche Sensation.»

Adolf Rodewyks Vermutung, die Ursache der Besessenheit könne in einer persönlichen Schuld liegen, wird von Annelieses Eltern nicht geteilt. Sie sind durch den Brief irritiert, doch ist der Kirchenmann für sie eine Autorität, und so folgen sie, wenn auch widerstrebend, seinen Empfehlungen. Fortan verfolgen sie eine Doppelstrategie: Sie suchen den Rat der Ärzte und zugleich den Beistand der Priester. Im August 1973 beginnt die Suche nach einem Priester, der Anneliese im Gebet und Gespräch begleiten könnte. Gleichzeitig wird Anneliese bis zu ihrem Tod auch durch Mediziner betreut. Doch kommt es zu keiner Zusammenarbeit zwischen Priestern und Ärzten. Jeder beurteilt Annelieses Angstzustände, ihre Depressionen, das Gefühl innerer Leere, ihre Zukunftsängste, ihre Selbstmordgedanken und ihre Unfähigkeit zu lieben aus seiner Perspektive. So befindet sich Anneliese in den letzten drei Jahren ihres Lebens in einer höchst widersprüchlichen geistigen Situation: Auf der einen Seite lebt sie als Studentin der Theologie in der modernen aufgeklärten akademischen Welt der Universität, zugleich unterwirft sie sich freiwillig einem überlebten Ritual der Teufelsaustreibung. Durch den Besuch bei den Nervenärzten, Psychiatern, Psychoanalytikern, die Teilnahme an gruppentherapeutischen Sitzungen weiß sie genau, wie die moderne Medizin ihren psychischen und physischen Zustand deutet. Doch deren Angebote erreichen sie nicht.

Es ist eine Kette von Ereignissen und Begegnungen, die zu Annelieses Tod führen werden. Die Begegnung mit Thea Hein bildet darin ein weiteres Glied. Ohne die Pilgerfahrt nach San Damiano hätte Annelieses Leben einen anderen Verlauf genommen. Ohne den Brief von Pater Rodewyk wäre es niemals zu einer Genehmigung des Exorzismus durch Bischof Josef Stangl gekommen. Ohne Annelieses negative Erfahrungen mit ihren Ärzten hätte sie sich auch nicht den Exorzisten anvertraut.

Die Stimmen in Anneliese mehren sich. Sie erinnert sich an die Zeit in Mittelberg, die Gespräche mit dem lungenkranken Pfarrer, dessen Vater in der Klingenberger Mainschleuse unterhalb des Sägewerks ums Leben gekommen ist. Hierhin zieht es auch Anneliese. Sie hört wieder die Worte der Verdammnis, Worte, die ihr einreden, ihr Leben sei sinnlos geworden, sei nichts mehr wert: «Spring doch in den Main! Das Leben ist wertlos! Du bist verdammt!» Ihren Eltern gegenüber erwähnt sie die Suizidgedanken nicht, nur Thea Hein vertraut sich Anneliese wieder an.

«Eine ganz schlimme Zeit war's, das wußten die Michels nicht, das konnte ich denen auch nicht sagen, da hat der Teufel ständig auf die Anneliese eingehackt: Sie soll in den Main gehen, soll sich das Leben nehmen. Es ist doch sowieso nichts mehr wert. Und wie oft war die Anneliese da unten am Main und wollte in einem Satz springen. Was hab ich für das Mädchen gebetet, das kann man sich nicht vorstellen.»

Mit dem Brief von Pater Rodewyk geht Thea Hein nun zu einem Pfarrer ihres Vertrauens. Es ist der pensionierte Pfarrer Eduard Herrmann von der Aschaffenburger Pfarrei «Unsere liebe Frau». Sein Nachfolger, Pfarrer Ferdinand Habiger, ist ebenfalls mit Thea Hein gut bekannt, da auch er zu den San-Damiano-Pilgern gehört. Pfarrer Herrmann zeigt sich bereit, für Anneliese zu beten. Im August 1973 ist Pater Rodewyk im Urlaub, deshalb wird ihn Pfarrer Herrmann erst im September in der Jesuitenhochschule Sankt Georgen in Frankfurt besuchen. Pater Rodewyk wird ihm den Rat geben, Anneliese erst einmal für eine gewisse Zeit zu beobachten.

Unterdessen suchen Annelieses Eltern Hilfe bei den Geistlichen in der unmittelbaren Nachbarschaft. Die meisten scheiden als mögliche Gesprächspartner von vornherein aus, weil sie die Existenz des Teufels ablehnen. Deshalb wenden sich Anna und Josef Michel auch nicht an Egon Hölzel, den Ortspfarrer von Klingenberg. Die Krankheiten ihrer Tochter irritieren sie ebenso wie die Wandlungen der katholischen Kirche. Der Glaube, in dem sie aufgewachsen sind, wird nun von vielen Priestern als antiquiert bezeichnet. Die Liberalisierung empfinden sie als Bedrohung. Die liturgische Ordnung hat sich geändert, die Kleidung der Priester, viele tragen in der Öffentlichkeit keine priesterlichen Gewänder mehr, einige brechen sogar den Zölibat. Vor allen Dingen fühlt sich die Familie Michel in ihren seelsorgerlichen Nöten nicht mehr verstanden. Dies betont rückblickend auch Thea Hein. Auf ihren Pilgerfahrten hat sie die geistlichen Nöte der Menschen kennengelernt, sie hat gespürt, daß sie sich von den Priestern allein gelassen fühlen. «Aber es ist niemand da, der die anhört oder gar anhören will. Die Leute, die sind heute so verlassen, weil wir so moderne Pfarrer haben.»

Auch Anneliese macht wieder die irritierende Erfahrung des Zusammenbruchs der frommen Ordnung ihrer Kindheit. Die Priester, einst unerreichbare Ideale, glänzen nicht mehr am Himmel des Glaubens. Die Sterne der Heiligen sind aus dem Firmament des Glaubens auf die Erde der Ungläubigen gefallen. Die Zeit der Gottesdämmerung hat begonnen.

Schon beim Schulwechsel nach Aschaffenburg bemerkte Anneliese verstört, daß viele Jugendliche ihren Glauben nicht mehr teilen. Nun aber muß sie erkennen, daß ihre religiöse Erziehung selbst von den meisten Pfarrern als nicht mehr zeitgemäß empfunden wird. Sie wird seelisch, geistig und geistlich heimatlos. Ihre eigene innere Zerrissenheit macht sie sensibel für die Wahrnehmung des Risses, der durch die katholische Kirche geht. Annelieses Seele wird zwischen den Mühlsteinen von Traditionalismus und Modernismus zerrieben. Deshalb ist hier ein kurzer Blick auf die versuchten Reformansätze in den sechziger Jahren notwendig.

Einer Eingebung des Heiligen Geistes folgend, hatte Papst Johannes XXIII. das Zweite Vatikanische Konzil (11. Oktober 1962 bis 8. Dezemberr 1965) nach Rom einberufen, um über eine weltweite Erneuerung der Kirche zu beraten. Frischer Gottesbraus sollte die alten Gemäuer durchwehen und neuer Glaubenseifer einkehren. Die Kirche war aufgefordert, sich vorsichtig der modernen Welt zu öffnen, ohne sich ihr anzupassen. Durch diese Öffnung sollten die Ausbreitung des Christentums und eine Vertiefung der Einheit gefördert werden. Johannes XXIII. starb am 3. Juni 1963. Er hatte nur die erste von vier Sitzungsperioden des Konzils erlebt. Jetzt trat Paul VI. seine Nachfolge auf dem Stuhl Petri an.

Unmittelbar nach dem Konzil berichtete Papst Paul VI. (21. Juni 1963 bis 6. August 1978) über die listigen Angriffe des Teufels auf die Kirche. Er behauptete, daß «durch eine Ritze der Rauch des Satans in den Tempel Gottes eingedrungen» sei. Das war knapp drei Jahre nach der bestialischen Ermordung Sharon Tates durch die Manson-Bande und nach dem blutigen Altamont-Festival, wo Mick Jagger mit seiner Hymne auf Satan («Sympathy for the Devil») das Massenpublikum aufgeheizt hatte.

Der Rauch des Satans war in den Tempel Gottes eingedrungen: Das glaubten auch konservative Gegner des Konzils, die seine Reformen, besonders die Abschaffung der lateinischen Liturgie und die Einführung der Stehkommunion, als Teufelswerk verdammten. Statt ökumenischer Einheit habe das Konzil Unruhe in die weltweite Gemeinde gebracht. Wissenschaftliche Theologen pochten auf das Recht einer rationalen, von Rom und seinen Dogmen freien Auslegung der Bibel, Ultrakonservative, wie der französische Erzbischof Marcel Lefebvre, beharrten auf dem Althergebrachten. Den einen gingen die Reformen des Konzils zu weit, den anderen nicht weit genug. Die große Einheit der weltumspannenden großen Mutter Kirche drohte zu zerbrechen, Diabolus, der «Durcheinanderbringer», schien erfolgreich Verwirrung gestiftet zu haben.

Es begann die Zeit der großen Lehrprüfungsverfahren und Abgrenzungen gegen Traditionalisten und allzu liberale Theologieprofessoren. Marcel Lefebvre wurde die Befugnis, Priester zu weihen, entzogen. Er hielt sich nicht an das Verbot. Offener Ungehorsam gegen Rom an allen Fronten: Das Buch «Abschied vom Teufel» (1969) des Tübinger Theologieprofessors Herbert Haag wurde abgelehnt, dann kamen die Werke von Hans Küng, später, nach Annelieses Tod, der Fall des Eugen Drewermann. Küngs Bücher «Die Kirche» (1967) und «Unfehlbar? Eine unerledigte Anfrage» (1970) wurden Gegenstand eines römischen Lehrverfahrens, das mit dem Entzug der kirchlichen Lehrbefugnis endete.

Paul VI., den die Medien gerne als «Pillen-Paule» verspotteten und dessen Enzyklika «Humanae vitae» (25. Juli 1968) wie ein Fels in der Brandung der sexuellen Befreiung stehen sollte, hatte am Nachmittag des 29. Juni 1972 aus doppeltem Anlaß eine Messe im Petersdom gefeiert. Es war das Fest der Apostel Petrus und Paulus, also der Grundpfeiler der katholischen Kirche, und zugleich der elfte Jahrestag (21. Juni) seiner eigenen Ernennung zum Papst. Er blickte zurück auf das Konzil und erinnerte an die Hoffnungen, die es begleitet hatten. Einen sonnigen Morgen hatte man für die Kirche erhofft, gekommen waren jedoch Tage, wo schwarze Vögel am dunklen Himmel kreisten. Zweifel und Unsicherheit hätten sich unter Christen ausgebreitet. Der Papst sah den Widersacher Christi und der Kirche, den «Durcheinanderwerfer» Satan, am Werk, und er war überzeugt, «daß etwas Außernatürliches in die Welt gekommen ist, gerade um die Früchte des Ökumenischen Konzils zu stören und zu ersticken, und um zu verhindern, daß die Kirche in den Hymnus der Freude ausbreche, das Bewußtsein ihrer selbst in Fülle wieder erlangt zu haben.»

Knapp fünf Monate später vertiefte Paul VI. diese düsteren Einsichten in die Lage der Kirche durch eine Pilgeransprache im Rahmen der Mittwoch-Generalaudienzen (15. November 1972). Sie wurde in deutscher Übersetzung am 24. November 1972 im «Osservatore Romano» veröffentlicht und fand gespannte Aufmerksamkeit auch in Klingenberg. Die Ansprache beginnt mit einer Frage: «Was braucht die Kirche heute am dringendsten?» Ein Drittes Vatikanisches Konzil, mögen viele Gläubige darauf antworten. Oder eine Reform der Sexualethik, die Freigabe der Pille, die Aufhebung des Pflichtzölibats, die Frauenordination. Der Papst aber verkündet: «Eines der größten Bedürfnisse der Kirche ist die Abwehr jenes Bösen, den wir den Teufel nennen.» Die Rede vom Teufel sei «ein sehr wichtiger Abschnitt der katholischen Lehre». Auch in den siebziger Jahren sei der Teufel noch am Werk, dort nämlich, «wo die Leugnung Gottes radikale, scharfe und absurde Formen annimmt, wo die Lüge sich heuchlerisch und mächtig gegen die offenkundige Wahrheit behauptet, wo die Liebe von einem kalten, brutalen Egoismus ausgelöscht wird, wo der Name Christi mit bewußtem und aufrührerischem Haß bekämpft wird, wo der Geist des Evangeliums ins Reich der

Märchen verbannt und verleugnet wird, wo die Verzweiflung das letzte Wort behält.»

In dieses Klima der spirituellen Verunsicherung tauchen Anneliese und ihre Eltern nun ein. Sie halten sich an die päpstliche Lehre. Zuerst geht Anna Michel in den Nachbarort, wo hoch über dem Maintal das Kloster Engelberg liegt. Hier arbeiten Franziskanerpater. Im Giebelfeld der Kirche steht eine große Statue des Schutzpatrons. Es ist der Erzengel Michael, zu dessen Ehren im 13. Jahrhundert das erste Heiligtum auf dem Engelberg errichtet wurde. Die Darstellung zeigt den Kämpfer gegen das Böse in der endzeitlichen Schlacht. Mit der Lanze stößt er den Satan nieder. Auch im Kirchenschiff kündigt das Deckengemälde von der Macht der Engel. In der Mitte ist noch einmal der Erzengel Michael zu sehen, daneben der Cherub mit dem flammenden Schwert, mit dem er Adam und Eva aus dem Paradies vertrieben hatte; ihm gegenüber Gabriel, der Maria die Botschaft von der Geburt Jesu übermittelt. Dann Christus am Ölberg, dem ein Engel Gottes in der Angst der Todesstunde beisteht, und der Schutzengel Raphael als Begleiter der Jugendlichen auf ihrem Weg ins Leben.

Dieser Ort scheint Anna Michel geeignet, um Hilfe für ihre Tochter zu erhalten. Sie geht zur Beichte und spricht anschließend mit dem Seelsorger Pater Konrad offen über ihre Probleme und die Besessenheitsthese von Pater Rodewyk. Pater Konrad hält sich jedoch bedeckt. Anna Michel fragt nun direkt, ob er vielleicht bereit sei, einen Probe-Exorzismus für ihre Tochter zu beten, wie es Pater Rodewyk empfohlen hat. Doch wieder sagt der Priester weder eindeutig ja noch nein.

So beschließen Annelieses Eltern, am kommenden Sonntag nach Aschaffenburg ins Kapuzinerkloster zu fahren. Hierher war auch Barbara Weigand täglich zur Kommunion gegangen. Nach dem Mittagessen haben sich Anna und Josef Michel wie an jedem frühen Sonntagnachmittag für einen kurzen Schlaf ins Bett gelegt. Kaum sind sie eingenickt, da reißt Anneliese die Schlafzimmertür auf und schreit im Befehlston: «Raus aus den Betten! Raus da, raus!»

Dann beginnt sie einen Streit mit ihrer Schwester Barbara. Die Eltern kleiden sich schnell an und fahren nach Aschaffenburg. Sie schellen an der Klosterpforte, man öffnet ihnen, und sie werden gebeten, im Besuchszimmer Platz zu nehmen. Dort warten sie etwa zehn Minuten, bis ein Mann zu ihnen tritt. Sie studieren genau seine Kleidung. Er trägt einen weißen Pullover mit dunkelblauen Streifen und eine hellgraue Hose. Zuerst führen sie ein unverbindliches Gespräch. Anna Michel fühlt sich hingehalten. Sie wartet auf den Guardian, den Leiter des Klosters. Ihren Gesprächspartner hält sie wegen der Freizeitkleidung, die er trägt, für einen einfachen Bruder. Denn ein Kapuzinerpater hätte nach ihrer Vorstellung ein geistliches Gewand getragen. Zehn Minuten später sagt sie: «Wann kommt denn der Herr Guardian?»

«Ja, der bin ich!»

Kleidung ist für Anna Michel keine äußerliche Angelegenheit. Sie gilt als sichtbarer Ausdruck der inneren Haltung. So wie Arzt oder Richter, wenn sie im Dienst sind, an ihrer Kleidung erkannt werden können, so muß auch der Priester durch seine Kleidung erkennbar sein. Das galt in der katholischen Kirche seit Jahrhunderten als Gesetz. Weil ein Geistlicher immer im Amt ist, hat er stets Priester- oder Ordenskleid zu tragen. Dem Kapuzinerpater im blaugestreiften Pullover begegnet sie mit Skepsis. Wer so herumläuft, dem hüpfen die Mädchen hinterher, glaubt sie zu wissen. Dennoch erzählt sie dem Guardian von ihren Sorgen. Sie hätten eine Tochter mit Anzeichen von Besessenheit. Sie wollten ihn fragen, ob er sie vielleicht einmal untersuchen könnte.

«Na ja», antwortet der Guardian, «wir haben schon hundert Jahre keine Besessenheit mehr gehabt. Das kommt so minimal vor, daß man wenig Erfahrung hat. Das kann ja auch Schizophrenie sein, das wirkt sich auch so aus. Aber wir haben mindestens hundert Jahre keinen solchen Fall gehabt.»

Damit ist für Annelieses Eltern das Gespräch beendet. Auf dem Rückweg von Aschaffenburg fahren sie bei Thea Hein vorbei und erzählen ihr von der enttäuschenden Begegnung.

«Ja», klagt Thea Hein, «die modernen Pfarrer wollen die

Leute heute gar nicht mehr hören. Die sind froh, wenn sie ihre Ruhe haben.»

Dann sagt sie: «Ich weiß zwei ganz gute Priester, die tragen ihr Priesterkleid, und die sind auch fromm.»

Es sind die Pfarrer Habiger und Herrmann, zu denen Thea Hein bereits Kontakt aufgenommen hat. Telefonisch melden sich die Eltern zu einem Gespräch an und fahren mit Anneliese erneut nach Aschaffenburg. Die beiden Geistlichen führen ein etwa einstündiges Gespräch mit Anneliese, während die Eltern außerhalb der Privatwohnung warten. Bis zum Exorzismus werden noch etwa zehn weitere Treffen stattfinden. Anneliese klagt: «Ich habe das Gefühl, ich bin nicht mehr das eigene Ich.» Sie berichtet auch von den Fratzen. Von Thea Hein wissen die Priester, daß Anneliese in ihrer Umgebung zuweilen einen Brandgeruch verbreiten soll. Dergleichen können sie nicht wahrnehmen, auch dann nicht, als sie mit dem gemeinsamen Gebet des Rosenkranzes beginnen. Sie erkundigen sich auch nach den Inhalten des Religionsunterrichts. Vielleicht hat der katholische Religionslehrer in übertriebener Weise vom Satan gesprochen.

«Wir können an dem Mädchen nichts feststellen», erklären sie anschließend den Eltern, «das Mädchen ist einwandfrei und spricht auch perfekt.»

«Aber die Frau Hein sagt, es wären Anzeichen da.»

«Nein, nein, also da sind keine Anzeichen. Sie hat sich ganz normal verhalten, wie in der Schule auch.»

Die Geistlichen empfehlen den Besuch eines Nervenarztes. Rückblickend berichtet Pfarrer Eduard Herrmann in seinem Brief vom 31. August 1975 an Adolf Rodewyk von dieser ersten und den nachfolgenden Begegnungen mit Anneliese:

«Sie war sehr oft bei mir in der Wohnung, wir unterhielten uns über ihren Zustand und beteten viel, vor allem den Rosenkranz, auch meine Haushälterin und meine Schwester waren dabei. Anneliese betete gut mit, und es zeigte sich in keinem Fall, daß dämonische Einflüsse da wären. Ich las auch Ihr Buch ‹Die dämonische Besessenheit heute›. Ich besprach dann den Fall mit Herrn Pfarrer Habiger und Kaplan Roth von unserer Pfarrkirche

Unsere Liebe Frau. Wir beteten oft den Exorzismus privat und einmal in der Sakristei in Gegenwart der Anneliese und ihrer Eltern. Es zeigte sich nichts. Darum konnten wir auch beim Bischof nichts unternehmen.»

Auf der Rückfahrt besuchen Anneliese und ihre Eltern wieder Thea Hein und teilen ihr das Ergebnis des Gesprächs mit den Priestern mit. Vielleicht ist Anneliese doch nicht vom Teufel besessen? Vielleicht hat sich Pater Rodewyk geirrt? Die erfahrenen Gottesmänner aus Aschaffenburg haben den Probeexorzismus gesprochen und keine Anzeichen von Besessenheit feststellen können. Thea Hein aber ist durch den Brief von Pater Rodewyk in ihrer eigenen Wahrnehmung bestärkt worden und läßt sich nicht beirren. Der Teufel, das weiß sie von Pater Rodewyk, spiele gern Versteck, deshalb hätten Pfarrer Habiger und Pfarrer Herrmann ihn nicht aufspüren können. Er wolle nicht gefangen werden, er wolle Anneliese weiter in seinem Besitz halten.

«Das kann man nicht auf sich beruhen lassen, da stimmt was nicht!»

Deshalb führt Thea Hein mit Anneliese noch einmal ein Gespräch unter vier Augen. Dabei nimmt sie erneut den Brandgeruch wahr. Für sie ist der Fall eindeutig, sie läßt sich vom Teufel nicht wie die anderen narren. Deshalb müssen alle gemeinsam so lange suchen, bis sie einen Priester gefunden haben, der auch in der Lage ist, die Kennzeichen der Besessenheit zu entdecken.

«Ihr müßt unbedingt Priester finden, die erkennen, daß Anneliese besessen ist.»

Wenige Tage später nimmt Anna Michel auch zum ersten Mal den fürchterlichen Gestank in Annelieses Nähe wahr. Mal riecht es nach Schwefel, mal nach Rauch oder Gas. Man hatte sich zum gemeinsamen Kirchgang am Abend verabredet. Als Anna und Josef Michel um fünf Uhr die Werkstatt verlassen, liegt Rauch in der Luft. «Wo raucht's denn da?» denkt Anna Michel. «Es raucht doch überhaupt kein Kamin.» Bei einer Prozession versteifen sich Annelieses Glieder, noch stärker bei einer Fahrt zum Kloster Engelberg. «Mir war ganz angst, mir war's peinlich», erinnert sich Anna Michel. Zuerst gehen sie gemeinsam in die Kirche, doch kaum hat die Messe begonnen, steht Anneliese auf und rennt aus dem Gotteshaus hinaus. Anna Michel läuft hinterher.

«Was ist nur wieder los mit dir, Anneliese?»

«Dadrin halt ich's nicht aus!»

Sie könne die Deckengemälde, besonders Lucifer im Kampf mit dem Erzengel Michael, nicht ertragen.

«Da halt ich's nicht aus!» wiederholt Anneliese.

Unterdessen spricht Thea Hein nach der Messe in der Muttergottespfarrei Kaplan Roth an. Von Pfarrer Habiger ist er über den Fall informiert worden. Er kennt auch Pater Rodewyks Brief. Thea Hein klagt ihm ihr Leid. Sie fühle sich völlig überlastet mit den monatlichen Pilgerfahrten nach San Damiano, der Erziehung ihrer drei kleinen Kinder, der wöchentlichen Mitarbeit bei der Sühnenacht in der Muttergottespfarrei: und jetzt auch noch der immer komplizierter werdende Fall Michel! «Um Gottes willen, wie soll ich das schaffen?» Kaplan Roth verspricht ihr zu helfen, er habe einen Freund, den Kaplan Alt von der Agatha-Kirche, der könne Dinge auf einer übersinnlichen Ebene wahrnehmen. So habe er einmal geholfen, ein Mädchen, das von seinen Eltern fortgelaufen sei, wiederzufinden. Er spüre «paraphysikalische Strahlungen».

Der Glaube an die Möglichkeit außersinnlicher Wahrnehmungen ist Anfang der siebziger Jahre wieder in Mode gekommen. Begriffe wie «Astralleib», «Aura», «Bio-Energie», «Od-Strahlen» oder Wilhelm Reichs «Orgon-Energie» faszinieren die Zeitgenossen. Während eines Spaziergangs bittet Kaplan Roth seinen Freund Ernst Alt, Anneliese in sein Gebet beim Meßopfer mit einzuschließen. Kaplan Alt reagiert sogleich mit Übelkeit. Später während des Gebets geht es ihm sogar so schlecht, daß er die Messe abbrechen muß. Er wird in die Sakristei begleitet, wo er ohnmächtig umkippt. «Ja, der Pfarrer Herrmann hat ihm die letzte Ölung gegeben», weiß Thea Hein zu berichten. Ernst Alt hat selbst ausführlich über seine erste Berührung mit dem Fall Michel in seinem Brief vom 30. September 1974 an Bischof Stangl berichtet. Sein Freund Kaplan Roth sei zu ihm gekommen und habe ihn gebeten:

«Ich solle auf Wunsch der Geistlichen feststellen, ob es sich um einen kranken Menschen handele (teleradiästhetisch). Da konnte ich plötzlich die ganze Familie beschreiben: Vater, Mutter, Geschwister und Großmutter. Ich konnte es aber nicht ‹wissen›, weil ich die Familie noch nie gesehen hatte. (Später ließ sich alles verifizieren.) Ich konnte bei Anneliese Michel auf Abstand auch feststellen, daß sie eine enorme Ausstrahlung des Halses bzw. der Schilddrüse und des Kopfes habe. Irgend etwas Kompromittierendes fiel mir nicht auf.»

Zwei Tage später erhält Kaplan Alt zwei Briefe von Anna und Anneliese Michel. Noch bevor er sie gelesen hat, wird ihm plötzlich so übel, daß er die Besinnung zu verlieren droht. Eine seltsame, bislang unbekannte Erregung erfüllt ihn. Abends bei den Vorbereitungen zur Messe, als er Anneliese in sein priesterliches Gebet einschließt, bekommt er plötzlich, wie Thea Hein während der nächtlichen Pilgerfahrt am Brenner, einen Stoß in den Rükken. Vom Rücken streift ein kalter Lufthauch über seinen Kopf, gleichzeitig nimmt er einen intensiven Brandgeruch wahr. Er klammert sich an den Altar, reißt sämtliche Kräfte zusammen und spricht mit letzter Anstrengung die Worte der Wandlung: «Dieses ist mein Leib ...»

Während der Wandlung, in der nach katholischem Glauben aus der Oblate eine geweihte Hostie wird, in der Christus leibhaftig gegenwärtig ist, verwandelt sich der junge Kaplan gleichsam in die angehende Theologiestudentin Anneliese Michel. Kaplan Alt lebt die ganze Vorgeschichte des Falles am eigenen Leibe nach. Er identifiziert sich mit Anneliese Michel und spürt, wie ihn eine «negative Macht» umgibt. Der junge Kaplan Ernst Alt ist von diesem Augenblick an besessen von der Idee der Besessenheit. Die Dämonen, die er in Anneliese bekämpfen wird, sind wie der Zölibatsbrecher Pfarrer Fleischmann Projektionen seiner ureigenen Ängste. Anders gesagt: In Anneliese Michel begegnet Kaplan Alt seinem eigenen Schatten, und weil er ihn nicht in seine Gesamtpersönlichkeit integrieren kann, versucht er ihn erst abzuspalten und dann zu töten. Den Höhepunkt wird die kommende Nacht bilden. Sie bildet eine weitere Schlüsselszene. Ohne sie wäre es niemals zum Exorzismus gekommen. Anneliese wäre wahrscheinlich früher oder später in eine Anstalt eingewiesen worden, oder sie hätte sich – wie bereits mehrfach in Gedanken durchgespielt – das Leben genommen.

«Die darauffolgende Nacht war die unruhigste meines Lebens. Obwohl ich eine stark wirkende Schlaftablette, die sonst immer half, genommen hatte, konnte ich keine Ruhe finden. Eine ganze Skala von Gestank erfüllte meine Wohnung: Brand-, Mist-, Kloaken- und Fäkaliengeruch erfüllten mein Zimmer und wechselten ab. Wenn ich zum Rosenkranz griff, wenn ich irgendein anderes Gebet sprach – es stank im wahrsten Sinne des Wortes infernalisch! Hinzu kam einige Male lautes Gepolter in meinem Rollschrank. Ich lag in großer Bedrängnis im Bett und versuchte zu beten; besann mich auf meine priesterliche Macht. Ich sprach in eigenen Worten einen Exorzismus. Es wurde mir für einige Augenblicke leichter. – Ich war eiskalt, aber naßgeschwitzt. In meiner Not rief ich Pater Pio an, von dem ich wußte, daß er ähnliches erlebt hatte. Es geschah nichts. Ich wiederholte – und plötzlich erfüllte ein intensiver Veilchengeruch mein Zimmer. Ich dachte zuerst, daß vielleicht Rasierwasser an meinem Schlafanzug sei – aber alles roch nach Schweiß.»

Nun atmet Kaplan Alt durch. Jetzt wird ihm auch bewußt, daß während des Anfalls sein Gesichtsfeld verengt und seine Farbwahrnehmung reduziert gewesen waren. Am nächsten Abend berichtet er seinen Amtsbrüdern von dem Vorfall. Sie wissen, erst vor einer Woche ist Kaplan Alt aus dem Urlaub gut erholt zurückgekommen. Er kann also weder übermüdet noch überarbeitet sein. Ernst Alt versteht so überzeugend von seinen Erlebnissen zu erzählen, daß sich seine Erfahrung auf die jungen Geistlichen überträgt. Auch sie meinen nun den Gestank wahrnehmen zu können. Zudem ist das ganze Pfarrhaus trotz der offenstehenden Fenster von Brandgeruch erfüllt.

Im Kreis der jungen Geistlichen spricht man über den Fall, der natürlich auch aus ihrer Sicht recht ungewöhnlich und unzeitgemäß ist. Wann hat es den letzten Fall von Besessenheit gegeben? Das liegt lange zurück. Wer kennt noch die alten Gebete zur Teufelsaustreibung? Wer braucht heutzutage noch die Macht des priesterlichen Wortes? Ernst Alts Stimmung schwankt zwischen Entsetzen und Neugier. Als Priester befindet er sich in einem Prozeß der Rollenfindung, und die Berührung mit dem Fall Anneliese Michel stürzt ihn sogleich in eine Identitätskrise. In jener schlaflosen Nacht erfährt er seine Ohnmacht. Die Schlaftablette wirkt nicht, ebenso das Rosenkranzgebet, nicht einmal das priesterliche Machtwort. Das hätte ihm Warnung genug sein können.

Einige Wochen später, im Oktober 1973, findet die erste persönliche Begegnung zwischen Ernst Alt und Anneliese Michel im Beisein von Kaplan Roth statt. Anneliese macht auf Ernst Alt einen niedergeschlagenen Eindruck. Doch fällt ihm auch auf, daß sie über eine gute und differenzierte sprachliche Mitteilungsfähigkeit verfügt. Anneliese erzählt ihm ihre Krankengeschichte. Eindringlich beteuert sie: «Ich komme mir vor wie in einem Loch. Ich bin nicht mehr ich selbst. Ich habe keinen Willen mehr. Mein Wille ist von anderer Seite beeinflußt und beherrscht.» Sie wisse, daß die Hilfe nur von außen kommen könne. «Immer wieder höre ich Gepolter in meinem Schlafzimmer und über meinem Schlafzimmer. Auch meine Schwestern haben das schon gehört.»

Dann erzählt Anneliese von San Damiano, von ihrer Begegnung mit Thea Hein, den Geruchsbelästigungen und ihrer Unfähigkeit zu beten. Wenn sie Menschen beim Gebet beobachte, habe sie das Gefühl, diese würden mit gefletschten Zähnen beten. Auch von den Fratzen berichtet Anneliese und ihren Ängsten vor dem Ortswechsel nach Würzburg. Kaplan Alt fällt auf, daß Anneliese sich während des Gesprächs nicht über einen längeren Zeitraum konzentrieren kann. Die Begegnung mit Kaplan Alt baut Anneliese für kurze Zeit auf, vor allen Dingen deshalb, weil er ihren Aussagen über die dämonischen Nachstellungen Glauben schenkt.

Ernst Alt beginnt an ihr herumzudoktern, versucht es im Laufe der kommenden Jahre mit Magnetismus, Akupunktur und Homöopathie, doch ist die Wirkung nur minimal und kurz anhaltend. Die Schuld gibt er den Dämonen. Er hat den Eindruck, daß

Anneliese immer wieder von außen angegriffen wird. Dann erlahmt das Gespräch, Annelieses Gesichtszüge verfinstern sich, ihr ganzes Wesen scheint sich zu verändern, so daß es Ernst Alt unheimlich wird und er glaubt, hinter der jungen Frau einen dunklen Schatten zu sehen, der sich ihrer bemächtigt, so wie er es selbst während der Wandlung beim Meßopfer erfahren hatte. In Momenten wie diesen sagt Anneliese: «Es ist wieder soweit.»

Nachdem Kaplan Alt eigenmächtig den Fall übernommen hat, sieht sich Pfarrer Herrmann von der Verantwortung entlastet. «Als sie zu Kaplan Alt kam, zeigten sich dämonische Einflüsse», teilt Pater Rodewyk in seinem Brief vom 31. August 1975 mit. «Somit war die Angelegenheit für mich erledigt. Sie kam nicht mehr zu mir, ging nur zu Herrn Kaplan Alt und manchmal auch zu Herrn Kaplan Roth. Es wurde dann mit ihr besser, so daß sie nach Würzburg auf die UNI gehen konnte. Von dort aus besuchte sie Herrn Kaplan Alt, der inzwischen Pfarrer bei Schweinfurt geworden war.»

Am 18. Januar 1974 tritt Alt seine erste eigene Pfarrstelle in dem Dorf Ettleben bei Werneck an. Es liegt vierzig Kilometer nordöstlich von Annelieses Studienort Würzburg. Peter Himsel, den Anneliese in Würzburg kennenlernen wird, ist immer bereit, Anneliese ins Ettlebener Pfarrhaus zu fahren.

Vor Beginn ihres Studiums in Würzburg ist Anneliese noch einmal im Städtischen Krankenhaus Aschaffenburg untersucht worden und hat zweimal Dr. Lüthy besucht. Annelieses Mutter hat sämtliche kleinbürgerlichen Ängste abgelegt. Sie will von den Ärzten nur noch die Wahrheit wissen, gleichgültig, welche Konsequenzen diese für ihre Tochter und die Familie hat, gleichgültig auch, was man in Klingenberg über Anneliese sprechen wird. Deshalb sagt sie: «Anneliese, ich laß dich jetzt vollkommen untersuchen. Das ist jetzt ganz egal, was da rauskommt.»

Anneliese wehrt sich gegen diese Untersuchung, denn sie befürchtet eine Einweisung in die Psychiatrie. Deshalb fährt sie zu Thea Hein, erzählt ihr von dem langen Krankenhausaufenthalt und den Monaten in Mittelberg. Dies wolle sie nie wieder erleben und bittet sie auf Knien, daß sie unter allen Umständen eine Einweisung in ein Krankenhaus verhindere. Sie solle ihr dies in die Hand versprechen.

«Nicht ins Krankenhaus, egal wohin, nicht ins Krankenhaus! Die Ärzte können mir nicht helfen», sagt Anneliese. «Nur das Gebet kann mir helfen, sonst nichts.»

«Anneliese», entgegnet Thea Hein, «ich kann dir das nicht in die Hand versprechen: Es könnte mal eine Situation eintreten, oder du könntest durch eine Krankheit irgend etwas kriegen, auch dann, wenn es dir vielleicht der Teufel zufügt, wo wir auf ärztliche Hilfe dringend angewiesen wären. Ich kann dir das nicht in die Hand versprechen.»

Anneliese aber besteht darauf, kniet über eine Stunde lang auf dem Boden, bis ihr Thea Hein schließlich ihren Beistand zusichert. Im Städtischen Krankenhaus und anschließend noch einmal vom Gesundheitsamt Miltenberg wird Anneliese untersucht. Nach Beendigung der Untersuchung erklärt die Oberärztin gegenüber Anna Michel: «Also, das Mädchen, das ist ganz gesund, dem fehlt nichts.»

«Da bin ich nicht einverstanden!» antwortet Anna Michel und verweist auf die Angstzustände und Schlafstörungen ihrer Tochter. «Die hat immer soviel Angst. In der Schule und auch daheim. Die kann nicht mehr schlafen.»

Die Oberärztin empfiehlt daraufhin die Konsultation des Nervenarztes Lüthy. Bei dem sei Anneliese bereits in Behandlung, entgegnet Anna Michel und sucht Lüthy noch am selben Tag auf.

Er ist kein Mitglied einer Kirche, und an die Existenz des Teufels glaubt er schon gar nicht. Soweit wir wissen, ist er der einzige außerhalb der Gruppe von Eingeweihten, dem gegenüber Anneliese gesteht, daß sie sich vom Teufel besessen fühle. Erinnern wir noch einmal Annelieses Worte, die Siegfried Lüthy auf seiner Karteikarte wörtlich notiert: «Sehe öfter Fratzen. Teufel ist in mir, alles ist leer in mir. Brandgericht» (3. September 1973). Dr. Lüthy reagiert darauf mit dem Verdacht einer beginnenden paranoiden Psychose. Für Anneliese bedeutet diese Deutung ihres Zustandes das Ende der beruflichen Perspektive, das Ende jeder Hoffnung auf einen Freund, auf ein normales bürgerliches Leben, dafür ein Leben hinter den Mauern des Landeskrankenhauses Lohr. Immer wieder beschwört sie Thea Hein, eine Einweisung in die Psychiatrie zu verhindern. Der kommende Exorzismus ist aus Annelieses Sicht auch der verzweifelte Versuch einer Selbsttherapie. Eine Woche später, beim letzten Besuch in der Praxis, setzt sich Anneliese nicht auf den Besucherstuhl, sondern steht Distanz signalisierend in der Ecke. Ihre Mutter spricht mit Dr. Lüthy. Da prallen zwei Welten aufeinander.

«Ich hab mit dem Lüthy geredet; Anneliese war im Eck gestanden; hat nichts gesagt; und er hat sie dann dauernd beobachtet. Ich habe geredet, und er hat sie beobachtet. Er hat anscheinend gemerkt, daß da vielleicht doch was nicht stimmt, weil, sie hat irgendwie benommen geschaut. Dann hat er mehrere Minuten gewartet, so drei, vier Minuten, und nichts gesagt. Und auf einmal sagt er: ‹Ja, wenn das so ist, wie Sie sagen, dann müssen Sie einen Jesuitenpater heranziehen. Da kann ich nicht helfen.›»

Vor Gericht ist diese angebliche Äußerung des Arztes auch thematisiert und in einen ursächlichen Zusammenhang mit der Kontaktaufnahme zu Pater Rodewyk gestellt worden. Das kann nicht dem tatsächlichen Ablauf der Ereignisse entsprochen haben, da die Verbindung zu Rodewyk seit Annelieses Rückkehr aus San Damiano bereits bestand. Anna Michel wird sich dem Arzt gegenüber geöffnet und ihm von der Pilgerfahrt nach San Damiano, Annelieses Anfällen und der dämonischen Deutung dieser Anfälle durch Pater Rodewyk erzählt haben. Da sich Anneliese aber bei dieser Begegnung offenbar jedem Gespräch verweigerte und auch Lüthys langes Schweigen minutenlang aushielt, mag dieser sinngemäß diese Äußerung getan haben: Wenn Anna Michel und ihre Tochter jemanden suchten, der ihr religiöses Weltbild teile, dann könne er ihnen nicht helfen, dann sollten sie persönlichen Kontakt zu Pater Rodewyk aufnehmen.

«Ich stehe am Scheideweg: entweder Leben oder Tod» – Studienzeit in Würzburg

> **«Eine eiserne Kette hält**
> **mein Herz umklammert.**
> **Angst, Entsetzen.**
> **Hoffnungslosigkeit sitzt an der Wurzel,**
> **wo das Leben ist.«**
> Anneliese Michel
> am 1. Juli 1975

Von Klingenberg geht die Bahnlinie nördlich über Wörth, Elsenfeld, Kleinwallstadt, Sulzbach nach Aschaffenburg. In ihrer Schulzeit ist Anneliese diese Strecke täglich zweimal gefahren. Als sie zum Wintersemester 1973/74 das Studium an der Pädagogischen Hochschule (Universität) Würzburg aufnimmt, führt sie der Weg auch räumlich über Aschaffenburg hinaus. Hier steigt sie in den Zug nach Würzburg um. Jedesmal, wenn Anneliese zu Wochenbeginn an ihren Studienort fährt, hält der Zug in Lohr, dort, wo sich das Landeskrankenhaus befindet, der Inbegriff aller Ängste, die Anneliese in Besitz genommen haben. Wenige Kilometer nordöstlich von Würzburg in Richtung Schweinfurt liegt Ettleben, wo Ernst Alt seine erste Stelle antritt. Auch in seiner Dorfkirche hängt ein Deckengemälde mit der Darstellung des Engelsturzes und Dämonenkampfes.

Die alten Pädagogischen Hochschulen dienen der Ausbildung von Grund- und Hauptschullehrerinnen und -lehrern. Sechs Semester dauert das Studium, in dem ein kleiner Einblick in die wissenschaftliche Literatur gegeben wird. Im Vordergrund steht die schulpraktische Ausbildung der angehenden Lehrer und Lehrerinnen. Anfang der siebziger Jahre gilt die PH als «Frauenuni». Die jungen Frauen, die hier studieren, wollen nicht alle unbedingt den Beruf der Lehrerin auch ausüben. Mit dem Studium überbrücken viele von ihnen die Zeit bis zur Eheschließung mit einem Akademiker, einem Arzt, Rechtsanwalt oder Ingenieur. Dementsprechend locker ist die Arbeitshaltung. Vier Semester genießen sie die Freiheit der Barockstadt, die liebliche Landschaft mit den Weinbergen und die nicht enden wollenden Partys, um dann im fünften und sechsten Semester gezielt das einzupauken, was die Prüfer hören wollen. Wer sich wie Anneliese für das Grundschullehramt entschieden hat, muß Seminare und Vorlesungen in den Prüfungsfächern Deutsch, Sport und Politik belegen, dazu fakultativ ein musisches Fach.

Anneliese, die ein musisches Gymnasium besucht und stets den Gesang geliebt hat, schließt sich auch in Würzburg sogleich einem Chor an und wählt an der PH das Fach Musik. Natürlich wohnt sie nicht in einer Studentenbude und schon gar nicht in einer Wohngemeinschaft, sondern bezieht ein Doppelzimmer in einem katholischen Heim, dem Ferdinandeum. Hier hatte der Schüler Josef Stangl während seiner letzten Schuljahre gewohnt. Auch als Bischof weiß er sich dem Wohnheim und der PH besonders verbunden. Der ehemalige schüchterne Religionslehrer Josef Stangl fühlt sich unter den angehenden Lehrerinnen besonders wohl. Anneliese erlebt ihn wiederholt bei Ansprachen und in Messen. Es ist unbegreiflich, daß es in den kommenden Semestern nie zu einem persönlichen Gespräch zwischen beiden gekommen sein soll.

Zehn Jahre früher als Annelieses Vater wird Josef Stangl am 12. August 1907 als Sohn eines Juristen in Kronach in der Erzdiözese Bamberg geboren. Die Menschen leben hier von der Wald-, Vieh- und Weidewirtschaft. Flößer begleiten das Holz aus dem Franken- und Thüringerwald über Main und Rhein bis nach Holland. Obwohl seine Eltern kurz nach der Geburt umziehen, bleibt Josef Stangl der Landschaft seiner Geburtsstadt zeitlebens emotional verbunden. Während des Ersten Weltkriegs besucht er eine einklassige Dorfschule. Er hat fünf Geschwister. Die Erziehung liegt in den Händen der Mutter, denn der Vater dient dem Kaiser im Range eines Majors. Die Dorfschule aber wird von einem Juden geleitet. Dies mißfällt der Mutter, deshalb nimmt sie ihr Kind vorzeitig von der Schule und meldet es auf dem Bamberger Alten Gymnasium an.

Wegen der schlechten Verkehrsverbindungen ist es selbstverständlich, daß Kinder aus ländlichen Regionen, wenn sie eine weiterführende Schule besuchen, in einer Pension oder einem Heim wohnen. Offiziers- oder Oberstudienratswitwen verdienen sich gerne ein Zubrot zu ihrer Pension durch die Vermietung frei gewordener Zimmer. Der Schüler Josef wohnt in kirchlichen Heimen. Zuerst im Bamberger Aufseßianum, später, als der Vater aus dem Krieg heimkehrt, im Würzburger Ferdinandeum. Die Familie siedelt nach Volkach über. Hier eröffnet der Vater zuerst eine Anwaltskanzlei, später wird er Oberamtsrichter am Amtsgericht Volkach. Josef macht wegen der verkürzten Volksschulzeit bereits mit siebzehn Jahren Abitur am Würzburger Neuen Gymnasium. «Altes Haus, alte Bänke, alte Schränke und heißt: Neues Gymnasium», pflegte sein Lehrer Zwerenz zu spotten. Als er im März 1925 das Zeugnis der Reife ausgehändigt bekommt, hat er sich schon längst für den Beruf des Priesters entschieden.

Die Primaner unterliegen einem strengen Regiment. Als sogenannte «Stadtschüler» haben sie zu festgesetzten Stunden die Möglichkeit, sich in Würzburg frei zu bewegen. Während seine Klassenkameraden in der Oberprima an Tanzkursen und Zechtouren durch die Weinstuben teilnehmen, besucht der Schüler Josef mit seinen Freunden Eugen Hahn und Eugen Needer – beide haben sich gleichfalls für den Beruf des Priesters entschieden – die heilige Messe oder die katholische Jugendgruppe «Bund Neudeutschland». Dieser Bund war die katholische Antwort auf die Jugendbewegung am Anfang des 20. Jahrhunderts. 1919 gegründet, bot er der deutschen Nachkriegsjugend die Nachfolge Christi und das Engagement in der Kirche als neues Ideal des Aufbruchs an. Täglich geht der Oberprimaner Josef mit großer Freude «zum Tisch des Herrn».

Damals wird er von der Frau eines Juristenkollegen seines

Vaters im Volkacher Amtsgericht auf seinen Berufswunsch angesprochen: «Was wollen Sie werden?»

«Katholischer Priester!» antwortet der Oberprimaner.

Die Frau blickt ihn fassungslos an: «Unmöglich! Bei Ihrer Freude, Ihrem Humor, Ihrer Zuversicht! Sie scherzen!»

Josef Stangl wird Schüler (Alumnus) des Würzburger Priesterseminars (Alumnat) «Zum Guten Hirten». Die angehenden Geistlichen leben unter dem harten Regiment des Priesters Brander. Er ist der Regens, der geistliche Leiter des Priesterseminars. Ihm haben sie absoluten Gehorsam zu leisten. Streng reglementiert ist auch der Ausgang der Alumnen. Zu den beliebten und bezeichnenden Anekdoten über den jungen Josef Stangl gehört die folgende:

«Das Leben im Seminar war strenger, als es sich die heutigen Priesteramtskandidaten vorstellen können. Damals kannte man es nicht anders. Die Ordnung war bewährtes Herkommen. Der Spiritual jener Jahre, Dr. Vinzenz Fuchs, der spätere Generalvikar, erzählte wiederholt ein Erlebnis, das er mit dem Alumnus Stangl hatte. Aus irgendeinem Grund waren die Ferien verkürzt worden, das Alumnat wurde vor dem üblichen Datum ins Seminar gerufen. Einige Tage vor dem Termin begegneten sich Fuchs und Stangl in der Stadt. Fuchs sprach ihn auf diese Verkürzung an, worauf der Alumnus mit strahlendem Gesicht sagte: ‹Da es nun einmal so ist, wollen wir auch gerne kommen.›»

Nach seiner Priesterweihe am 16. März 1930 wird er Kaplan in Thüngersheim, Himmelstadt und in der Aschaffenburger Herz-Jesu-Pfarrei. Der Priester von Herz-Jesu war Gottfried Endres. Er lebte im Pfarrhaus mit seiner Schwester als Haushälterin. Josef Stangl wäre gerne bei ihnen in Aschaffenburg geblieben, doch Bischof Matthias versetzt den siebenundzwanzig Jahre alten Priester am 1. September 1934 als Religionslehrer nach Würzburg an das Institut der Englischen Fräulein. Diese Schule der Maria-Ward-Schwestern widmet sich der Erziehung katholischer Mädchen. Sie steht in der Tradition der weiblichen Kongregation, die 1609 von der Engländerin Mary Ward ins Leben gerufen wurde. Die Versetzung wird formlos über das Telefon ausgesprochen. Der Bischof läßt sich mit der Herz-Jesu-Pfarrei verbinden. Am Apparat ist die Schwester des Pfarrers. Sie erfährt zuerst von der Versetzung und fragt den Bischof, ob er nicht den Betroffenen selbst sprechen wolle. Die Antwort lautet: «Nein, das ist nicht nötig. Sagen Sie ihm, ab 1. September habe ich ihn zum Religionslehrer bei den Englischen Fräulein in Würzburg ernannt. Das Dekret folgt. Grüß Gott!»

Nun steht der pädagogisch vollkommen ungebildete junge Pfarrer Stangl vor den jungen Frauen. Er kann gut Klampfe spielen, er gilt als guter Schwimmer, aber das sind nicht die didaktischen Tugenden, die hier gefordert sind. Der junge Priester klammert sich an ein Stück Kreide, tritt an die Tafel und schreibt:

> **«Ich komme**
> **1. als Priester,**
> **2. als Priester,**
> **3. als Priester!»**

Anläßlich seines Antrittsbesuchs beim Bischof wagt Josef Stangl eine persönliche Äußerung und sagt, er wäre lieber Seelsorger in Aschaffenburg geblieben. Die Anwort ist barsch: «Danach habe ich Sie nicht gefragt. Sie gehen dorthin, wohin ich Sie schicke.»

Weitere Stationen sind die Ernennung zum Diözesanjugendseelsorger (1938 bis 1943), Pfarrer in Karlstadt (1943 bis 1947), Studienrat und Seminarleiter an der Lehrerbildungsanstalt in Würzburg (1947 bis 1953). Von einer Karriere oder auch nur einer Kontinuität der beruflichen Entwicklung kann keine Rede sein. Nirgendwo wurzelt er ein, an keiner Stelle ist es ihm vergönnt, langfristig zu wirken. Als Ausbilder von angehenden katholischen Religionslehrern wird er nicht einmal zum Studiendirektor ernannt. Drei Jahre ist er Seelsorgereferent (1953 bis 1956), ein Jahr Leiter (Regens) des Priesterseminars, dann wird er völlig überraschend von Papst Pius XII. am 27. Juni 1957 zum Bischof von Würzburg ernannt. Am 12. September erfolgt die Konsekrierung und Inthronisierung.

Vom Studienrat zum Bischof: Im Land gibt es kaum jemanden, der ihn damals kennt. Auch die Klingenberger Katholiken haben seinen Namen noch nie gehört. Der Würzburger Bischofsstuhl war durch die Berufung von Julius Döpfner nach Berlin frei geworden. Der Kontrast zwischen diesem überragenden und durchsetzungsfreudigen Mann und Josef Stangl konnte nicht größer sein. Stangl hatte immer nur gehorcht, und er gehorchte auch dieses Mal. «Warum gerade ich?» fragte sich der neue Bischof. Er hatte sich nicht durch wissenschaftliche Leistungen ausgezeichnet, trug keinen Doktortitel, hatte auch nicht an der päpstlichen Kaderschmiede für angehende Führungskräfte, dem Pontificium Collegium Germanicum Hungaricum in Rom, studiert. Der Doktortitel wird jedoch schnell nachgeholt. Die Würzburger Universität verleiht dem neuen Bischof sogleich einen Ehrendoktor der Theologischen Fakultät.

Warum gerade er? Begleiter seines priesterlichen Werdeganges waren weniger die gelehrten Bücher als das Fahrrad und die Gitarre. 1952 hatte er das goldene Sportabzeichen erworben. In der offiziellen Darstellung der katholischen Bischöfe Deutschlands heißt es ganz unverblümt: «Fahrrad und Gitarre, beliebte und geliebte Attribute des Kaplans, Stadt- und Jugendpfarrers, aber auch noch des Priesterseminarregens Stangl, zieren natürlich nicht das Bischofswappen, sind aber doch Begleiter seines priesterlichen Werdeganges gewesen.»

Hinter der überragenden Gestalt seines Vorgängers verblaßt der neue Bischof. Mit Fahrrad und Gitarre kann ein Kaplan damals noch Jugendliche begeistern. Josef Stangl aber steht vor gewaltigen politischen Aufgaben. Die Grenzen des Bistums Würzburg reichen bis in das Thüringer Land hinein. Diese Gemeinden aber darf der Bischof nun nicht mehr besuchen. In Würzburg verfügt er über keine Hausmacht. In einer Männerwelt, die von Kindheit an die straffe, widerspruchslose Führung gewohnt ist, bricht nach dem Weggang des alten Bischofs ein Spiel der Kräfte aus, das sein Nachfolger nicht zu bändigen weiß. Für die kommenden Auseinandersetzungen ist er, den Freunde später «Josef, der Gute» nennen werden, nicht gewappnet. Selbst diese ihm Wohlgesinnten beklagen noch zu Stangls Lebzeiten öffentlich den schlaffen Führungsstil und die Verzettelung des Bischofs.

Angeblich ist es zu keiner persönlichen Begegnung zwischen Anneliese und dem Bischof in ihren drei Würzburger Jahren gekommen. Obwohl beide gleichsam Nachbarn sind, obwohl es für den Bischof ein leichtes hätte sein können, vor der Genehmigung des Exorzismus wenigstens einmal ein Gespräch mit Anneliese oder ihren Würzburger Ärzten zu suchen, überläßt der Bischof die Gruppe um Anneliese ihrer eigenen Dynamik und segnet alles ab. Der Aschaffenburger Kapuzinerpater hatte die dämonische Selbstdeutung strikt verworfen. In den letzten einhundert Jahren sei kein Fall von Besessenheit mehr in Aschaffenburg vorgekommen. Die Geistlichen Habiger und Herrmann konnten bei Anneliese keine Besessenheit feststellen. Wieso gab dann der Bischof die Erlaubnis zum Exorzismus, ohne ein persönliches Gespräch mit Anneliese zu führen? Wenn es der Wahrheit entspricht, daß Exorzismen in der Kirche praktisch nicht mehr vorkommen, dann hätte doch gerade dieser so außergewöhnliche Fall sein persönliches Interesse wekken müssen und seine seelsorgerliche Begleitung gefordert.

Bischof Stangl stand den Neuerungsbewegungen in der katholischen Kirche offen gegenüber. Dazu gehörte auch die Abschaffung der Kommunionbänke, auf denen die Gläubigen das Meßopfer kniend empfingen, und die Einführung der Laienkommunion. Seine Haltung wurde sogar von Anneliese als zu liberal empfunden. Als Stangl anläßlich eines Bischofsbesuches im Ferdinandeum vor den angehenden Pädagogen sich zu Fragen der Liturgiereform äußert, ist sie geradezu empört. In Annelieses Kindheit, vor der auf dem II. Vaticanum beschlossenen Reform, war es in der katholischen Kirche noch üblich, daß nur geweihte Priester die Kommunion austeilten. Der Gläubige durfte die Hostie nicht mit seinen Händen berühren, sondern mußte sie sich vor dem Priester kniend direkt in den Mund legen lassen. Dieser Brauch war nun durch die Stehkommunion und die sogenannte Handkommunion ersetzt worden, bei der die Hostie vom Priester dem Gläubigen direkt in den Mund (Stehkommunion) oder in die geöffnete Hand (Handkommunion) gelegt wurde. Nun schlug der Bischof vor, zukünftig auch Laien zur Austeilung der Kommunion einzusetzen.

«Ich meine», kommentiert Anneliese den Vorschlag in einem Brief an Pfarrer Alt, «daß schon die Handkommunion nicht richtig ist, aber dann noch Laien einzusetzen ist schon allerhand. Jedenfalls werde ich mir nie von einem Laien die heilige Kommunion geben lassen. Schließlich haben wir ja keine Notzeiten. Die Laienhände sind nicht geweiht, und sie haben deshalb die heilige Kommunion nicht anzurühren.» Auf der exorzistischen Sitzung am 7. Oktober 1975 wird es später heißen: «Die Bänk' sind sowieso in keiner Kirch' mehr drinnen.»

Muß man also davon ausgehen, daß dieser Bischof persönlich nicht hinter dem Exorzismus gestanden hat, dessen Auftrag er erteilt hatte? War er selbst nur Spielball der Kräfte, die das Leiden der Anneliese Michel zur eigenen Profilierung und zur antimodernistischen Demonstration nutzen wollten? Kuschte «Josef, der Gute», der Sohn eines Juristen und Offiziers, vor der Autorität des alten Offiziers Rodewyk? Unterlag er der Entschiedenheit und suggestiven Macht, mit der Pfarrer Alt seine persönlichen Erfahrungen vortrug? Brach ihm seine mangelnde Kompetenz letztlich das Kreuz? Oder standen hinter den Exorzisten noch andere Kreise von großem Einfluß auf die Diözese, deren Spielball Bischof Stangl wurde?

Bis auf den heutigen Tag sind die Korrespondenzen zwischen Stangl und den vom ihm beauftragten Exorzisten im Diözesan-Archiv des Bistums unauffindbar. «Als nach dem Tod von Bischof Stangl ein unermeßlicher und (heute noch) ungeordneter Nachlaß zu uns kam, waren laut Auskunft des letzten Bischöflichen Sekretärs alle Klingenberg-Akten ausgesondert worden», lautet die briefliche Auskunft des Diözesan-Archivars Erik Soder an mich vom 24. Juni 1998. «Wie viele dieser Schreiben der Bischof überhaupt noch gelesen hat, ist ohnehin fraglich. Die Aktenberge zur Zeit seiner Resignation waren riesig und in einem ziemlich chaotischen Ordnungszustand. Viele Schreiben an ihn waren nicht einmal geöffnet. Diese Beobachtungen kann ich aus eigener Anschauung Ihnen weitergeben».

Das Ferdinandeum bietet über einhundert Studenten und Studentinnen Platz. Bis zum vierten Semester teilen sie sich Doppelzimmer, in der Schlußphase des Studiums bekommen sie Einzelzimmer zugewiesen. Anneliese bewohnt mit ihrer ehemaligen Klassenkameradin Ursula Kuzay ein Zimmer. Die Vergabe der Plätze in diesem katholischen Heim ist mit der Auflage verbunden, auch die Lehrbefähigung für das Fach katholische Religionslehre zu erwerben. Anneliese und Ursula haben einen unterschiedlichen Arbeitsrhythmus. Während Ursula abends noch gerne liest, will Anneliese bereits das Licht löschen und schlafen. Sie kann nicht abschalten. Zu Hause jammert sie: «Ich kann nicht schlafen, die Ursula liest abends so lange. Da hat sie's Licht an. Ich bin froh, wenn ich im nächsten Jahr ein eigenes Zimmer bekomme.»

Tatsächlich aber wirkt sich die Zimmergemeinschaft mit Ursula positiv auf Annelieses seelischen Zustand aus. Erst als Anneliese ein Einzelzimmer bezieht, bricht eine neue Krise aus.

Die Welt der katholischen Theologie wird durch den Studiendirektor Dr. Ernst Veth, der als Priester auch theologischer Leiter des Ferdinandeums ist, und durch Professor Neunzeit vertreten. Bei Ernst Veth wird Anneliese ihre Examensarbeit über das Thema Angst schreiben. Dr. Veth gilt als undurchsichtiger Lehrer, bei dem die Studenten nie wissen, was seine persönliche Meinung zu den aktuellen Streitigkeiten über den Fall Haag, Küng, zur Zölibatsfrage, Liturgiereform oder zur Frage der Frauenordination ist. Er versteckt sich hinter Zitaten und ist als Prüfer schon zufrieden, wenn seine Studenten desgleichen tun. Die meisten Arbeiten, die bei ihm geschrieben werden, sind eine reine Kompilation von Meinungen Dritter.

Auch Annelieses Examensarbeit besteht weitgehend aus Zitaten. Veth gibt eine Liste mit Büchern an, die in der Arbeit zu berücksichtigen sind. Wer dann bei ihm nachfragt, was ihm wichtig ist, bekommt konkrete Angaben zu den einzelnen Kapiteln der Bücher, die zu zitieren sind. «Wenn man sich das einfach macht, dann exzerpiert man das Wichtigste und schreibt das in der Arbeit zusammen, ohne groß seine eigene Meinung dazuzuschreiben. Das hat schon gereicht», erinnert sich Peter Himsel. Ernst Veths Charakter wird von den meisten Studenten als zwiespältig empfunden. «Er war sehr gutmütig, und es war so eine Zeit des Umbruchs vom Religiösen her. Es war in den siebziger Jahren. Er hat immer nur zitiert; man hat nie seine eigene Meinung gehört.» Auch in Prüfungssituationen fällt es den Kandidaten schwer, sich auf ihn einzustellen. «Man wußte nie, was will der hören? Man hat dann einfach nur gesagt: ‹Der sagt das so und der so.› So hat er das auch zitiert. Da war er damit zufrieden.»

Annelieses theologischer Lehrer Veth ist also jemand, der die kirchenpolitische Mimikry lebt und duldet. «Der Veth wußte nicht, was er wollte.» Ganz anders dagegen wird Professor Neunzeit erlebt. Er liebt offenbar die theologische Provokation. Neunzeit lehrt Altes und Neues Testament und folgt bei der Textauslegung dem Entmythologisierungsprogramm Rudolf Bultmanns, für den der Engel- und Dämonenglaube zu den zeitbedingten Aussagen der Bibel gehört, die in der modernen Welt keine verpflichtende Glaubenswahrheit mehr bilden können. Diese Theologie prägt auch die Religionspädagogik der Studenten von Professor Neunzeit. Unter ihnen gilt es durchaus als sinnvolles Lernziel, im Rahmen eines Schulpraktikums den Erstkläßlern den Glauben an die Engel im Namen der Aufklärung auszutreiben. Als dies einer Kommilitonin jedoch nicht gelingt, kommentiert sie gegenüber Anneliese: «Glaubst du's, ich hab den Erstkläßlern doch nicht ausreden können, daß es keine Engel gibt.»

Anneliese hat sich nirgendwo heimisch gefühlt, weder in der Schule noch hier in Würzburg. Doch paßt sie sich jeweils dem Geist der sozialen Gruppe an, in der sie lebt. Auf der Semestereröffnungsfete im Ferdinandeum lernt sie Peter Himsel kennen. Auch er will Grundschullehrer werden und studiert bereits im dritten Semester. Peter wohnt in Großheubach unterhalb des Engelberges, wenige Kilometer südlich von Klingenberg, so daß beide am Wochenende gemeinsam mit seinem alten VW nach Hause fahren können.

Zu Anfang entdeckt Peter nichts Auffälliges an seiner Freundin. Sie sind viel unterwegs auf Feten, gehen kegeln, spielen Minigolf, feiern kleine Partys auf den Fluren des Ferdinandeums oder fahren raus in eine Kiesgrube bei Randersacker, machen dort

Lagerfeuer. Während Peter draußen übernachtet, kehrt Anneliese jedoch nachts ins Studentenheim zurück. Am Wochenende in Klingenberg achtet Josef Michel zuerst streng darauf, daß Anneliese um elf Uhr abends zu Hause ist. Wenn es später wird, kann er äußerst zornig werden. Doch Anneliese verdeutlicht ihm, daß sie nun mit einundzwanzig Jahren volljährig sei und selbst bestimmen dürfe, wann sie nach Hause komme. Doch auch in Würzburg geht sie nie nach Mitternacht ins Bett. Peter besucht dann allein eine Fete.

Auch an den politischen Demonstrationen, die in sämtlichen Universitätsstädten Deutschlands zur Tagesordnung gehören, nimmt sie nicht teil. Peter sympathisiert mit der SPD-Politik Willy Brandts, Anneliese steht der CSU nahe. Sie hält nichts von Demonstrationen, die seien «Quatsch». Gerne liest sie religiöse Bücher, singt im Chor des Ferdinandeums, besucht auch regelmäßig mit ihren Freundinnen oder allein die Neumünsterkirche, in der das Allerheiligste zur ewigen Anbetung ausgestellt, also Christus nach katholischem Glauben leibhaftig gegenwärtig ist. In der Hauskapelle des Ferdinandeums zelebriert Dr. Veth die Messen. Die sprechen Anneliese jedoch nicht an. Mit ihren Freundinnen Maria Klug und Anna Lippert pflegt sie gelegentlich das gemeinsame Gebet in ihrem Zimmer. Nach dem Studium wird Anna Lippert in Ansbach als Gemeindereferentin arbeiten, Maria Klug wird den Lehrer Peter Himsel heiraten.

Anneliese ist zuerst aufgeschlossen, zeigt sich gesprächig und unternehmungslustig, doch schon bald kommt die dunkle, depressive Seite ihres Wesens hervor. In der Zeit nach ihrem Klinikaufenthalt in Mittelberg war sie Zuschauerin des Lebens gewesen. Ihre Freundinnen vergnügten sich auf Partys, zogen mit Jungen durch die Gegend und machten erste erotische und sexuelle Erfahrungen. Nun in der Freiheit des Studentenlebens könnte auch sie endlich lieben. Doch spürt sie eine emotionale Leere in sich. Liebe, Leidenschaft, Hingabe – sie kennt diese Erfahrungen nicht. Sie gesteht Peter, unter Depressionen und dem Gefühl innerer Leere zu leiden, und möchte sich von ihm trennen.

«Aber warum nur?» will Peter wissen.

«Du könntest dir viel Ärger ersparen», antwortet Anneliese vieldeutig.

Doch Peter ist ihr als brüderlicher Freund treu bis in den Tod, und so erfährt er mit der Zeit die ganze Vorgeschichte. Erst als er im Sommersemester 1975 das erste Examen ablegt und das Ferdinandeum verläßt, werden Maria und Anna in den Fall eingeweiht. Anneliese erzählt Peter von ihren Ängsten und bittet ihn, sie zu den neuen Ärzten in Würzburg und zu gruppentherapeutischen Sitzungen zu begleiten. Natürlich macht sich Peter Gedanken über die Ursache von Annelieses seelischem Zustand. Sie sprechen über das Naheliegende: eine schwierige Vaterbeziehung, Prüfungsängste, Enttäuschungen durch frühere Freundschaften. Doch Anneliese wehrt Erklärungsversuche dieser Art ab. Wenn ihre Ängste familienbedingt wären, würde sie dann beinahe jedes Wochenende nach Hause fahren?

Im Institut für Psychologie und Psychotherapie der Universität Würzburg (Dr. Dietrich Lenner) nimmt sie an insgesamt vier gruppentherapeutischen Sitzungen teil. Frau Dr. Irmgard Schleip, Direktorin der Universitäts-Nervenklinik und Poliklinik Würzburg, betreut Anneliese neurologisch. Sie verschreibt ihr Tegretal statt des alten Antiepileptikums Zentropil. Ob Annelieses Depressionen in einem ursächlichen Zusammenhang mit diesem Medikament stehen, wird niemals geklärt. Immerhin gehören «unwillkürliche Bewegungen ... Halluzinationen, Depressionen, aggressives Verhalten, Bauchschmerz, Stomatitis» zu den inzwischen bekannten Nebenwirkungen von Tegretal (Rote Liste 1995, Nummer 14039).

Bald bricht Anneliese die therapeutischen Sitzungen ab. Zu Peter sagt sie: «Da geh ich nicht mehr hin, das ist so ein Blödsinn. Das ist nichts für mich.» In der Therapie werden vor allen Dingen verdrängte Aspekte der Sexualität und der Familiengeschichte thematisiert. Die aber sind für Anneliese tabu. Auch Pfarrer Alt wird bei Nachfragen zur Familiengeschichte auf Widerstände stoßen. «Ich bin doch nicht verrückt, was soll ich dort», empört sich Anneliese gegenüber Peter. Doch gäbe es hier einiges zu thematisieren: von der Geburt der kleinen Martha, dem Einfluß der

Großmutter auf Annelieses frühkindliche Erziehung, dem gespannten Verhältnis zwischen Josef Michel und seiner Schwiegermutter, die nun unter einem Dach wohnen, und dem Fluch, der über der Familie lastet. Darüber kann Anneliese aber jetzt noch nicht sprechen. Es fehlt dazu der Rahmen. Erst der Exorzismus wird dazu führen, daß sie alles aus sich herausschreien kann. Alles, was von ihrer Seele Besitz genommen hat, wird dann einen Namen bekommen. Noch aber schlummern die Schatten der Seele namenlos in ihr.

Obwohl Frau Dr. Schleip durch ein Hirnstrombild Anhaltspunkte für eine Schläfenlappenepilepsie erhalten hat, will Anneliese diese Diagnose nicht annehmen. Zu Peter sagt sie: «Das hab ich nicht, das weiß ich genau.» Trotzdem nimmt sie auf Drängen von Peter und auch von Pfarrer Alt in dieser Zeit regelmäßig Medikamente. «Sie hat einfach nicht geglaubt, daß sie das hat. Gerade mit der Epilepsie.»

In einem der zahlreichen Gespräche über die Krankheit spricht sie von den Fratzen und den Geruchsbelästigungen. Peter selbst hat sie nicht wahrgenommen.

«Ich sitze dann wie in einem Loch und bin nicht mehr mein eigenes Ich.»

«Vielleicht bildest du dir das nur ein?» fragt Peter.

«Ich sehe diese Fratzen ganz plötzlich, ohne vorher daran zu denken.»

«In welchen Situationen?» will er wissen.

«Das kann zum Beispiel bei irgendeiner Beschäftigung sein, die mit alledem gar nichts zu tun hat.»

Peter bietet ihr Hilfe an, um ihre Ichstärke und den eigenen Willen zu fördern. Er, der in der Zeit seines Studiums eine Kirche öfter von außen als von innen gesehen hat, denkt auch hier zuerst an das Naheliegende: einen übersteigerten Teufelsglauben der Familie als Ursache von Annelieses Selbstdeutung ihrer Krankheit und ein zu stark ausgeprägtes Schuldbewußtsein. «Die Möglichkeit einer echten Besessenheit lehnte ich, wie auch ihre Familie, ab», erinnert sich Peter. Doch im Laufe des Jahres 1974 läßt auch er sich von Annelieses suggestiver Selbstdeutung überzeugen. Mit Thea Hein, Pfarrer Alt und Peter Himsel gehören nun drei höchst unterschiedliche Menschen zu Annelieses wachsender Hausgemeinde. Während der Kindheit litt Anneliese unter der mangelnden Zuwendung ihrer Eltern, die durch Beruf und Haushalt sehr eingespannt waren. Nun baut sie um sich herum einen Betreuungsapparat auf, der sich am Ende beinahe pausenlos um sie kümmert. Anneliese genießt es auch, zwischen zwei Männern zu stehen: dem Jüngling Peter, der sie mit seinem VW-Käfer bereitwillig überall hinfährt, und dem reifen Mann Ernst Alt.

«Sobald ich mich mit Pfarrer Alt unterhalte, habe ich die meisten meiner Probleme vergessen», gesteht Anneliese ihrem Freund und läßt sich regelmäßig von ihm ins Ettlebener Pfarrhaus fahren. Das Gebet und die Gespräche beruhigen sie, erinnern sie wohl auch an gemeinsame Tage in Mittelberg mit Pfarrer Sommer. Nachdem die Aschaffenburger Priester an Anneliese keine Merkmale einer Besessenheit feststellen konnten, liegt ihr Schicksal nun in den Händen von Pfarrer Alt. Bereits seine erste Begegnung mit Anneliese war von seltsamen paranormalen Phänomenen begleitet. Nun im Frühjahr 1974 wiederholen sie sich. Schon Tage bevor Anneliese ihren Besuch in Ettleben telefonisch anmeldet, wird Alt von einer nervösen Spannung ergriffen. Er kann nicht mehr konzentriert arbeiten, schläft schlecht und unruhig.

Nach den Gesprächen, in denen er ihr seinen priesterlichen Segen spendet, ist Anneliese für einige Stunden oder Tage wieder erleichtert und kann ihre Studien in Würzburg fortsetzen. Während des Segens meint Alt eine Veränderung in ihrem Gesicht beobachten zu können. Die Anspannung löst sich, die Gesichtszüge werden heiter, das Gespräch wird freier. Doch wenn Anneliese nach Würzburg zurückfährt, hat Alt das Gefühl, die ganze Atmosphäre im Pfarrhaus sei negativ aufgeladen, so als hätten sich die dunklen Energien auf seinen Lebensbereich übertragen. Die Angst greift auch nach dem Seelsorger. Der Stuhl, auf dem Anneliese während des Gesprächs gesessen hatte, ist plötzlich tabu. Tagelang wagt Alt nicht, darauf Platz zu nehmen. Eine dämonische Strahlung scheint von ihm auszugehen.

Ernst Alt empfiehlt Anneliese einen konsequenten religiösen

Lebensrhythmus gegen die Anfechtungen. Wie Peter, so macht auch er sich Gedanken über die Ursache von Anneliese Leiden. Sie führt ein Doppelleben, denn äußerlich erscheint sie normal und ist eine angenehme Gesprächspartnerin. In der Familie wirkt sie als Erstgeborene vermittelnd zwischen den Geschwistern und den Eltern. Auch beobachtet Pfarrer Alt genau, wie sich Annelieses Freundschaft zu Peter entwickelt. Er hat nicht den Eindruck, daß eine gestörte Libido Ursache von Annelieses Zustand ist, und kann bei ihr weder hysterische Symptome noch sexuelle Abartigkeiten erkennen. Immerhin wird das Thema Sexualität eine wichtige Rolle in ihren Gesprächen gespielt haben. Denn ein Jahr später weiß sich Anneliese von einem Dämon mit Namen Fleischmann in Besitz genommen. Dieser Valentin Fleischmann gehörte zu den Vorgängern von Ernst Alt. Er war von 1572 bis 1575 Priester in Ettleben, hatte im Pfarrhaus einen Mann erschlagen, hatte von sexuellen Leidenschaften ergriffen den Zölibat gebrochen und vier Kinder gezeugt. Eines seiner Kinder hörte wie Annelieses Schwester auf den Namen Martha.

Wegen dieses Pfarrers Fleischmann gilt das Pfarrhaus in Ettleben als Spukhaus, in dem Poltergeister ihr Unwesen treiben sollen, und einige Besucher wollen sogar die schwarz gekleidete hohe Gestalt des Pfarrers Fleischmann im ersten Stock gesehen haben. Pfarrer Alt jedenfalls hat große Angst vor diesem lüsternen und trinkfreudigen Amtsbruder. Angstzustände haben ihn bereits als Kaplan an der Agathakirche geplagt. Dagegen nahm er gelegentlich Schlaftabletten. Doch seit seinem Einzug ins Ettlebener Pfarrhaus fühlt er sich regelrecht verfolgt. Wie sehr sich Pfarrer Alt vor diesem Amtsbruder fürchtete, berichtet er selbst:

Nachts spürte er ein starkes Kribbeln unter der Haut. Zwei Männer hätten ihn links und rechts gepackt und hin und her geschüttelt. Dann sei ein Mann von oben auf ihn gesprungen und habe ihn nur um Haaresbreite verfehlt. Klopfgeräusche narrten ihn, die Tür sei von unsichtbarer Hand auf- und zugegangen, und auf der Treppe sei ein Gepolter zu hören gewesen, als stampfe jemand mit groben Schritten.

Während einer exorzistischen Sitzung im Herbst 1975 ist

auch die Rede vom Spuk im Ettlebener Pfarrhaus. Pfarrer Alt erwähnt Fleischmann, der sich inzwischen als Dämon in Anneliese inkarniert hat, und kommentiert: «Na ja, in Ettleben hat es immer schon schlimme Pfarrer gegeben. Vielleicht bin ich auch einer von diesen.»

Daraufhin schreit Anneliese laut auf. Vierzehn Tage später sitzt der Schrecken Pfarrer Alt noch immer in den Gliedern. Er sagt zu Anneliese: «Sie haben mich vielleicht damals mit Ihrem Gebrüll erschreckt. Der Schrecken wich erst nach Tagen.»

Durch Gespräche vor Beginn der exorzistischen Sitzungen bekommt Alt auch einen Einblick in das Familienleben. Doch wie auf den gruppentherapeutischen Sitzungen verschließt sich Anneliese ab einem gewissen Punkt. Dann dominiert die Angst. Pfarrer Alt merkt natürlich, daß es Grauzonen in der Familie gibt, und er weiß, daß nur Offenheit und geklärte Verhältnisse zu echter Hilfe führen können. Denn ein hochsensitiver Charakter zieht alle Probleme seiner sozialen Umgebung auf sich. Immerhin vermutet er, daß Annelieses seelischer Zustand durch die familiären Verhältnisse bestimmt wird. Deshalb führt er auch Gespräche mit Anna Michel und merkt, als er die Zeit vor der Eheschließung berührt, daß hier eine Tabugrenze erreicht wird. «Ich kann Ihnen doch nicht sagen, was früher vorgefallen ist. Ich kann meinem Mann doch nicht sagen, was ich vor der Ehe getrieben habe. Der würde wohl sehr böse werden», erklärt Anna Michel dem Geistlichen.

Prüfungszeiten sind Zeiten der Krise. Die nächste kommt Anfang Mai 1974, als Anneliese eine Rechenstunde in der Grundschule halten soll. Sie besteht zwar die Prüfung, ist jedoch anschließend so erschöpft, daß sie wieder krank wird. In den Semesterferien will sie im Krankenhaus arbeiten, doch auch hier ist sie so sehr überfordert, daß sie die Tätigkeit aufgeben muß. Für sie springt ihre nun sechzehnjährige Schwester Roswitha ein.

Während der Schulzeit lag die Betreuung von Anneliese weitgehend in den Händen ihrer Mutter. Sie hat gemeinsam mit Anneliese die zahlreichen Arzttermine wahrgenommen, mit ihr Vokabeln gepaukt und Gespräche mit den Fachärzten geführt. Nun tritt Annelieses Vater in den Vordergrund. Beide Elternteile sind überfordert. Josef Michel sucht Hilfe auf seine Art. Den Ärzten traut er nicht mehr. Im Frühjahr 1973 war er nach San Damiano gefahren, nun sucht er an einem anderen Wallfahrtsort Hilfe. Mit Annelieses Schwester Gertraud fährt er im Sommer 1974 mit der Bahn nach Fátima. Die Reise steht auch im Zeichen der Vorbereitung auf das Heilige Jahr 1975.

Das erste Heilige Jahr wurde durch Papst Bonifaz VIII. im Jahre 1300 ausgerufen, seit 1475 wird es in der katholischen Kirche alle fünfundzwanzig Jahre gefeiert. Rituell eröffnet wird es in der Weihnachtsnacht mit der Öffnung der Heiligen Pforte der Petersbasilika und schließt mit der Neuvermauerung am Heiligen Abend des folgenden Jahres. Nach katholischem Glauben ist das Heilige Jahr mit einem großen Ablaß der Sünden verbunden. Das bevorstehende Heilige Jahr 1975 gilt als besonders bedeutsam. Einmal wird in ihm die nun seit fünfhundert Jahren regelmäßig bestehende Tradition gefeiert, zum anderen ist Josef Michel wie viele Anhänger der endzeitlichen Botschaft von Fátima davon überzeugt, daß die noch geheimgehaltene dritte Offenbarung der Muttergottes im Jahre 1975 veröffentlicht werden wird.

«Nirgends herrscht Ordnung. Selbst an höchsten Stellen regiert Satan und entscheidet in allen Dingen. Er wird sich selbst in höchste Stellen der Kirche einzuführen wissen», lautet die Botschaft von Fátima. Aber sie blickt wie jede Endzeitprophetie zugleich über die Katastrophe hinaus und verspricht Rettung einer kleinen Gruppe von Gerechten und Erwählten. «Später werden jene, die alles überleben und am Leben bleiben, von neuem Gott und Seine Macht anrufen und IHM dienen, so wie damals, als die Welt noch nicht so verdorben war.»

Josef Michel glaubt an die Wahrheit dieser Botschaften, und er hat Angst vor einem möglichen Weltuntergang. Deshalb unterstützt er den Wunsch seiner Tochter Gertraud, in Fátima für ein Jahr als Pilgerführerin zu arbeiten. Käme der Weltuntergang, würde es Fátima mit Sicherheit nicht treffen. Hier wäre ein Ort der Zuflucht für die wahrhaft Gläubigen. Deshalb beruhigt es ihn, eine seiner Töchter bereits in Fátima zu wissen. Gertraud hatte in der Schule Englisch und Französisch gelernt, nach der mittleren

Reife an der Euro-Sprachenschule in Aschaffenburg noch Kenntnisse in Spanisch erworben. Als Fremdsprachenkorrespondentin arbeitete sie bei Procter & Gamble in Frankfurt-Eschborn und lernte dann einen Priester von den Steyler Missionaren (SVD), der Gesellschaft des Göttlichen Wortes kennen. Missionsschriften dieses Ordens wie «Stadt Gottes», «Michaelskalender» oder die Jugendzeitschrift «Weite Welt» oder «17» waren auch Anneliese bekannt. Die Steyler Missionare unterhielten in Fátima ein Pilgerbüro, das sich besonders der Betreuung deutschsprachiger Pilger widmete. Unter dem Leiter dieses Büros Pater Luis Kondor SVD, dem Vizepostulator im Seligsprechungsprozeß der Seherkinder Jacinta und Francesco, wird Gertraud für ein Jahr arbeiten und im «Haus zum Göttlichen Wort» wohnen.

Doch zuerst fährt sie mit ihrem Vater nach Portugal, um einen Eindruck von dem Pilgerort zu bekommen. Nach ihrer Rückkehr kündigt sie ihren Arbeitsvertrag und fliegt zurück nach Portugal. In Fátima gehört es zu ihren Aufgaben, immer wieder den Pilgern die Geschichte der Seherkinder zu erzählen: Weltuntergangsvisionen, strengste Fastenopfer bis zur Bewußtlosigkeit, Sühnopfer und Sündenqual, aber auch das Licht der Liebe und der Versöhnung und der Ausblick auf eine neue Welt.

Anneliese blickt in ihrem Brief vom 2. September 1974 an Pfarrer Alt auf den Sommer 1974 zurück und schildert die erneut aufflammende Angst vor der Zukunft und dem bald anstehenden dreiwöchigen Schulpraktikum:

«Ich möchte Ihnen schreiben, auch wenn das ein schweres Unternehmen für mich ist, weil ich meine Gedanken so schlecht zusammenbekomme. Meistens kann ich das nicht zu Papier bringen, was ich möchte und bleibe an der Oberfläche. – Bald werde ich mein 3-Wochen-Schulpraktikum ableisten müssen, wovor es mir ehrlich graust und wovor ich Angst habe. Ich sehe wieder, daß ich der Welt nicht gewachsen bin, was anders sein könnte, wenn, ja, wenn ich mein eigener Herr in mir wäre. Ich habe nicht die Herrschaft in mir, was mich manchmal ganz deprimiert macht. Ich spüre das, wenn ich mit Menschen zusammen bin oder wenn ich Klavier spiele (hier merke ich es ganz besonders) oder wenn ich male oder wenn ich Briefe schreibe; es ist eigentlich ganz egal, was ich tue: Ich spüre es einfach immer. Deshalb bin ich nie zufrieden in oder bei meiner Arbeit oder danach.

Der Mensch legt ja normal immer alles in seine Arbeit; darin geht er auf; er fühlt sich glücklich, wenn er arbeitet. Ich verstehe nicht, warum das bei mir nicht so ist; warum verweigert mir Gott dieses Glück? Kann denn ein Mensch ohne dieses Aufgehen in der Arbeit oder Beschäftigung leben, ohne seiner überdrüssig zu werden, sich überflüssig vorzukommen und innerlich leer zu bleiben? Ich frage mich oft, tausendmal am Tag drängt sich immer wieder die Frage auf, warum?

Ich gebe zu, daß schon vieles sich gebessert hat. Das Leben hat mehr Sinn bekommen und trotzdem. Ich bin noch nicht in Ordnung. Manchmal glaube ich, es fehle noch sehr viel. Ein Schock für mich war zum Beispiel folgendes. Ich wollte drei Wochen Ferienarbeit leisten im Krankenhaus. Den ersten Tag war ich dort. Ich bin heimgekommen mehr in Trance als bewußt. Erstens war ich körperlich total fertig, aber dies schon um halb zwei Uhr, und dann auch seelisch. Ich war aggressiv und fühlte mich irgendwie beziehungslos in der Welt. Jedenfalls haben das meine Eltern wohl auch bemerkt, und dann regelten wir es so, daß Roswitha, meine jüngste Schwester, dorthin ging. Sie ist auch ziemlich k. o., aber es scheint ihr doch Freude zu machen.

Am Samstag war ich beichten. Wissen Sie, überwinden muß man sich immer, um zu beichten, aber bei mir ist es schon zum Durchdrehen. Es scheint oft, als ob alle guten Geister gehen würden. Danach war ich recht froh. Am Sonntag habe ich kommuniziert. Ich spüre, daß Kraft davon ausgeht, obwohl ich zunächst immer völlig leer bin, nichts fühle und völlig beziehungslos bin. Aber dieses Leergefühl schwindet nach Minuten und ich werde immer mehr ich selbst, ich fühle mich wohl.»

Zur gleichen Zeit ruft Thea Hein im Ettlebener Pfarrhaus an und erkundigt sich nach dem Stand der Gespräche mit dem Bischof. Ernst Alt weist darauf hin, daß keine eindeutigen Beweise einer Umsessenheit oder Besessenheit vorlägen. Auch schwanke Annelieses Zustand laufend. Thea Hein aber, die sich als «Entdeckerin» von Anneliese fühlt, drängt. Wenn der Bischof von Würzburg den Exorzismus nicht genehmige, dann werde man sich von anderer Seite eine Erlaubnis holen.

Am 17. September 1974 lernt Pfarrer Alt Annelieses Vater kennen. Josef Michel kommt mit seiner ältesten Tochter nach Ettleben. Gertraud ist in Fátima sicher untergebracht, nun will er sich verstärkt seines Sorgenkindes annehmen. Mehrfach ist Anneliese in der Zwischenzeit in San Damiano gewesen. Gebessert hat sich ihr Zustand aber nicht. Vielleicht wird der Familie im kommenden Heiligen Jahr endlich geholfen. Pfarrer Alt sieht Anneliese in «einer schlechten Verfassung: depressiv, der Blick unstet, unruhig von innen her, nach außen sehr breiig.» Die Pupillen sind geweitet. Josef Michel redet wie immer laut mit poltriger Stimme. Ein echtes Gespräch mit ihm erweist sich als unmöglich. Er hört nicht richtig zu oder übertönt sämtliche Einwände und Argumente.

Pfarrer Alt bittet ihn, das Zimmer zu verlassen, damit er ungestört mit Anneliese beten und ihr den priesterlichen Segen spenden kann. Der Vater gehorcht dem Priester. Das Gebet bessert zum Erstaunen von Josef Michel Annelieses Zustand für eine Weile. Anneliese wird es genossen haben, daß hier ein Mann stärker ist als ihr Vater. Dem jungen Peter Himsel hätte dazu die Autorität gefehlt. Worüber Josef Michel und Pfarrer Alt gesprochen haben, ist unbekannt. Doch ist es sehr wahrscheinlich, daß der Besuch auf Thea Heins Initiative zustande kam und daß auch Josef Michel ihn drängte, einen Brief an den Bischof zu schreiben. Denn wenige Tage nach dieser Begegnung schildert Pfarrer Alt in einem langen Schreiben vom 30. September 1974 an den Bischof den Fall aus seiner Sicht.

Bei Anneliese vermute er eine «Teilbesessenheit», die sich durch den Gebetseinsatz des kleinen Kreises der Eingeweihten in eine Umsessenheit gewandelt habe. Woher der Zustand komme, sei noch nicht erkennbar, eine moralische Verfehlung liege jedenfalls nicht vor. Auch Ungereimtheiten verschweigt Alt nicht. So fällt es ihm auf, daß Anneliese trotz der vielen Gespräche mit ihm kaum etwas über die seltsamen Ereignisse auf der ersten Fahrt nach San Damiano erzählt hat. Das Dämonische ist für ihn nur in seiner eigenen subjektiven Wahrnehmung greifbar. Er sei überzeugt, daß Anneliese durch einen Exorzismus von ihrer Umsessenheit befreit werden könne, und bitte um Benennung eines geeigneten Priesters. Er selbst komme für den Dienst nicht in Frage, weil er sich vor den seelischen und körperlichen Strapazen scheue. Zugleich bitte er um eine schnelle Entscheidung auch deshalb, damit der Fall nicht publik werde.

Im Kino und Fernsehen hat die seit Mitte der sechziger Jahre erkennbare Satanswelle ihren Höhepunkt erreicht. «Der Exorzist» läuft mit großem Erfolg und zieht andere Filme zum Thema Dämonie und Satanismus nach sich. Regisseur William Friedkin hatte sich von Jesuiten beraten lassen. Seine Filmerzählung von dem zwölfjährigen Mädchen Regan ist eine Pubertätsparabel. Sie beschreibt die Angst vor dem Erwachsenwerden, die in vielen Fällen von Besessenheit eine gewichtige Rolle spielt. Fremde Mächte haben von Regan Besitz ergriffen und ihr Wesen verändert. Der Film deutet diese Inbesitznahme nach dem klassischen Muster der Besessenheit: Regan spricht in veränderter Stimmlage, redet Lateinisch und kann Worte und Sätze rückwärts aufsagen. Paranormale Phänomene tauchen auf. Sie würgt grünen Brei hervor, ihre Gesichtshaut verändert sich. Levitationen geschehen: Sie selbst schwebt über dem Bett, Gegenstände fliegen durch die Luft. Sie schreit sexuelle Obszönitäten, während sie mit einem Kruzifix masturbiert: «Laß Jesus dich ficken!»

Die Ursache der Besessenheit ergibt sich hier aus der Familiengeschichte. Regans Welt bekommt einen Riß, als ihre Mutter eine neue Bindung zu einem Mann eingeht. «Der Exorzist» wurde in den siebziger Jahren zu einem Erfolg, weil sich im Spiegel des Einzelschicksals der besessenen Regan eine vaterlose Generation wiederfand, die auch zwischen den Zeiten leben mußte. Die Welt drohte auseinanderzubrechen. Studentenunruhen in Paris und Berlin, Kaufhausbrände, Bombenanschläge, Überfälle auf Botschaftsgebäude, Flugzeugentführungen, der Watergate-Skandal, der Sturz Allendes in Chile, der arabische Terrorakt bei den Olympischen Spielen in München: Vom Tod Benno Ohnesorgs bis zum Selbstmord der Terroristen Andreas Baader, Gudrun Ensslin und Jan-Carl Raspe und der anschließenden Eskalation des Terrors in Deutschland zog sich der Riß durch die Gesellschaft. Auch Annelieses Schicksal ist ein Spiegel der Besessenheiten, unter denen die Zeitgenossen leiden. Radikale Lösungen werden bevorzugt, und vielen scheint die Zeit des Dialogs vorbei.

Als «Der Exorzist» im Herbst 1974 zum ersten Mal in Deutschland gezeigt wird, ist Bischof Stangl bereits mehrfach über Annelieses Schicksal informiert worden. So wird der Film zum schaurigen Vorspiel des Exorzismus von Klingenberg. Freilich ahnt außer der hohen Würzburger Geistlichkeit niemand, wie aktuell die Auskünfte sind, die Pater Rodewyk bereitwillig dem Aschaffenburger *Main-Echo* (9. Oktober 1974) gibt. Aus dem Rückblick hat Pater Rodewyks Gespräch mit Jutta Jöring etwas Gespenstisches. Denn durch ihn wird Annelieses Kampf mit Dämonen kommentiert, noch bevor er eigentlich begonnen hat.

Befragt, wie die Kirche heute den Begriff Teufel definiere, antwortet Rodewyk: «Wir gehen davon aus, daß Gott eine Geisterwelt geschaffen hat, und diese Geisterwelt nennen wir Engel. Sie waren gut, und dann hat es irgendwie einen Knacks gegeben in der Engelwelt. Man weiß nicht genau, wie das war. Aber dann kam die Scheidung zwischen guten und bösen Geistern. Böse Geister sind Dämonen oder Teufel. Gemeint ist immer dasselbe.»

Unterstütze die Kirche mit ihrem Glauben an eine Welt guter und böser Geister nicht die Angstmacherei des Filmes?

«Beim ‹Exorzist› muß man den Roman kennen, der dem Film zugrunde liegt. Der Roman will darstellen, daß Besessenheit nicht im rein natürlichen Bereich liegt, daß es etwas ist, womit der Arzt nicht fertig wird. Besessenheit gehört in den religiösen Bereich, wofür ein Priester gerufen werden muß. Das ist der Grundgedanke des Romans. Und wenn Papst Paul diese Teufelsrede hielt, dann beruht das auf alten Konzilsentscheidungen. Sie gehen ins 12. Jahrhundert zurück, und sie werden immer erneuert. Das hat mit Angstmacherei nichts zu tun. Der Papst sagt eben, es hat sich an dieser Auffassung nichts geändert.»

Gefragt, ob einfache Menschen ebenso leicht mit dem Angstgefühl fertig werden wie die Theologen, fährt Pater Rodewyk fort: «Manche werden ganz gut damit fertig. Die nämlich, die im tiefen Glauben mit Engeln und Teufeln leben. Sie leben mit der Tatsache: Das gibt es auch, das muß ich in meinem Leben mit einbeziehen. Angst ist erst seit Freud aufgetaucht.»

Die Kirche behaupte, Gott lasse zuweilen die Besessenheit zu. Wie vereinbare sich diese Aussage mit dem Glauben an einen lieben und gütigen Gott?

«Das hat mit dem Gütigen gar nichts zu tun. Gott läßt zum Beispiel eine Besessenheit zu als Strafe. Er könnte natürlich auch eine Krankheit schicken. Der Glaube hat nie einen Hehl daraus gemacht, daß Gott straft. Ein gütiger Vater straft ja auch sein Kind, um es zu erziehen. Weil Gott uns liebhat, will er, daß wir in der richtigen Weise unser Leben auffassen und es führen. Das ist durchaus mit der Liebe Gottes zu vereinbaren.»

In diesem Interview wird auch die Verfluchung als eine Ursache der Besessenheit angesprochen. Doch führt jeder Fluch automatisch zur Besessenheit?

«Nein, keineswegs. Es gibt einen Fluch, den ungerechten, der überhaupt keine Wirkung hat. Gott kann einmal einen Fluch zum Anlaß nehmen, den Teufel zu schicken. Meistens kommen dann noch andere Sachen hinzu. Das muß man aus dem Zusammenhang des Falles ersehen. Im Fall von Magda wurde gesagt, daß bei den Taufexorzismen der Priester überhaupt nicht die Absicht gehabt habe, den Teufel fernzuhalten. Es kann aber auch ein Drittes hinzukommen, daß Gott einmal zeigen will, was ein Teufel aus einem Menschen machen kann. Das kann pädagogisch sehr gut sein. Der Mensch kann ja hinterher alles wiedergutmachen. Es ist ein Lehrbeispiel. Wenn Gott hilft, die Besessenheit zu überwinden, dann ist das auch für die Umwelt lehrreich.»

Hier ist öffentlich ausgesprochen, welche pädagogischen Ziele diejenigen verfolgen, die an Anneliese Michel den Exorzismus durchführen werden. Auch der Fall Michel sollte ein Lehrbeispiel für alle aufgeklärten Kräfte inner- und außerhalb der Kirche werden, um sie von der Existenz des Teufels zu überzeugen.

Der Exorzismusfall der Krankenschwester Magda bildete die Grundlage für Rodewyks Buch über «Dämonische Besessenheit heute». Da Pater Renz nach diesem Buch arbeiten wird, erklären sich die Parallelen zwischen Magda und Anneliese. Von der pädagogischen Dimension der Besessenheit ist auch Anna Michel überzeugt, wenn sie nach dem Tod ihrer Tochter die Reaktion der Öffentlichkeit kommentiert: «Das Schlimmste ist nicht, daß so viel geschrieben wird, sondern, daß trotz allem niemand an den Teufel glauben will.»

Für den Teufel, so Rodewyk in dem Interview vor Beginn des Exorzismus, sei Besessenheit eine Strafe. «Das ist gar kein Vergnügen für ihn, an einen anderen Menschen gebunden zu sein.» Der weit verbreiteten Vorstellung, daß hauptsächlich Frauen vom Teufel besessen seien, widerspricht er: «Ich habe statistische Untersuchungen angestellt in über 500 mir bekannten Fällen und dabei festgestellt: Das hält sich ungefähr die Waage. Im Evangelium ist nur von drei Frauen die Rede: Maria Magdalena, der Tochter der Syro-Phönizierin und dem Mädchen von Philippi, die hinter dem Paulus herrennt. Die Männer wollen da den Frauen nur etwas anhängen. Das allerliebste Weiberl hat den Deibel im Leibel. So in dem Sinn.»

Im Winter 1974 macht Anneliese den Führerschein und hilft Peter bei seinen Examensvorbereitungen. Im Sommersemester 1975 wird er die Prüfung ablegen und Würzburg verlassen müssen. Das löst in Anneliese neue Angstzustände aus. Draußen eskaliert der Terror. Das RAF-Kommando «Holger Meins» besetzt die Deutsche Botschaft in Stockholm, fordert die Freilassung von sechsundzwanzig Gesinnungsgenossen und erschießt die Diplomaten Andreas von Mirbach und Heinz Hillegaart. Bei einer Bombenexplosion sterben die Terroristen Ulrich Wessels und Siegfried Hauser. Auch in Annelieses Seele breitet sich eine neue Welle der Zerstörung aus. Sie wird von Endzeitstimmung und Todesängsten ergriffen. Das alte Abiturtrauma bricht wieder durch. Nun sind die Stimmen und Einflüsterungen wieder da:

«Du bist verdammt!
Du bist verdammt!
Du bist verdammt!»

Als Peter mit ihr über die Ursache dieses Gefühls der Verworfenheit sprechen will, sagt sie: «Ich weiß selbst keinen Grund, warum ich verdammt sein soll. Aber ich höre ständig in mir eine Stimme, die mir das einzureden versucht. Ich wehre mich zwar dagegen, doch es ist zwecklos.»

Mit Hilfe von Sprüchen versucht Anneliese eine Strategie gegen die Angst zu entwickeln. Sie beschreibt Zettel und heftet sie an die Wand oder legt sie auf den Schreibtisch in ihrem Zimmer:

«Habe keine Angst!
Ich brauche keine Angst zu haben!
Mut, Mut, Mut!
Sei ruhig, ganz ruhig, wirf die Angst über Bord,
du darfst hoffen!»

Dann erleben Peter und Anna Lippert ihre Freundin zum ersten Mal in Trance. Anna erinnert sich an den schrecklichen Anfall, dessen Zeugin sie wird: «Ich saß zu dieser Zeit mit ihr in ihrem Zimmer. Ihr Freund Peter war auch anwesend. Mitten im Gespräch verzog sich plötzlich ihr Gesicht zu einer regelrechten Fratze, die ich nicht näher beschreiben kann. Ihr Körper wurde ganz steif, und erst nach einer halben Stunde lösten sich die Verkrampfungen. Von ihrem Freund war mir die Erklärung gegeben worden, daß diese Zustände ihrer Besessenheit zuzuschreiben seien. Ich selbst sah den Zustand der Anneliese auch als eine solche Besessenheit an, denn ihre Fratze war so teuflisch, daß ich an gar nichts anderes denken konnte.»

Die Anfälle stehen in Zusammenhang mit Annelieses Unterrichtsvorbereitung für eine Religionsstunde im Mai 1975. Immer wieder muß sie den Termin absagen und schiebt so die Prüfung den ganzen Sommer vor sich her. Auch Pfarrer Alt bemerkt jetzt öfters einen verspannten Gesichtsausdruck bei Anneliese. Er hält Kontakt zu Bischof Stangl, so daß dieser über den aktuellen Stand der Entwicklung informiert ist. Auch der theologische Leiter des Ferdinandeums Dr. Ernst Veth wird später durch ihn in den Fall eingeweiht werden. Ohne sein Mitwissen wäre die kommende Entwicklung undenkbar gewesen. Peter, Anneliese und Roswitha fahren am Samstag, dem 28. Juni, gemeinsam nach Ettleben, doch Alts Gebete zeigen keine Wirkung mehr. Frau Dr. Schleip von der Universitäts-Nervenklinik und Poliklinik hatte Anneliese am 13. Juni 1975 zum letzten Mal besucht. Nun erweisen sich ärztliche und seelsorgerliche Hilfe als zwecklos. Niemand aber hat den Mut, endlich die Geheimhaltung zu durchbrechen, so daß es zu einer Zusammenarbeit zwischen Neurologen, Psychologen und Theologen kommen könnte. Annelieses zerrissene Seele hätte eines Arztes mit einem ganzheitlichen Menschenbild bedurft, in dem auch die religiöse Dimension ihre Berechtigung hat. Die Fäden, an denen Annelieses Leben hing, liefen beim Bischof von Würzburg zusammen. Er war über den Fall informiert, als Seelsorger hätte er Anneliese zum persönlichen Gespräch bitten müssen, und er hätte sie in der Wahl geeigneter Mediziner beraten können. Denn trotz aller Ausnahmezustände ist Anneliese sehr wohl in der Lage, ihre seelische Situation in Worte zu fassen.

Während Peter mit seinen Kommilitonen an den Klausurvorbereitungen sitzt, telefoniert Anneliese am Montag nach dem letzten Besuch in Ettleben mit Pfarrer Alt und bestellt ihn für den kommenden Tag ins Ferdinandeum. Es ist Dienstag, der 1. Juli 1975. Anneliese hat auf den Tag genau noch ein Jahr zu leben. Am Morgen besucht sie eine Messe in der Anbetungskapelle der Neumünsterkirche. In den letzten Tagen klagt sie immer wieder über ihre sich während der liturgischen Handlungen versteifenden Gliedmaßen. Sobald sie sich einer Kirche nähert, spürt sie, wie sich alles in ihr verkrampft. Wegen dieser Verkrampfungen kann sie während der Messe nicht die Knie beugen. Anneliese weiß, daß jeder Psychologe diese Symptome als Ausdruck einer ekklesiogenen Neurose deuten würde. Sie selbst führt die antikirchlichen Affekte auf den Einfluß einer gegengöttlichen Macht in ihrer Seele zurück. Vor Gott beugen sich alle Knie im Himmel und auf Erden. Satan und seine Rottengeister aber sind zu stolz, um vor Gott diese Geste der Demut zu zeigen. Nicht Anneliese ist es, die Gott gegenüber keine Ehrfurcht zeigt, sondern der Satan in Anneliese will die Knie nicht beugen. Annelieses Dämonen sind die Schatten ihrer Seele. Diese andere, dunkle Seite macht ihr angst.

Sie entscheidet sich, die Examensarbeit bei Dr. Veth zu schreiben. Nach einem Gespräch mit dem Theologen zieht sie mehrere Themen in die nähere Auswahl. Anneliese will über das schreiben, was sie selbst existentiell am stärksten bewegt: die Angst. Dr. Veth ist mit der Themenwahl einverstanden. Für eine genaue Formulierung ist jedoch noch Zeit.

Jetzt sitzt Anneliese am Schreibtisch und versucht ihre Ängste zu bannen. Sie ringt um Worte, setzt immer wieder zu neuem Ausdruck an, streicht und verbessert das bereits niedergeschriebene Wort. Während dieser Schreibtherapie spürt sie, wie sich die Angst lähmend in ihr ausbreitet. Anneliese hatte Pfarrer Alt bestellt, um ihm alles zu sagen. Der erste Satz nimmt Bezug auf das bevorstehende Gespräch mit Alt. Der Mut, über ihre Selbstmordabsichten zu sprechen, hat sie verlassen. Sie spürt, daß die Sakramente ihre Kraft verloren haben, daß sie auch vom Zuspruch ihrer Freunde und Verwandten nicht mehr erreicht wird. Deshalb ist sie ohne Hoffnung auf eine bessere Zukunft. In vier Metaphern sucht sie nach Ausdruck ihrer Seelenangst: Sie spricht vom Scheideweg, an dem sie sich befinde, von der eisernen Kette des Herzens, der Hoffnungslosigkeit an der Wurzel des Lebens und dem Damm, der gegen ihr zerberstendes Ich errichtet werden müsse.

Neben dieser Angst spürt sie eine andere Seelenstimmung, die zur ersten in völligem Kontrast zu stehen scheint: Sie fühlt sich voll unsäglichem Stolz. Dieser Stolz hindere sie daran, authentisch zu sein, offen über das zu sprechen, was ihr Herz wirklich fühlt. Den Stolz empfindet sie auch als Selbstschutz gegenüber den tiefen seelischen Verletzungen, die ihr jahrelang zugefügt worden seien und gegen die sie sich nicht gewehrt habe. Stolz gilt in Annelieses katholischer Welt als eine Todsünde. Stolz war die Triebkraft, die Lucifer zur Rebellion gegen Gottes Ordnung getrieben hatte. Wegen seines Stolzes wurde der Teufel aus der Nähe Gottes verbannt und in die Hölle gestoßen.

Diese Verbannung aus dem Himmel hat Anneliese auf zahllosen Deckengemälden immer wieder gesehen. Im Kloster Engelberg ebenso wie in der Ettlebener Kirche von Pfarrer Alt. Satan gilt als stolzer Antiheld. Auch von ihm wird sie sich wenige Monate später besessen wissen. In den Dämonen verdichten und personifizieren sich die widersprüchlichen Schichten der eigenen Seele. Eine Integration dieser Schattenmächte im Sinne der Jungschen Psychoanalyse wäre Anneliese wohl nur zum Preis der Aufgabe ihrer familiären Bindung möglich gewesen.

Anneliese sieht mit klarem Bewußtsein, daß ihre gespaltene Seelenlage für die Menschen, die sie begleiten, eine hohe Belastung bildet. Sie ist nicht nur verzweifelt über den drohenden Ichverlust, sondern auch voller Sorge, daß die anderen sie aufgeben, sie abschieben und in eine geschlossene Anstalt einweisen lassen. Die Satzfragmente ihrer Niederschrift sind hier ohne Korrekturen wiedergegeben:

«Mut verläßt, das zu sagen,
was ich wollte.
Ich bin ein Sünder,
das habe ich heute in der
Kapelle klar erkannt, auch
wenn ich mir
etwas anderes eingebildet habe.
Ich habe keinen
Mut, verzweifelt.
Ich habe Angst, daß
Pfarrer mein V
kein Vertrauen,
ich stehe am Scheideweg
entweder Leben oder
Tod. Tief verletzt all die Jahre
durch, hab mich nicht mehr
gewehrt, jetzt auch nicht.

> **Ich bin nach der hl. Kommunion**
> **verzweifelt, im Geiste u. im Herz**
> **eine eiserne Kette hält mein Herz um-**
> **klammert. Angst, Entsetzen,**
> **mein Geist ist gelähmt, wird**
> **er freier glei steigt Verzweiflung hoch**
> **das schlimmste ist, daß ich keine Wahl**
> **mehr habe, das sehe ich manchmal blitz-**
> **artig klar, hoffnungslosigkeit sitzt an**
> **der Wurzel, wo das Leben ist,**
> **sie ist ein Zustand geworden**
> **Stolz unsäglicher gibt mich nicht mehr frei**
> **wenn ich rede, redet mein Herz nicht mir.**
> **Ich habe Angst, daß man an mir verzweifelt.**
> **Lähmung**
> **ich gebe mich doch jedem Schimmer**
> **von Hoffnung neu auf**
> **gefesselt,**
> **mir es wird von Tag zu Tag**
> **schlimmer, wenn nicht ein Damm gebaut**
> **wird.»**

Da klopft es an Annelieses Zimmertür. Sie öffnet. Es ist Pfarrer Alt. Er erkennt sofort, daß Anneliese völlig verzweifelt ist. Sie wiederholt immer wieder: «Ich bin verdammt! Ich bin verdammt! Ich bin verdammt!»

Pfarrer Alt möchte sie, wie er es immer getan hat, mit Gebeten beruhigen. Er nimmt seinen Rosenkranz:

> **«Gegrüßet seist Du, Maria, voll der Gnaden, Du bist gebenedeit unter den Weibern, und gebenedeit ist die Frucht Deines Leibes, Jesus. Amen.»**

Dreimal wird das seit Kindheitstagen vertraute Gebet wiederholt. Zuerst scheint es Anneliese zu beruhigen. Sie setzt sich, nimmt einen Rosenkranz in die Hand, den anderen trägt sie wie immer, wenn sie Angst hat, um den Hals, und stimmt in das Ave Maria ein. Dann wird Anneliese unruhig. Sie kann nicht mehr beten und fängt laut zu schreien an. Anneliese ist in Tränen aufgelöst.

Für Pfarrer Alt ist dies eine äußerst peinliche Situation, die zu Mißverständnissen führen könnte. Was ist, wenn eine Zimmernachbarin oder jemand, der zufällig auf dem Flur vorbeigeht, Annelieses Schreie hört? Da wird auch schon an die Tür geklopft. Wenn nun eine Studentin vor der Tür steht? Was wird sie denken, wenn sie in Annelieses tränennasse Augen sieht und einen Mann in ihrem Zimmer entdeckt? Eine höchst prekäre Situation, die falsch gedeutet werden könnte. Alt reagiert blitzschnell. Nur Peters Anwesenheit kann ihn aus der delikaten Situation befreien. Deshalb befiehlt er Anneliese: «Los, machen Sie die Türe auf und sagen Sie, der Peter soll kommen!»

Anneliese gehorcht, erhebt sich, geht zur Tür und schließt sie auf.

«Ach, Anna, du bist es! Geh, hol doch mal den Peter!»

Pfarrer Alt kann aufatmen. Anneliese setzt sich wieder. Er fragt, ob sie die Medizin eingenommen habe. Anneliese bejaht dies. Doch noch immer hat sich die Spannung nicht gelöst. Pfarrer Alt spendet seinen priesterlichen Segen, doch bleibt der Segen ohne Wirkung. Für Ernst Alt wiederholt sich hier im Studentenwohnheim die Ohnmachtserfahrung aus jener Nacht im Pfarrhaus St. Agatha. Wieder erweist sich sein Rosenkranzgebet als ebenso wertlos wie sein priesterlicher Segen, und erneut zieht er die falschen Schlüsse. Annelieses verzweifelter Zustand bleibt und überträgt sich sogar auf den Geistlichen. Es beginnt Alt zu frösteln, denn er glaubt den Kältestrom einer dämonischen Macht zu spüren, der von Annelieses Körper ausgeht.

Er will sich zur Wehr setzen und greift deshalb zu einem stärkeren Mittel. Im stillen betet er den Exorzismus probativus. Doch Anneliese durchschaut ihn sofort, sie springt auf, ihr Gesicht ist angsterfüllt und zugleich aggressiv. Sie nimmt eine Abwehrhaltung ein, möchte Alt angreifen und wendet dann die in ihr aufkommende Gewaltbereitschaft gegen sich selbst. Laut schreiend zerreißt sie den Rosenkranz. Das ist nicht mehr Anneliese, wird Alt gedacht haben. Jetzt hat er den Dämon aufgescheucht, und dieser nimmt seine Rolle an. Annelieses Haltung wird wieder bedrohlich. Sie wirkt atemlos, gehetzt wie ein wildes Tier. Die Situation droht zu eskalieren.

Was wäre mit Pfarrer Alt geschehen, wenn in diesem Moment nicht die Zimmertür geöffnet worden wäre? Als Peter Annelieses Zimmer betritt, schreit sie aggressiv mit völlig veränderter Stimme: «Peter raus!»

Bestürzt blickt er auf den Boden. Dort liegt ein zerrissener Rosenkranz. Einzelne Perlen rollen über den Boden. Er weiß, immer wenn Anneliese Angstzustände hat, trägt sie den Rosenkranz um den Hals. Wer hat ihn ihr vom Hals gerissen? Peter mustert Pfarrer Alt, schaut Anneliese ins Gesicht. Sie sieht völlig anders aus als sonst. Die Gesichtszüge sind entstellt, haben etwas Fratzenhaftes.

Anneliese hat der Probeexorzismus von Pfarrer Alt völlig durcheinandergebracht. Sie reagiert aggressiv auf religiöse Gegenstände. Das Bild mit dem Heiland aus San Damiano reißt sie von der Wand, eine kleine Weihwasserflasche wirft sie in die Ecke ihres Zimmers. In den folgenden Tagen führt sie sich und ihren Freund an die Grenze der seelischen und körperlichen Kräfte. Peter steht mitten im Examen und kann sich nicht rund um die Uhr ihrer Betreuung widmen. Sein Examen löst in ihr Trennungs- und Prüfungsängste aus, denn mit dem kommenden Wintersemester wird auch für sie die Schlußphase des Studiums beginnen. Dann wird sie eine Examensarbeit zu schreiben haben, vor der es ihr schon jetzt graust. Da Peter die Betreuung wegen seiner eigenen Examensbelastungen nicht mehr leisten kann, holen Anna und Josef Michel ihre Tochter am 17. Juli nach Klingenberg. Noch vierzehn Tage vorher hatte Anneliese vom Scheideweg zwischen Leben oder Tod geschrieben. Jetzt steht sie nicht mehr am Scheideweg. Die Fahrt führt in den Tod.

«Du wirst eine große Heilige werden» – Zwischen Himmel und Hölle

> **«Es war weniger der Wunsch des Todes**
> **– für ihn war ja keine Ruhe und Hoffnung im Tode –,**
> **es war mehr in Augenblicken der fürchterlichen Angst**
> **oder der dumpfen, ans Nichtsein grenzenden Ruhe**
> **ein Versuch, sich zu sich selbst zu bringen**
> **durch physischen Schmerz.»**
> Georg Büchner, «*Lenz*»

Pfarrer Ernst Alt hatte mit seinem verunglückten Probeexorzismus in ein Wespennest der Gefühle gestochen. In einem ausführlichen Bericht an Pater Adolf Rodewyk vom 24. August 1975 schildert Josef Michel die dramatische Entwicklung der folgenden Wochen. Zu Hause sei Annelieses Besessenheit endgültig zum Ausbruch gekommen, berichtet Josef Michel. In ruhelosem Treiben habe sie vierzehn Tage lang bei Tag und bei Nacht getobt, habe ohne Unterbrechung merkwürdigste Geräusche produziert – laute Schreie, intensives Stöhnen; sie habe Ringkämpfe durchführen wollen –, dabei gebissen und gewütet, Wäsche zerrissen und Geschirr zerschlagen.

«Ich bin verdammt!» ruft Anneliese in endlosen Wiederholungen. «Es gibt keine Rettung mehr!»

In der Bibel fällt die Sünderin (Lukas 7,36–50) vor Jesus auf die Knie, benetzt seine Füße mit ihren Tränen und küßt sie. Anneliese identifiziert sich mit der Sünderin. Was sie nicht in Worte fassen kann, das Abgründige ihrer Gefühle, das ganze Labyrinth ihrer Seele, zeigt sie durch Mimik und Gestik. Sie wird von Schuldgefühlen niedergedrückt, wirft sich vor ihrem Vater auf die Knie und will ihm die Füße küssen, damit er ihr vergebe. Josef Michel aber ist schockiert und wendet sich ab. Welche Schuld soll hier gesühnt werden? Was steht belastend zwischen Vater und Tochter? In sämtlichen schulischen Angelegenheiten ist Hauptgesprächspartner für ihre Tochter stets Anna Michel gewesen. Jetzt steht der Vater im Mittelpunkt der Aufmerksamkeit. Anneliese kämpft um seine Zuwendung.

Bis Ende Juli laufen die Rückmeldefristen für das kommende Wintersemester. In diesem Zustand scheint es undenkbar, daß Anneliese ihr Studium fortsetzen kann. Die Examensarbeit steht bevor, die Religionsstunde vom Mai muß nachgeholt werden, und im Fach Sport hat sie noch einige Übungen nachzuweisen. Außerhalb ihres Elternhauses herrscht Fröhlichkeit. Klingenberg feiert den Sommer mit einem großen Weinfest. Die frivolen Lieder erklingen wieder.

«Und ziehn wir zum Städtchen gar schön und fein,
Die Mädels sind blink und sind blank;
Kredenzen mit holdem Blick den Wein,
Der fröhlich uns macht, frei und frank!»

Alles geht zum Tanz, nur Anneliese weiß sich wieder ausgeschlossen. In Würzburg hatte sie durch Schreibversuche ihren widersprüchlichen Gefühlen Ausdruck gegeben. Nun versagen die Worte gänzlich. Den Eltern teilt Anneliese ihre innere Zerrissenheit durch verschiedene Symbolhandlungen mit. Diese vermag jedoch keiner aus der Klingenberger Hausgemeinde zu entschlüsseln. Anneliese jault wie ein Hund und verkriecht sich unter dem Küchentisch. Dort liegt sie stundenlang in gekrümmter Haltung. Auch dieses ungewöhnliche Verhalten ist eine Symbolhandlung, mit der sie ihrem Lebensgefühl Ausdruck zu verleihen sucht, eine Inszenierung ihres Gefühls, verdammt zu sein. Und natürlich kennt sie als Gymnasiastin Goethes Tragödie «Faust», wo der Teufel in Gestalt eines Pudels erscheint.

«Ich führe ein Hundeleben!» ruft sie.

Die Geschwister sind entsetzt, Anna Michel in Tränen aufgelöst, und auch Josef Michel weiß sich nicht mehr zu helfen. Mehrfach hat er versucht, Anneliese mit Gewalt unter dem Tisch hervorzuziehen. Nun bittet er Thea Hein telefonisch um Hilfe.

«Du mußt raufkommen», sagt er. «Die liegt unterm Tisch, und wir bringen sie nicht vor. Sie bellt ununterbrochen wie ein Hund.»

Es ist früher Vormittag. Thea Hein setzt sich sofort ins Auto. Bei ihren Wallfahrten nach San Damiano und nach Montichiari südlich des Gardasees zur Rosa Mistica und der Seherin Pierina Gilli hatte sie mehrfach Erfahrungen mit außergewöhnlichen Seelenzuständen machen können. Nun auf der Fahrt nach Klingenberg erinnert sich Thea Hein an einen Aufenthalt in Montichiari.

Während sie den Kreuzweg mit anderen Pilgern betet, vernimmt sie das Bellen eines Hundes. Sie ist irritiert, kann sich kaum auf das Gebet konzentrieren. Hunde haben an einem Wallfahrtsort nichts zu suchen! denkt sie. Das ist eine Entweihung des heiligen Ortes. Sie verläßt als erste den Kreuzweg und geht weiter in Richtung der kleinen Kapelle der Rosa Mistica, der geheimnisvollen Rose, wie die Muttergottes aus dem norditalienischen Erscheinungsort heißt. Seit 1947 teilt sie der Seherin Pierina Gilli Botschaften mit. Auch dieser Wallfahrtsort ist wie San Damiano vom zuständigen Ortsbischof nicht anerkannt worden. Wieder vernimmt Thea Hein das Bellen. Sie betritt die Kapelle.

Die erste Tür ist geöffnet. Dann folgt eine verschlossene Gittertür, und hinter ihr liegt auf dem Boden ein etwa siebzehnjähriges Mädchen, bellt und bellt. Thea Hein entdeckt zwei weitere Personen. Sie vermutet in ihnen den Bruder und die Mutter der jungen Frau. Beide stehen offenbar hilflos dem merkwürdigen Verhalten gegenüber. Wie das Bellen eines jungen Spitzes habe es sich angehört. Thea Hein verläßt die Kapelle, geht zu ihrer Pilgergruppe und informiert sie.

«Horcht, ihr braucht euch nicht zu erschrecken, da liegt ein Mädchen drin, ist besessen; ihr hört's ja, bellt und bellt ununterbrochen wie ein Hund.»

Für Thea Hein scheint der Fall eindeutig: Das Mädchen ist besessen, ihm muß geholfen werden. Dem Teufel aber, so glaubt sie, kommt man am besten durch Gebete bei. Das Gebet eines Bischofs zähle dabei mehr als das Gebet eines einfachen Priesters, das Gebet einer ganzen Pilgergruppe richte mehr aus als die Worte eines einzelnen. Mit zwei Bussen sind sie vom Main nach Italien gefahren.

«So ein Teufel», denkt Thea Hein und fühlt sich persönlich herausgefordert, «heut hab ich Zeit. Ich bin mit zwei Bussen da, und heut können wir fest beten. Wollen mal sehen, wer zuerst aufgibt: du oder ich!»

Die Pilgergruppe beginnt mit dem Gebet. Thea Hein fordert ein Mitglied ihrer Gruppe auf, Wasser aus der Heilquelle zu holen. Sie will dem Mädchen keine Erfrischung reichen, sondern sich mit Hilfe des Wassers überzeugen, ob ihre Vermutung zutreffend ist. Denn nach alter Vorstellung scheut der Teufel vor geweihten Gegenständen, Reliquien und Weihwasser zurück.

«Geht mal runter zur Quelle und holt einmal dem Mädchen einen Schluck Wasser zum Trinken, von dem Quellwasser, von dem Heilwasser», sagt sie.

Inzwischen hat die betende Gruppe aus Deutschland auch zahlreiche weitere Pilger angezogen. Man ist neugierig, was sich vor und in der Kapelle tut. Auch ein italienischer Priester ist zur Stelle. Er spricht kein Wort Deutsch, wie sich bald herausstellen wird. Denn ihm reicht Thea Hein den Becher mit Quellwasser. Der Priester aber schüttet das Wasser über dem Kopf des Mädchens aus. Da hört es zu bellen auf und fängt schrecklich laut zu kreischen an. Das gilt Thea Hein als Beweis für die Besessenheit der jungen Frau. Ein weiterer Nachweis der Besessenheit stellt sich sogleich ein: «In dem Moment fängt der Teufel an – aus dem Mädchen – und spricht deutsch in meinem Dialekt und putzt mich da zusammen vor meinen Pilgern nach Strich und Faden», erzählt Thea Hein. Der Teufel von Montichiari flucht im Klingenberger Dialekt, und er benutzt die Worte, die auch Anneliese bald aufgreifen wird, als sie sich von dem Dämon Hitler besessen glaubt.

«Du Drecksau, du dreckige!» schreit er. «Bist schon wieder hier unten! Bist schon wieder an dem Scheißloch! Dich mach ich kaputt! Ich tu dich vergiften! Vergasen tu ich dich!»

Thea Hein läßt sich nicht einschüchtern. Sie weiß, daß der

Teufel das Gebet nicht vertragen kann. «Freundchen», denkt sie deshalb, «heut bin ich mit zwei Bussen da. Wir haben Zeit zum Beten.» Sie ist entschlossen, den Kampf gegen diesen Teufel bis zur endgültigen Befreiung des Mädchens durchzuhalten. Ihre Pilgergruppe fordert sie auf: «Es wird jetzt ununterbrochen gebetet. Es wird gar nicht aufgehört. Wir beten jetzt den Rosenkranz. Wir wollen mal sehen, wer zuerst das Maul hält.»

Die hundertzwanzig deutschen Pilger beten über eine Stunde lang gegen das Wüten des bellenden Dämons. Dann endlich verstummt er. Das Mädchen liegt halb bewußtlos auf dem Boden. Der anwesende Priester spricht noch ein Gebet, dann wird das Mädchen von seinen Eltern ins Auto getragen. Zuerst fahren sie mit ihrem Kind fort, kommen jedoch nach einer Weile zurück, weil eine Handtasche am Quellheiligtum vergessen wurde.

Im Kampf gegen den Hundedämon zeigt sich Thea Heins resoluter Charakter, den so leicht nichts erschüttern kann. Nun kläfft der Teufel in Klingenberg. Thea Hein schellt an der Haustür und wird in die Küche geführt, wo Anneliese unter dem Tisch hockt und bellt. Thea Hein beugt sich hinunter.

«Anneliese, komm, geh raus, geh doch vor», sagt sie in ruhigem Ton.

Doch Anneliese kläfft und kläfft. Da greift Thea Hein zu dem bewährten Mittel, das sie bereits bei der ersten Begegnung mit Anneliese im Bus angewendet hatte. Sie nimmt das Kruzifix ihres Rosenkranzes und droht: «Im Namen der Heiligen Dreifaltigkeit! Jetzt gehst du aber da unten raus!»

Dreimal wiederholt sie den Befehl, dann kriecht Anneliese langsam hervor. Alle sind erleichtert und ratlos zugleich. Wie soll es nur weitergehen? Ein Priester müßte kommen. Doch Ettleben liegt weit weg. Aber Kaplan Roth, der Freund von Annelieses Seelsorger, wohnt in der Nähe. Durch Vermittlung von Thea Hein kommt Kaplan Karl Roth am Abend mit einem Reliquienkreuz. Seit dem Mittelalter werden Reliquien im Kampf gegen den Teufel und zur Heilung der Besessenen eingesetzt. Nun wird Roth von Herrn Michel ins Wohnzimmer geführt. Zuvor hatte ihn Annelieses Vater vor dem großen Gestank, den er in dem Zimmer bemerken werde, gewarnt. Zur Begründung gibt er an, Anneliese sei kurz vorher im Wohnzimmer gewesen. Roth will tatsächlich einen penetranten Jauchegestank und Brandgeruch wahrgenommen haben. Dann geht er mit Josef Michel in die Küche. Als Anneliese den Geistlichen sieht, rennt sie wild auf ihn zu, bleibt dann in etwa einem Meter Entfernung steif vor ihm stehen, wendet sich um, nimmt erneut Anlauf, springt wieder auf Roth zu und bleibt wieder sich verkrampfend stehen. Dann schreit sie: «Gehn Sie raus, Sie quälen mich!»

Anneliese kennt selbstverständlich die Bedeutung des Reliquienkreuzes, und sie weiß auch, wie Besessene beim Anblick des Heiligen reagieren oder nach Ansicht der Exorzisten zu reagieren haben. Sie hat die großen Fallgeschichten aus der Welt der Besessenen studiert und verhält sich rollenkonform.

«Quäle mich nicht!» (Markus 5,7) schreien die Dämonen aus dem besessenen Gerasener heraus, den Jesus durch sein machtvolles Wort heilen wird.

Vor Kaplan Roth zitiert Anneliese die Worte der biblischen Dämonen. Das ist wieder eine Symbolhandlung. Wie erlebt sich Anneliese in diesem Moment? Ist sie Zuschauerin ihrer selbst, handelt sie unter Zwang, beobachtet sie willenlos, welche Rolle sie hier spielen muß? Anneliese erfährt jetzt in ihrem Elternhaus einen Moment höchster Aufmerksamkeit. In der Rolle der Besessenen darf sie alles Verbotene sagen und tun, darf sie die Grenzen der katholischen Moral überschreiten. Auch außerhalb von Klingenberg werden Kräfte, die den Menschen in Besitz genommen haben, durch Rituale beschworen. Urschreitherapie und Wiedergeburt im Badezuber, Mysterientheater und das Orgienspiel der AAO setzen Verdrängtes und Vergessenes aus den untersten Schichten der Seele frei, um Menschen Heilung zu schenken. Doch fühlt sich der Heiler Kaplan Roth wie sein Freund Alt überfordert. Josef Michel bittet ihn, nicht aufzugeben. Seine Anwesenheit reizt Anneliese noch mehr, so will es die Regie des Exorzismusrituals. Wie bei der Begegnung mit Pfarrer Alt in ihrem Studienzimmer zerfetzt Anneliese jetzt wieder einen Rosenkranz. Die Familie bedrängt Kaplan Roth, seinen priesterlichen Segen zu spenden, doch kaum hat er das Kreuz erhoben, tobt Anneliese wieder, bückt sich, greift nach einem fünf Liter fassenden Kanister mit Weihwasser aus San Damiano und will ihn auf den Priester werfen. Kaplan Roth ist ebenso hilflos wie sein Freund Ernst Alt.

Nun haben sich alle damit abgefunden, daß Anneliese im nächsten Semester nicht nach Würzburg zurückkehren wird. Wieder gilt ein Jahr im Leben der Anneliese Michel als verloren. Doch als Josef Michel über das Wochenende 26./27. Juli nach San Damiano fährt, bessert sich Annelieses Zustand kurzzeitig. Mit Peter fährt sie am Sonntag hinaus in die Gegend von Röllbach. Hier gehen sie an der frischen Sommerluft auf einem Feldweg spazieren. Anneliese setzt Schritt vor Schritt. Ihre Gliedmaßen sind versteift. Seit Wochen hat sie das Haus nicht mehr verlassen. Schon denken Peter und sie ans Umkehren, da bleibt Anneliese plötzlich stehen, ist nicht mehr ansprechbar, kniet sich vor Peter hin. Dem ist die Situation peinlich. Wenn sie jetzt von einem Wanderer gesehen werden? Doch Peter wehrt Anneliese nicht ab und hinterfragt die Geste.

«Was machst du denn jetzt da?»

Anneliese reagiert nicht.

«Komm, steh auf.»

Anneliese ist in Trance. Ihr Blick richtet sich nach oben. Sie scheint etwas im Himmel zu sehen. Denn plötzlich erhebt sie sich, fällt Peter lachend um den Hals und sagt:

«Er ist weg! Ich bin frei! Ganz frei, wie noch nie!»

«Was war denn mit dir?» fragt Peter.

«Ich habe die Muttergottes gesehen. Ich bin frei. Es ist alles weg!»

Später sagt Anneliese, sie habe die Muttergottes nicht nur gesehen, sondern diese habe auch zu ihr gesprochen. Jetzt hat sie wie die Seherkinder von Fátima eine Marienvision gehabt.

«Du rettest viele Seelen und wirst wieder frei sein. Du wirst heiraten können, Kinder bekommen und sehr glücklich sein», soll die Maria von Röllbach ihr prophezeit haben.

Mit ihren Schwestern nimmt Anneliese am Weinfest teil. In Würzburg schreibt sie sich einige Tage später für das kommende Semester ein. Kurz danach erfolgt der Rückfall. Während eines gemeinsamen Einkaufs sagt sie zu Peter: «Ich glaube, es geht wieder los.»

Sogleich verspannt sich ihr Gesichtsausdruck, und sie hat wieder Schwierigkeiten zu laufen. Doch geht ihr Anfall in der Öffentlichkeit niemals weiter. Zuspitzungen und Eskalationen finden ausschließlich im verborgenen statt. Peter geleitet sie zurück ins Ferdinandeum. Für den Weg benötigen sie normalerweise zehn Minuten. Diesmal dauert er eine Stunde. Erst als sie wieder in ihrem Zimmer sind, wird sie aggressiv. Vor dem Kruzifix bleibt sie stehen, verkrampft sich und blickt ängstlich und zugleich haßerfüllt auf das Kreuz. Wieder sind ihre Gesichtszüge entstellt. Anneliese knirscht laut mit den Zähnen, so daß Peter Sorge hat, die Zähne könnten ausbrechen. Dann gibt sie merkwürdige animalische Laute von sich und knurrt wie ein gereizter Hund. Die Muster wiederholen sich. Wie Pfarrer Alt Anfang Juli sucht auch Peter Zuflucht im stillen Gebet. Anneliese bemerkt dies sofort und faucht Peter an, nicht weiter zu beten. Am Abend des 31. Juli fahren sie nach Klingenberg zurück.

Zu Hause dauern die Zustände an. Ihr Verhalten bleibt widersprüchlich. Phasen der Hingabe an das Gebet und zornige Reaktion auf alle geweihten Gegenstände wechseln ab. Anneliese klagt über Schlaflosigkeit, sie findet keine innere Ruhe mehr, weiß sich getrieben. Sobald sie im Bett liegt, hört sie eine laute innere Stimme rufen: «Raus aus dem Bett!»

Dann muß sie aufstehen und sich vor dem Kruzifix an der Wand niederknien. Stundenlang brüllt sie, unternimmt dabei tätliche Angriffe auf die Anwesenden, ringt mit ihnen und sagt, sie brauche das. Während dieses Ausnahmezustandes bleibt sie jedoch auf ihr Verhalten ansprechbar. Sie erklärt, sich nicht mehr unter Kontrolle zu haben, sie sei Zuschauerin ihrer selbst, habe keinen eigenen Willen mehr. Sie sei für immer verdammt.

Erneut wird Bischof Stangl über die Entwicklung des Falles informiert. Pfarrer Alt will ihn auch persönlich aufsuchen, doch im Bischöflichen Ordinariat trifft er nur Generalvikar Justin Wittig an, jenen Mann, der die Druckerlaubnis für Rodewyks Dämonenbuch gegeben hatte. Der Bischof weile im Urlaub, heißt es mal wieder. Immerhin erfährt Alt die Ferienanschrift, telefoniert mit Stangl und erhält die Erlaubnis, den Exorzismus über Anneliese zu beten. Gemeinsam mit seinem Freund Karl Roth kommt es am Sonntag, dem 3. August 1975, zu einer weiteren Begegnung mit Anneliese in ihrem Elternhaus.

Pfarrer Alt hat die bischöfliche Erlaubnis, den sogenannten kleinen Exorzismus vom 18. Mai 1890 nach Papst Leo XIII. zu beten. Dieser «Exorzismus gegen den Satan und die abtrünnigen Engel» wird mit einem Gebet zum Erzengel Michael eröffnet. Dann folgt der Angriff auf den Teufel, ein Psalmengebet (Psalm 68) mit erneuter Beschwörung, Gebet und einer abschließenden Besprengung des Ortes mit Weihwasser. Vorschriftsmäßig beginnt Pfarrer Alt in Anwesenheit von Annelieses Eltern mit dem Gebet zum Erzengel Michael. Den Text hält er in der Hand:

> **«Ergreife den Drachen,**
> **die alte Schlange,**
> **nämlich den Teufel,**
> **den Satan,**
> **und stürze ihn gefesselt in die Hölle,**
> **damit er nicht weiter**
> **das Menschengeschlecht verführe!»**

Anneliese beginnt zu wimmern und zu stöhnen. Pfarrer Alt eröffnet die Beschwörung:

> **«Im Namen Jesu Christi,**
> **unseres Gottes und Herrn,**
> **und durch die Fürsprache**
> **der Unbefleckten Jungfrau**
> **und Gottesmutter Maria,**
> **des heiligen Erzengels Michael,**
> **der heiligen Apostel Petrus und Paulus**
> **und aller Heiligen**
> **und gestützt auf die heilige Gewalt unseres Amtes,**
> **unternehmen wir voll Zuversicht den Kampf**
> **gegen die Angriffe des arglistigen Teufels.»**

Wieder knurrt Anneliese und ruft:

«Hören Sie auf! Es brennt!»

«Wo brennt es?»

«Im Rücken, auf den Armen!»

Pfarrer Alt zitiert Psalm 68 und hebt anschließend ein Kreuz in die Höhe.

«Seht das Kreuz des Herrn! Fliehet, ihr feindlichen Mächte!»

«Gesiegt hat der Löwe vom Stamm Juda, der Sproß Davids», stimmt die kleine Hausgemeinde mit ein.

«Deine Barmherzigkeit komme über uns, o Herr!» bittet Pfarrer Alt.

«So wie wir auf dich gehofft haben», antwortet die Gemeinde.

Dann hebt Pfarrer Alt wieder zur Beschwörung an. An den angegebenen Stellen macht er vorschriftsmäßig das Kreuzzeichen:

«Im Namen und in der Kraft unseres Herrn Jesus
† Christus,
beschwöre ich dich, unreiner Geist,
wer immer du bist,
jede satanische Macht,
jeden höllischen Feind,
jede teuflische Legion,
Schar und Rotte;
reiß dich los und entferne dich
von der Kirche Gottes und von den Seelen,
die nach Gottes Ebenbild erschaffen
und durch sein kostbares Blut erlöst wurden †.
Du listige Schlange,
wage nicht weiterhin,
das Menschengeschlecht zu betrügen,
die Kirche Gottes zu verfolgen
und die von Gott Auserwählten zu schütteln und zu sieben,
wie man den Weizen siebt †.»

Das Gebet reizt Anneliese immer stärker zum Widerstand. Sie geht auf den Geistlichen los und will ihm den Text aus der Hand schlagen. Doch Pfarrer Alt betet weiter.

Da ruft Anneliese inmitten des Gebetes wie einige Tage zuvor auf dem Feldweg bei Röllbach: «Ich bin frei!» Diesmal dauert das Gefühl der Befreiung nur einen Augenblick, dann tobt sie weiter. Pfarrer Alt führt das Gebet zu Ende, besprengt vorschriftsmäßig den Raum und sieht sich wie sein Freund Roth nach zwei Stunden in der Annahme bestätigt, daß Anneliese eindeutig besessen sei. Nach dem Besuch in Klingenberg informiert er Bischof Stangl schriftlich von der Durchführung des Exorzismus und fährt eine Woche später nach Italien in Urlaub.

In Klingenberg aber herrscht der Ausnahmezustand. Erneut hat Alt in ein Wespennest der Gefühle gestoßen, wieder läßt er Anneliese und ihre Familie allein. Josef Michel hat die folgenden Ereignisse vom August 1975 für Pater Rodewyk in seinem Brief vom 24. August 1975 protokolliert. Sie sollten dem Chefexorzisten als Grundlage für einen Antrag auf Genehmigung des großen Exorzismus durch Bischof Stangl dienen. Ergänzt wurden sie auf Wunsch Pater Rodewyks durch Notizen von Peter Himsel, die ihm dieser in seinem Schreiben vom 1. September 1975 übermittelt. Beide Augenzeugen berichten:

Anneliese rennt durch das Haus und ruft «Ich brenne!», «Ich muß Fliegen essen!», «Ich bin stolz!» und «Ich habe ein versteinertes Herz!». Immer wieder fällt sie auf die Knie und bittet ihren Vater um Vergebung. Sie hat das Gefühl, in der Hölle zu sitzen, und warnt deshalb Peter: «Nimm dich in acht vor mir. Ich ziehe dich in die Hölle!»

In ihrer schwankenden Seelenstimmung wechseln Gefühle des Erwählt- und des Verworfenseins. Mal sieht sie sich als Heilige, dann wieder als Verdammte. Während eines lichten Moments meint sie wieder eine Marienvision zu haben und ruft aus: «Muttergottes, bist du schön!»

In der Nacht zu Donnerstag, dem 7. August, erlebt Anna Michel, wie plötzlich das elektrische Licht zweimal aufblitzt. Das gleiche Phänomen wiederholt sich in den frühen Morgenstunden, als Josef Michel aufsteht. Hier leuchtet das elektrische Licht sogar dreimal kurz hintereinander auf. Anneliese behauptet, sie habe himmlische Stimmen vernommen. Diesmal habe Jesus zu ihr gesprochen und ihr den Vorwurf gemacht, sie bete nicht genügend. So spricht sie immer wieder das «Ave Maria» und fällt jedesmal bei der Nennung des Namens Jesu auf den Boden. Jetzt kehrt der Himmel der Kindheit wieder. Anneliese erklärt, sie spüre die Anwesenheit der Mama Rosa und des Paters Pio. Der stigmatisierte Pater Pio fordere sie zu strengerem Beten auf. Die verstorbene Schwester Martha und die Großmutter Michel sollen ebenfalls gegenwärtig sein.

Dann geht Anneliese wieder auf ihren Vater los, küßt, beißt und ohrfeigt ihn. Anschließend schlägt sie sich selbst. Sie blickt auf eine Abendmahlsdarstellung und identifiziert sich mit dem Verräter Judas, der Jesus mit einem Kuß verraten hat. Ihn imitierend küßt sie ihrem Vater die Hand. Josef Michel wird es wieder unheimlich. Er telefoniert am Abend des 7. August mit Pater Rodewyk. So bekommt dieser einen akustischen Eindruck von den Geschehnissen am Mittleren Weg 3. Pater Rodewyk sagt fernmündlich sein Kommen zu. Die folgenden Tage stehen nun im Zeichen der baldigen Begegnung zwischen Anneliese und dem Exorzisten.

Die Nacht zum Freitag, dem 8. August 1975, verbringt Anneliese auf dem Dachboden. Mehrfach steigt sie jedoch die Treppe hinunter, geht ins Schlafzimmer ihrer Eltern und rüttelt ihren Vater wach. Er spürt die Angst am ganzen Körper. Von den zahlreichen Stürzen und Selbstverletzungen ist Annelieses Körper voller Blutergüsse, die Knie sind stark geschwollen. Mit verzerrtem Gesicht springt sie wie ein Geißbock durchs Haus. Dann entkleidet sie sich und behauptet: «Die Muttergottes hat es angeordnet!» Nahrung nimmt sie nicht mehr zu sich. Josef Michel unterstützt seine Bitte an Pater Rodewyk noch einmal durch einen Brief:

«Komme zurück auf das gestern abend mit Ihnen geführte Telefongespräch und dürfte Sie nochmals bitten, bei unserer Tochter Anneliese demnächst vorbeizukommen.

Die anfallenden Kosten werden selbstverständlich bezahlt. Gerne würde Frau Hein Sie in Aschaffenburg am Bahnhof mit dem Auto abholen.

Im voraus schon meinen allerherzlichsten Dank.»

Am Samstag, dem 9. August, sagt Anneliese zu ihrem Vater: «Schau, die Oma steht da!»

Josef Michel ist verwirrt. Er poltert los. Seine eigene Mutter soll in der Mitte des Zimmers stehen? Unmöglich!

«Seht ihr sie denn nicht?» fragt Anneliese. Dann fordert sie ihren Vater auf, seine Mutter zu umarmen und ihr eine «Gute Nacht» zu wünschen.

Dieser Aufforderung zur symbolischen Versöhnung folgt eine zweite Geste: Anneliese verhält sich so, als empfange sie unsichtbar die Kommunion.

«Ich fühle die Hostie auf meiner Hand», sagt sie, nimmt die Hostie, führt sie zum Mund, kaut und versucht vergeblich, sie zu schlucken.

Kurz vor Mitternacht kämpft sie über eine halbe Stunde lang gegen einen unsichtbaren Gegner. Ihr Vater muß sie während dieses Ringens festhalten. Vor Schmerzen krümmt sie sich und sagt: «Die Muttergottes will, daß ich die ganze Nacht sühne!»

Die Bußübungen bestehen darin, daß sie Fliegen essen und ihren eigenen Urin trinken muß.

«Ich muß lauter Dinge tun, die ich sonst nie ausführen würde.»

Sie schlägt ihre Eltern, ihre Schwestern und auch Peter, spuckt ihnen ins Gesicht. «Ich muß das tun, weil ich euch gern habe!» lautet ihre paradoxe Erklärung. Sie will aus dem Fenster springen, setzt sich dann aber an das Klavier und spielt dissonante Tonfolgen, springt auf und versteift sich.

Josef und Anna Michel haben eine befreundete Familie eingeweiht und um ihr Gebet ersucht. Weil Annelieses Eltern seit Tagen keinen ruhigen Schlaf mehr gefunden haben, bieten die Freunde ihre Hilfe bei der Nachtwache an. Sie versprechen, am Wochenende auf Anneliese aufzupassen. Doch kurz vor der Abfahrt nach Klingenberg bekommt der Freund Herzbeklemmungen, glaubt selbst die kalte schweißtreibende Kralle des Teufels auf der nackten Brust zu spüren und sagt den Besuch ab. Wieder stehen Josef und Anna Michel ohne fremde Hilfe da.

Am Sonntag, als die meisten Klingenberger zur katholischen Messe gehen, spürt Anneliese erneut sexuelle Anfechtungen, die sie zu unterdrücken versucht: Sie beißt sich in den Arm, steckt sich eine Nadel in den Mund, drückt Nase und Mund so stark gegen den Boden, daß sie zu ersticken droht. In der Nacht zu Montag kommt sie etwas zur Ruhe, doch am nächsten Morgen um sechs Uhr umarmt sie wieder ihren Vater und will ihn küssen. Josef Michel gehen die Nerven durch. Anneliese sagt: «Der will sein Kreuz nicht tragen.»

Dann uriniert sie in die Küche, leckt die Pfütze wie ein Hund auf, schüttet eine Flasche mit San-Damiano-Weihwasser aus und reißt sich die Medaille mit dem Bild des Erzengels Michael vom Hals. Jetzt nimmt auch Josef Michel wieder paranormale Phänomene wahr: Er sieht zwei Mäuse durch die Küche rennen, am Wohnzimmerfenster sind plötzlich zwanzig dicke Fliegen. Als Anna Michel das Fenster öffnen will, um sie zu verjagen, sind sie plötzlich verschwunden.

Oben auf dem Dachboden sitzt Anneliese und leckt an den verrosteten Speichen eines alten Fahrrades, dann ißt sie Spinnen und beißt einem toten Vogel den Kopf ab. Peter will sie daran hindern, eine verschmutzte Unterhose in den Mund zu stecken, doch Anneliese reißt sich los und rennt mehrfach mit dem Kopf gegen einen Steinpfosten.

«Jetzt hast du wieder meinen Willen zerstört, und ich muß noch Schlimmeres tun!»

Sie berührt sich mit obszöner Geste, steckt die Finger anschließend in den Mund, saugt daran und erklärt dieses Tun als eine notwendige Bußübung:

«Das ist sehr schlimm für mich, aber ich muß es tun, damit ich nicht noch mehr gequält werde.»

Die Familie ist am Ende. Pfarrer Alt weilt unter der Sonne Italiens, auch der Bischof macht Urlaub, Kaplan Roth fürchtet sich vor einer neuen Begegnung. Eine Welle der Selbstzerstörung ist ausgelöst worden. Thea Hein aber gibt nicht auf. Pater Rodewyk muß sofort kommen! Am 11. August hatte sie sich telefonisch mit Pfarrer Herrmann, der ja Anneliese aus vielen persönlichen Gesprächen kannte und sie nicht für besessen gehalten hatte, in Verbindung gesetzt. Josef Michel telefoniert erneut mit dem Exorzisten Rodewyk. Er sagt sein Kommen für Mittwoch, den 13. August 1975, zu. Am Bahnhof von Aschaffenburg wird Pater Rodewyk, der in diesen Tagen sein goldenes Priesterjubiläum feiert, von Thea Hein und Pfarrer Eduard Herrmann empfangen. Dann fahren sie gemeinsam nach Klingenberg. Wenige Tage später schreibt Pfarrer Herrmann an Pater Rodewyk (31. August 1975):

«Ich war ganz überrascht und schockiert, als ich den Zustand der Anneliese sah. Jetzt ist es für mich klar, daß es ganz dämonisch ist. Nun müssen wir warten, bis Herr Pfarrer Alt aus dem Urlaub zurückkommt. Er muß sich der Sache annehmen. Ich bin mir der Schwere des Falles sehr bewußt, auch wenn die bischöfliche Erlaubnis gegeben ist. Ich habe nie die Absicht gehabt, den Exorzismus zu übernehmen – ich bin ja schwer herzkrank –, aber ich möchte nur helfen und die Vorbereitungen schaffen, soweit es in meiner Macht ist. Wenn wir Ihr fachmännisches Gutachten haben, fahre ich auch zum Bischof mit, wenn sich sonst niemand findet. Wenn Sie meine Hilfe in Anspruch nehmen wollen, bin ich bereit, denn jemand muß ja der schwergeprüften Familie helfen.»

Weder Pfarrer Alt noch Kaplan Roth oder Pfarrer Herrmann hatten jemals zuvor Berührung mit einem Fall von Besessenheit gehabt. Auch die Familie und Annelieses Freund Peter besaßen keine Vorstellungen von den Dimensionen, die der Fall nun annahm. Trotz der bereits geschehenen Eskalationen und der mißlungenen Beschwörungen durch Ernst Alt hofften doch alle, daß Anneliese mit zwei oder drei längeren Sitzungen geholfen sein würde.

Pater Rodewyk jedoch, in über fünfhundert Fällen erfahren, weiß genau, was nun bevorsteht. Von der Frankfurter Jesuitenhochschule Sankt Georgen aus wird er die Regie des Exorzismus aus dem Hintergrund bestimmen. Dabei ist er entscheidend geprägt durch seine Erfahrungen in einem anderen Exorzismusfall, über den er in seinem Buch «Dämonische Besessenheit heute» ausführlich berichtet. Es ist der Fall Magda, der jetzt gleichsam zum schaurigen Drehbuch für den Fall Anneliese Michel wird. Die Zusammenhänge erschließen sich nach einem kurzen historischen Rückblick:

Adolf Rodewyk arbeitet während des Zweiten Weltkriegs als Seelsorger in einem Standortlazarett in Trier. Hier begegnet er 1941 einer dreißigjährigen Krankenschwester, die nach seiner Diagnose von sieben Teufeln besessen ist. Einer der Teufel heißt Judas. Magda hat eine tiefe Abneigung gegen alles Heilige, stiehlt geweihte Oblaten (Hostien) und sticht mit einer feinen Nadel den Namen «Judas» hinein. Sie fügt sich tiefe, lange Schnittwunden zu und greift auch ihren Exorzisten an. Als verantwortlich für die aggressiven sado-masochistischen Tendenzen und antiklerikalen Affekte gelten die sieben Teufel, die Magdas Persönlichkeit in Besitz genommen haben sollen. Nach einiger Zeit glaubt Rodewyk ihre Namen ausfindig machen zu können: Sie lauten Beelzebub, Lucifer, Judas, Nero, Kain, Herodes, Barabbas und Abu Gosch.

Magda ist NSDAP-Spitzel, Rodewyk gehört der Gesellschaft Jesu an, die Hitler verboten hat. Vor seinem Eintritt in den Orden (1918) war Rodewyk aktiver Kriegsteilnehmer im Rang eines Offiziers. Den Zweiten Weltkrieg muß er aus der Etappe erleben. Die Teufelsaustreibungen im Trierer Standortlazarett sind sein Kampf gegen die satanischen Mächte der Zeit. Deshalb versteht er den Fall Magda als Gleichnis der religiösen Lage der Gegenwart, den kleinen Kriegsschauplatz ihres Leibes betrachtet er als Abbild des großen, von Hitler besessenen Volkskörpers. Während einer exorzistischen Sitzung spricht Beelzebub den Zusammenhang direkt an: «Was du an Magda siehst, ist Symbol der Zeit. An ihr siehst du im Kleinen, was draußen im Großen vorgeht. Die Teufel, die dir in ihr begegnen, beherrschen mit ihrem Geist das Zeitgeschehen, jeder in seiner Weise.»

Hier liegt ein Schlüssel zum Verständnis des Phänomens der Besessenheit. Unabhängig davon, ob man an die Möglichkeit einer echten Inbesitznahme des Menschen durch satanische Mächte glaubt oder nicht: Jeder Besessene ist auch ein Symbol der Zeit, in der er lebt und an der er leidet. Der Besessene ist hochsensitiv, die Pforten der Wahrnehmung sind bei ihm weit geöffnet, so daß es zu einer Reizüberflutung der Seele kommt.

Teufelsaustreibungen sind immer Machtkämpfe. Durch das inquisitorische Verhör der Teufel gewinnt Pater Rodewyk einen strategisch wichtigen Einblick in die Organisation der höllischen Kampftruppe. Nach alter kirchlicher Lehre gliedert sich der Himmel in neun Engelschöre, wobei der erste Chor als der höchste gilt. Je näher ein Engel an der göttlichen Mitte sitzt, desto bedeutender sein Rang. Ein Teufel vom Range Lucifers stammt natürlich aus dem ersten Chor, der Teufel Kain dagegen eindeutig aus dem untersten Chor. Lucifers Rebellion war eine Chefsache, sie glich einer Palastrevolution, weshalb Gott den stärksten der treuen Engel, Michael, auf ihn ansetzte, während Kain lediglich für einen vergleichsweise unbedeutenden Brudermord verantwortlich zeichnet.

Je höher der ehemalige Rang unter den Engeln, desto größer die Strafe für den gefallenen Engel. Kain hat daher weniger zu leiden als Lucifer. Noch in der Hölle ist der ehemalige Rang des gefallenen Engels erkennbar. General bleibt General – auch in der Gefangenschaft. Die Hölle ist für Rodewyk die «Strafkompanie der Ewigkeit», und «Lucifer, der degradierte General, leitet sie auf Grund seiner Fähigkeiten; er gibt Befehle, weist Aufgaben zu».

Auf den Bildern der großen Künstler des Abendlandes wird Judas meist mit einem Geldsäckchen in der Hand dargestellt. Schon in der Bibel konnte das Motiv der Habsucht die Tat des Judas nicht erklären. Hier im Fall der Krankenschwester Magda wirkt es noch weniger überzeugend. Denn Magda zeigt keine Anzeichen von Geldgier oder Besitzstreben. Judas «war vielmehr der Teufel des Verrates und der Sakrilegien, der Magda zum Austritt aus der Kirche trieb und zu den ständigen Hostiendiebstählen».

Eingefahren war Judas in Magda drei Tage vor der ersten heiligen Kommunion, und er blieb in ihr bis zum Lebensende (15. Dezember 1954). Pater Rodewyk gelang es, Magda von vielen Teufeln zu befreien. Warum ausgerechnet Judas nicht weichen wollte, hatte einen geheimen Grund, denn er war auch Ausdruck der höchst ambivalenten Liebe zwischen dem Priester und der

Krankenschwester. Magda trug einen Ehering, den ihr Rodewyk geschenkt hatte. Mehrfach hatte sie versucht, ihrem Seelsorger mit einem Rasiermesser oder Skalpell Arme und Gesicht zu zerschneiden oder ihn mit Strychnin zu vergiften. Sie setzte ihm mit Besenstiel, Beil, Schere oder Messer zu. Ein Schnitt mit dem Rasiermesser verletzte Rodewyk am rechten Zeigefinger, ein weiterer tiefer Schnitt mit dem offenen Rasiermesser auf dem linken Handrücken zerschnitt eine Ader, durchtrennte eine Sehne und riß eine weitere an. Sich selbst fügte Magda über siebenundachtzig Wunden zu, über die Pater Rodewyk ausführlich berichtet. Die Größe der Schnitte schwankte zwischen zwei und zehn Zentimetern Länge und 0,5 bis 2,5 Zentimetern Tiefe. Im ersten Jahr der Besessenheit stellte ein Arzt mit dem Stechzirkel die Länge der Narben fest. Die Schnittlänge der Wunden an Armen und Händen ergab zusammen 57,9 cm, an Brust und Leib 43,9 cm, an den Beinen 99 cm, zusammen also 200,8 cm. Rodewyk deutet die Schnitte als Sühneleiden. Lieben und Leiden, die Liebe und der Haß liegen nahe zusammen. Das gilt für die Teufel wie für den Exorzisten und die Besessene. Magdas Hauptteufel war ein großer Liebender, der den Kuß zu seinem Symbol wählte, und auch bei Lucifer spürt Rodewyk, «daß der Haß, mit dem er jetzt dem Nazarener gegenüber steht, eine Liebe zur tiefsten Grundlage hat, die einst voller Bewunderung und Hingabe war».

Nun, zwanzig Jahre nach Magdas Tod, steht der alte Exorzist am Nachmittag des 13. August 1975 um vier Uhr auf einem Bahnsteig des Aschaffenburger Bahnhofs. Thea Hein und Pfarrer Herrmann begrüßen ihn, begleiten ihn zu Thea Heins Wagen und fahren ihn nach Klingenberg. Unterwegs gibt Pater Rodewyk eine kurze Einführung in das Exorzismusritual. Kaum hat er das Haus der Michels betreten, öffnet sich die Küchentür einen Spaltbreit, und Anneliese schaut hervor. Sie ist über den Besuch nicht informiert worden, kennt also den fremden Ordensmann nicht. «Der Pater Rodewyk», erinnert sich Thea Hein, «der hat uns dann erklärt, wie man sich verhalten soll, wenn man Besessenen gegenübersteht, vor allen Dingen dann, wenn er jetzt den Teufel anspricht.»

Während Anneliese in der Küche wartet, läßt sich Pater Rodewyk im Wohnzimmer über den aktuellen Stand der Ereignisse informieren.

«Heute morgen erst steckte Anneliese ihren Kopf in die Toilettenschüssel und ließ das Wasser laufen», sagt Josef Michel.

«Was soll denn das schon wieder!» habe ihr Mann daraufhin gerufen, ergänzt Anna Michel. «Und wissen Sie, Herr Pater Rodewyk, was Anneliese antwortet? Sie sagt: ‹Ich muß Demut zeigen.› Die Muttergottes habe ihr gesagt, sie sei verdammt, weil sie ihr Kreuz nicht aufgenommen habe. Sie hätte eine Heilige werden können! Von unsichtbarer Hand bekommt sie Stöße, die sind so stark, daß sie gegen die Wand fliegt.»

«Dann ist sie in den Waschkeller gelaufen», fährt Josef Michel fort, «hat sich mit ihren Kleidern in den Waschtrog gesetzt, Wasser hineinlaufen lassen, ist dann wieder rausgesprungen, hat sich im Kohlenkeller gewälzt und anschließend mit den Kleidern ins Bett gelegt.»

Josef Michel berichtet auch von den wiederholten Versuchen seiner Tochter, ihn zu küssen, und daß sie immer wieder den Judas auf dem Abendmahlsbild anschaue. Der Name Judas läßt Pater Rodewyk aufhorchen, doch er geht weiterhin mit großer Gelassenheit an den Fall. Er hat keine Angst wie Pfarrer Alt oder Kaplan Roth, jedes Eiferertum und alle Hektik sind ihm fremd. Seiner Rolle sicher und auf die Autorität seiner Stimme vertrauend, braucht er auch kein großes Aufgebot von Reliquienkreuzen und Weihwasserkanistern, keinen Beistand des Paters Pio oder der Mama Rosa. Die Mitglieder der kleinen Hausgemeinde mahnt er sogar, keine voreiligen Schlüsse zu ziehen. Für Besessenheit gebe es eindeutige Merkmale, damit der Priester echte Besessenheit nicht etwa mit einer geistigen oder seelischen Krankheit verwechsle. Pater Rodewyk zählt sie auf:

1. Der Mensch müsse eine ihm unbekannte Sprache sprechen oder verstehen,

2. hellseherische Fähigkeiten besitzen, Gedanken lesen oder Auskunft geben können über Geschehnisse an einem fernen Ort und

3. über außergewöhnliche Körperkräfte verfügen.

4. Beim Verhör durch den Exorzisten müsse der Dämon in dem Menschen wahrheitsgemäße Auskunft geben.

Während Pater Rodewyk seine Einführung in den Exorzismus gibt, kommt Anneliese plötzlich aus der Küche ins Wohnzimmer gesprungen, stürzt sich auf den Exorzisten, gibt ihm eine kräftige Backpfeife und verschwindet wieder in die Küche. Den Eltern ist Annelieses Angriff peinlich, doch Pater Rodewyk ist nicht zu erschüttern. Nicht Anneliese, sondern der Dämon habe ihn erkannt und deshalb angegriffen. Angriffe des Dämons seien die Regel, deshalb werde es wichtig sein, daß zwei starke Männer Anneliese während des Exorzismus festhalten, um sie selbst und die Anwesenden vor den Attacken zu schützen. Zwei Merkmale für Besessenheit lägen bei Anneliese eindeutig vor, nun fehle der Nachweis des wichtigsten: Der Dämon in Anneliese müsse zu sprechen anfangen, denn nur wenn er spricht, kann er auch verhört und vertrieben werden. Das ist im alten Exorzismus nicht anders als in der Freudschen Psychoanalyse.

Anneliese habe bereits öfter mit merkwürdig verzerrter Stimme gesprochen, erinnert sich Peter Himsel. Damals in ihrem Würzburger Studierzimmer zum Beispiel, als Pfarrer Alt einen Probeexorzismus gesprochen hatte, habe sie mit schauriger Stimme gerufen: «Peter raus!»

Pater Rodewyk läßt nun Anneliese ins Wohnzimmer bringen. Anneliese zeigt zuerst ihre Abneigung gegen den Exorzisten, doch dann setzt sie sich bereitwillig ihm gegenüber. Der alte Geistliche ergreift Annelieses schmale Hände und hält sie ruhig und lange fest. Auf seinem Handrücken ist noch immer die alte Narbe zu sehen, die Magda ihm mit einem Schnitt zufügte. Er blickt auf Annelieses Finger. Vielleicht denkt er an Magda und den Ehering, den er ihr einst geschenkt hatte. Er wählt seine Anrede mit Bedacht.

«Du bist also die», begrüßt er Anneliese. Das Wort «Besessene» spricht Rodewyk sowenig aus wie Annelieses Vornamen. Der Exorzist sucht gleichsam nach dem Gesprächspartner. Wen soll er ansprechen? Die junge Frau oder den Dämon?

Anneliese antwortet: «Ich bin also die, zu der Sie wollen.»

Pater Rodewyk überlegt, von welchem Dämon Anneliese besessen sein könnte. Bei Magda waren es Kain, Herodes, Barabbas, Judas, Abu Gosch, Nero, Beelzebub und Lucifer gewesen. Anneliese wollte immer wieder ihren Vater küssen. Gebannt schaute sie auf das Bild des Mannes, der Jesus mit einem Kuß verraten hat: Das könnten Indizien dafür sein, daß sie von Judas, dem Dämon der enttäuschten Liebe, besessen ist, Judas, gegen den er bereits einmal gekämpft hatte, den er also kennt. Es könnte aber auch Lucifer sein, weil Anneliese von dem Gefühl der Überheblichkeit in ihrer Seele gesprochen habe. Rodewyk tippt auf Judas, den Dämon der enttäuschten Liebe.

«Na, Judas», sagt Rodewyk, «wir zwei, wir kennen uns doch so lange. Du brauchst dich gar nicht zu verstecken. Du kannst ruhig Antwort geben.»

Anneliese schweigt. Alle schauen gebannt auf sie. Vielleicht ist es doch Lucifer?

«Na, Judas, wir zwei kennen uns doch!» wiederholt Rodewyk.

Wieder schweigt Anneliese.

«Du brauchst dich nicht verstecken, du kannst ruhig Antwort geben, Judas. Du bist doch da. Wir kennen uns doch, wir zwei.»

In dem Moment schreit Anneliese so laut und mit derartig verzerrter Stimme, daß alle überzeugt sind: Das ist nicht mehr Anneliese, die hier kreischt, hier tobt der Dämon, und es ist nicht irgendein namenloser, sondern der Verräter, der Christus ans Kreuz geliefert hat: Judas ist in Anneliese! Anna Michel wird vom Grauen gepackt und rennt weinend aus dem Haus, die Geschwister schreien, Pfarrer Herrmann blickt atemlos auf Pater Rodewyk. Der aber bleibt Herr der Lage und nimmt den Dämon ins Kreuzverhör. Dabei wehrt sich Anneliese so stark, daß sie von Peter Himsel und ihrem Vater festgehalten werden muß.

«Ich hasse dich!» schreit sie.

Dann versucht sie Pater Rodewyk und Thea Hein zu küssen und zu schlagen. Rodewyk spricht Gebete aus dem großen Exorzismus:

«Im Namen unseres Herrn Jesus † Christus
beschwöre ich dich, unreiner Geist,
jede feindliche Macht, jedes Gespenst:
reiße dich los und weiche von diesem Geschöpf Gottes †.»

«Exorcizo te, immundissime spiritus,
omnis incursio adversarii,
omne phantasma,
omnis legio,
in nomine Domini nostri Jesu † Christi eradicare,
et effugare ab hoc plasmate Dei.»

Auf Annelieses labyrinthische Seele, die sich als zerrissen und von Schuldgefühlen zerrieben erfährt, die zwischen Haß und Liebe zu ihrem Vater schwankt, die ihrem Leben ein Ende bereiten will, wird sich dieses Ritual verheerend auswirken. Die inquisitorischen Verhörmethoden verstärken ihre Schuldgefühle. Eine schreckliche Satansbeschimpfung folgt der nächsten. Unter ihr muß die verlorene Seele endgültig zusammenbrechen.

Nachdem Pater Rodewyk das Haus wieder verlassen und Anneliese sich beruhigt hat, sagt sie zu ihrem Freund, man solle nicht mehr für sie beten, besonders keinen Exorzismus: «Dies macht alles noch viel schlimmer. Das ist, als ob man in ein Wespennest sticht!»

Wieder verkriecht sie sich unter dem Tisch, drückt ihr Gesicht auf den Boden und betet bis Mitternacht acht Rosenkränze. Ihre Eltern sollen für sie dreißig gregorianische Messen lesen lassen.

Mariä Himmelfahrt, das höchste Marienfest steht bevor, Anneliese verweigert neben der festen Nahrungsaufnahme auch jedes Getränk. Sie magert ab, dann schlingt sie wieder Nahrung in sich, muß sich übergeben und ißt erneut Unmengen an Äpfeln und Bananen, schreit: «Habt ihr nichts zu fressen?» Neben diese typischen Symptome der Bulimie treten aggressive Ausbrüche gegen ihre Eltern und ihren Freund. Der Vater versucht sie mit Zwieback aus San Damiano zu versorgen, Anna Michel spricht – von der Morgenmesse zurückkommend – einen Fluch gegen den Teufel: «Weiche, Satan!»

Anneliese reagiert: «Halt doch dein Maul, du Arschloch, sonst wird es ja noch schlimmer!»

In der Nacht kniet sie auf dem Fußboden und betet ununterbrochen: «Ich glaube an Gott, den Allmächtigen, den Schöpfer des Himmels und der Erde!» Dann steigt sie wieder in den Waschbottich im Keller und steckt sich Kohlen in den Mund. Auch die sexuellen Ausbrüche stellen sich wieder ein. Sie will ihrem Vater die Füße küssen und entkleidet sich, dann ohrfeigt sie ihn. Ihre Aggressionen richten sich auch wieder auf religiöse Gegenstände: Ein Kruzifix zerschlägt sie am Bettrand, eine Muttergottesstatue wirft sie auf den Boden. Dann schläft sie wieder auf dem Dachboden.

Verzweifelt und doch vergeblich versucht Roswitha ihre Schwester wieder ins Bett zu holen. Da sie Anneliese nicht von ihrem Willen abbringen kann, breitet sie eine Wolldecke als Unterlage auf dem schmutzigen Dachboden aus und legt sich selbst in einem Schlafsack unter die Speichertreppe. Zur Nachtruhe findet sie nicht, da Anneliese beinahe ohne Unterbrechung von innerer Unruhe getrieben auf dem Speicher brüllend herumläuft. Anschließend liegt sie tagelang im Bett und hat mehrfach Harnabgang. Peter versucht sie zu trösten: «Bald wird dein Leiden ein Ende haben.»

Anneliese nickt.

«Glaubst du, daß du es durchstehen wirst?»

Erneut nickt Anneliese. Jetzt liegt sie wieder auf dem Fußboden. Nachts kann sie vor Angst nicht schlafen, geht ins Schlafzimmer ihrer Eltern, ist selbst wieder ein kleines Kind und schläft dort. Tagsüber schweigt sie.

«Hast du dich aufgegeben?» fragt Peter.

Wieder nickt Anneliese und dämmert stundenlang in Apathie dahin. Peter spricht von San Damiano. Dreimal waren sie gemeinsam dort. Thea Hein ist jetzt wieder zur Mama Rosa gefahren und hat ihr von Annelieses Leiden berichtet.

«Die Anneliese ist ein Marienkind!» habe Mama Rosa gesagt. Doch Anneliese schüttelt verneinend ihren Kopf, will aber, daß Peter den Ausspruch immer wieder zitiert. Sie ist nicht wie die

Seherkinder von Fátima eine Erwählte, sie ist keine Heilige, sie ist eine Verfluchte. In den Himmel wollte sie einst kommen, jetzt erlebt sie die Hölle auf Erden.

«Ich weiß jetzt», sagt sie, «daß ich verflucht worden bin. Hätte ich aber mein Kreuz angenommen, wäre inzwischen alles vorbei.»

«Geht es dir denn etwas besser?»

«Mir geht es nicht besser, es ist nur anders. Aber ich glaube, es wird noch viel schlimmer. Es ist Zeit, daß etwas für mich unternommen wird.»

«Soll Pater Rodewyk für dich beten?»

«Wenn ich den Namen Rodewyk höre, geht es mir sofort noch schlechter!» sagt Anneliese entschieden.

Dann, am Mittwoch, dem 28. August, beginnt sie plötzlich wieder für die nächste Prüfung zu lernen.

«Ich werde meine Prüfung machen, und wenn ihr glaubt, ich schaffe es nicht, dann kennt ihr mich schlecht.»

Tatsächlich wird Anneliese sämtliche theoretischen und praktischen Prüfungen bestehen und ihre Examensarbeit noch kurz vor ihrem Tod vollenden. Aber mit beidem, den bestandenen Prüfungen und dem Tod, rechnet noch niemand im Hause Michel. Das Lernen fällt Anneliese schwer. Wenn sie liest, kann sie den Stoff nicht so weit durchdringen, daß sie ihn in eigenen Worten erklärend wiedergeben kann. Deshalb lernt sie alles auswendig. Wie zur Zeit des Abiturs stellen sich erneut die Stimmen ein, die endlos wiederholen:

«Du bist verdammt!
Du bist verdammt!
Du bist verdammt!»

«Ja, Anneliese, aber wer sagt das denn zu dir?» fragt ihr Freund.

«Das sagt mir dauernd jemand.»

«Ja, wer?»

«Jemand.»

«Aber warum bist du verdammt?»

«Ich hätte mehr beten müssen. Ich bin selbst daran mitschuldig.»

Dann spricht Anneliese über den Beginn ihrer Besessenheit während der Pubertät. Sie sei etwa dreizehn Jahre alt gewesen.

«Ich hatte oft Angst, die eigentlich unbegründet war, und war deshalb oft schweißgebadet. Ich hatte immer dunkle Vorahnungen und mußte schon damals an Neujahr oder meinem Geburtstag immer weinen, da ich immer Schlimmes auf mich zukommen sah. Bereits 1973, als ich Abitur machte, hatte ich den Gedanken, verdammt zu sein.»

Peter und Anneliese sprechen auch offen über die Geistlichen. Annelieses Urteil über Pater Rodewyk ist eindeutig negativ. Sie, die selbst von Angstzuständen heimgesucht wird, spürt in Pfarrer Alt eine verwandte Seele. Am 18. August hatte Josef Michel in seiner Verzweiflung ein Telegramm nach Italien geschickt, wo Pfarrer Alt seinen Urlaub verbrachte: «Bitte Urlaub unterbrechen. Sofort kommen. Rodewyk war da und erwartet Sie. Unsere Kraft ist am Ende.»

Pfarrer Alt aber reagiert nicht auf das Telegramm. Er hatte Anfang Juli als erster in das Wespennest von Annelieses Seele gestochen und während der Zeit ihrer dramatischen Krise in Italien Urlaub gemacht. Erst am 6. September kommt er wieder in seine Pfarrei nach Ettleben zurück. Seine Beziehung zu Anneliese ist seit Beginn durch Einfühlungnahme geprägt. Wie sie spürt er dämonische Angriffe, riecht den Gestank, kann auf dem Stuhl, den Anneliese benutzt hat, tagelang nicht Platz nehmen, und als er San Damiano besucht, wahrscheinlich während seines Italienurlaubes, erlebt er Annelieses Zustände auch hier an Körper und Seele nach.

«Ich wollte einige Aufnahmen von dem Ort machen», berichtet er. «Aber als ich etwa zehn Meter von dem Gärtchen entfernt war, konnte ich nicht mehr gehen. Ich war wie gelähmt, die Beine gehorchten mir nicht mehr ... Der Film riß im Fotoapparat, und in der Filmkamera transportierte der Film nicht. Ich hatte am ganzen Körper das Gefühl, als ob ich mit Brennesseln geschlagen worden wäre. Es brannte ungeheuer.»

Das sind genau die Symptome, die auch Anneliese immer wieder zeigt. Pfarrer Alt spricht von Infestationen, also dämonischen Angriffen. Als er in das «Heiligtum» von San Damiano eintritt, «war es mir plötzlich, als ob die Erde bebte. Mein ganzer Körper bebte mit, wie wenn man in ein Feld gerät, das unter elektrischem Strom steht ... Das Beben breitete sich über den ganzen Körper aus, es war erschütternd, es hat mich innerlich irgendwie gewandelt, ergriffen.»

In jenem Gespräch vom 28. August 1975 sagt Anneliese, Pfarrer Alt sei ihrer Erfahrung nach nicht stark genug, den Exorzismus zu sprechen. «Kaplan Roth ist stärker, das fühle ich, wenn er in meiner Nähe ist.» Peter gesteht sie auch die Haßgefühle, die sie gegen die Muttergottes und ihn während der letzten Tage gehabt habe. Jetzt liebe sie ihn wieder. Doch bald schwankt ihre Stimmung wieder. Nachts sucht sie erneut Zuflucht im Schlafzimmer ihrer Eltern. Am folgenden Nachmittag sagt sie zu Peter, sie sei überzeugt, sämtliche Krankheiten, die sie seit ihrer Mittelberger Zeit gepeinigt hätten, seien dämonischen Ursprungs gewesen. Nun aber wolle sich der Teufel in ihr wieder zurückziehen. Das sei eine List, damit niemand Anneliese Glauben schenke und alle annähmen, sie spiele ein böses Spiel. Bezeichnenderweise spricht Anneliese nicht wörtlich vom Teufel, sondern benutzt eine Umschreibung.

«Der Andere will sich wieder verkriechen, damit es so aussieht, als ob es mir gutgeht. Das ist schlimm für mich, da mir dann wieder niemand glaubt.»

Anneliese erholt sich rechtzeitig zu Semesterbeginn. Niemand hatte damit mehr ernstlich gerechnet. Doch das Erlebnis ihrer Wiederherstellung wird alle Beteiligten auch bei der letzten Krise acht Wochen vor Annelieses Tod glauben machen, daß sie wieder gesunden werde. Die schaurigen Ereignisse vom August 1975 machen nun endgültig aus der kleinen Gruppe der Eingeweihten eine verschworene Gemeinschaft, die alles unternimmt, damit Annelieses Zustand nicht publik wird. Dennoch stellen sich Fragen: Haben die Nachbarn Annelieses Schreie nicht gehört? Merkte der Hausarzt nicht, was in der Familie vorging? Dachte der Ortspfarrer nicht darüber nach, warum Anneliese während der Semesterferien nicht zur Messe ging? Die Würzburger Ärzte und der Heimleiter des Ferdinandeums: Waren sie alle mit Blindheit geschlagen? Und vor allen Dingen der Bischof, der über den Stand der Entwicklung regelmäßig informiert wurde: Warum half er nicht?

In Klingenberg warten alle auf die Rückkehr von Pfarrer Alt. In der zweiten Septemberwoche wollen sich sämtliche Geistliche, die in den Fall eingeweiht sind, im Aschaffenburger Pfarrhaus der Muttergottespfarrei treffen, um abschließend zu beraten. Zur Vorbereitung seines Abschlußgutachtens hatte Pater Rodewyk am 3. September Josef Michel schriftlich aufgefordert, einen kleinen biographischen Abriß der Lebensdaten seiner Tochter zu verfassen. Am 5. September schreibt Annelieses Vater an Pater Rodewyk. Der Brief zeigt Annelieses religiöse Entwicklung von der Kindheit bis zum Erwachsensein auf. Die mit dem Zeitpunkt der Reifeprüfung sichtbar werdenden antiklerikalen Affekte und der Glaubensverlust werden nicht als Prozeß der Befreiung oder Läuterung von überkommenen religiösen Vorstellungen gedeutet, sondern als dämonische Attacken. Diese hätten sich «insbesondere im Theologieunterricht sowie in der Katechese wegen dauernder Belästigung der Dämonen» gezeigt:

«Seit dem Frühjahr 1973 klagt sie, daß sie trotz Anstrengung nicht mehr beichten könne und daß sie sich in der Kirche nicht mehr wohl fühle. Die Muttergottes würde gräßlich aussehen, und sie könne kaum mehr die Meßgebete dort verrichten. Auch die Haltung ihres Körpers war auffallend steif.

Sie sagte uns auch immer, sie könne den Rosenkranz nicht mehr beten, sie könne die Worte nicht sprechen. Nach mehreren Monaten hat sich dann mal der Zustand gebessert, so daß sie auch wieder beichten und kommunizieren konnte. Aber seit den letzten 3–4 Monaten ist dies unmöglich geworden. Sie kann auch keine Kirche mehr besuchen.»

Pater Rodewyk fertigt unter dem Decknamen «Anna Lieser» ein fünfseitiges Gutachten über Anneliese an, das er auf der kleinen Priesterkonferenz im Pfarrhaus Unserer Lieben Frau in Aschaffenburg vorträgt und Pfarrer Alt zur Weitergabe an den Bischof überreicht. In der zweiten Septemberwoche findet das

Treffen zwischen Pater Rodewyk, Kaplan Roth und den Pfarrern Alt, Habiger und Herrmann statt. Pater Rodewyk trägt sein Gutachten vor. Er schildert den Ausnahmezustand vom August 1975 und faßt zusammen: «So benimmt sich doch kein vernünftiger Mensch, von dem ärztlich feststeht, daß er gesundheitlich ganz normal ist.»

Dann nennt er die entscheidenden Kriterien für seine Besessenheitsdiagnose: «Was berechtigt nun zu der Auffassung, es handele sich hier um dämonischen Zwang, ja um dämonische Besessenheit? Darauf weisen zwei Dinge hin: die Reaktion auf den Exorzismus und 2. die Reaktion auf heilige und geweihte Dinge. Mit einem Wort könnte man sagen, es ist Angst und Ablehnung.»

Nach einer Zusammenstellung von Annelieses antiklerikalen und antireligiösen Affekten schreibt Pater Rodewyk: «Die Reaktion auf den Exorzismus geschah in einer für Besessene geradezu klassischen Form.» Anschließend kommt er auf Judas zu sprechen:

«Dann bleibt als letzte Frage noch die nach dem Teufel, der von ihr Besitz ergriffen hat. Mehrfach befragt, gab Anneliese immer wieder den Namen ‹Judas› an. Er ist aus der Geschichte der Besessenheit wohl bekannt und hat in neuester Zeit, z. B. in dem ‹Fall Magda›, die Besessene immer wieder dadurch zu Hostiendiebstählen angetrieben, daß er sie wohl an die Kommunionbank gehen ließ, ihr dann aber das Schlucken unmöglich machte, so daß Magda dann die Hostie aus dem Mund nahm. Gelegentlich ließ sie aber auch die Hostie ganz im Mund zergehen. Bei Anneliese finden wir etwas Ähnliches. Sie hat selbst gesagt, daß sie einmal kommuniziert habe, die Hostie aber nicht schlucken konnte und sie deshalb im Mund zergehen ließ. Das würde auf den Einfluß eines Teufels Judas hindeuten. Es kommt noch etwas anderes hinzu: die plötzliche Tendenz zu küssen. Wichtig ist hierbei der Gesichtsausdruck, der keineswegs so ist wie bei einem anderen Mädchen, das jemand küssen will, sondern einen feindlichen Ausdruck verrät, wie wir ihn auf Bildern oft bei dem Judaskuß sehen. Er würde hier ins Bild passen.

Das Ergebnis wäre also: Anneliese ist besessen, und zwar ist der Hauptteufel ein Judas. Hinter dieser Formulierung steht noch der Gedanke, daß noch andere Teufel, Nebenteufel, dasein können. Als ein Priester Anneliese darauf stellte, schien sie durch ein leichtes Nicken anzudeuten, daß das stimmt. Vorerst bleibt das aber noch eine Hypothese. Das müßte also noch geklärt werden.

Was fehlt noch? Bislang haben die Teufel aus Anneliese noch nicht gesprochen, sondern sich als ‹Stumme Teufel› verhalten. Bleibt das so, dann würde das wohl kaum möglich sein, genauere Klärung zu erhalten. Das Rituale Romanum setzt aber durchaus den Fall voraus, daß die Teufel aus den Besessenen reden, und es verlangt, daß ihnen dann bestimmte Fragen vorgelegt werden, die sie wahrheitsgemäß beantworten müssen. Es sind Fragen, die sich auf die Klärung des ganzen Falles beziehen.

Eins steht wohl fest: Man muß versuchen, dem Mädchen so schnell wie möglich zu helfen. Es muß also ein Priester beauftragt werden, der den Fall übernimmt, das klärt, was noch zu klären ist, und dann die Exorzismen vornimmt, wobei ihm unter Umständen andere Priester zur Seite stehen können.»

Einen geeigneten Priester glaubt Kaplan Roth in dem vierundsechzig Jahre alten Salvatorianer Pater Renz gefunden zu haben. Dieser wurde 1911 in Hiltensweiler bei Wangen im Allgäu auf dem Renz-Hof geboren und auf den Namen Wilhelm getauft. Der Junge vom Bauernhof besuchte ein Gymnasium des Salvatorianerordens, wurde 1938 zum Priester geweiht und war in der chinesischen Provinz Fukien bis 1953 als Missionar und Exorzist tätig gewesen. Seit 1965 betreut er die St.-Pius-X.-Kirche von Rück-Schippach, jene Kirche, für deren Erbauung sich Barbara Weigand eingesetzt hatte.

Pater Renz gehört zu den Kennern und Verehrern des Werkes der Barbara Weigand. In der Region um Klingenberg ist er als hundertprozentiger Anhänger des ultrakonservativen Erzbischofs Lefebvre bekannt. In dem letzten Antragsschreiben, das Pfarrer Alt an Bischof Stangl richtet und das schließlich zur Genehmigung des großen Exorzismus führt, wird der Bischof ausdrücklich darum gebeten, Pater Renz offiziell zu beauftragen. Denn Pater Rodewyk fühlt sich für die Durchführung des Exorzismus zu alt,

Pfarrer Herrmann ist herzkrank, Pfarrer Habiger teilt offenbar nicht mit letzter Überzeugung die Diagnose, und die jungen Geistlichen Kaplan Roth und Pfarrer Alt haben im Laufe der letzten zwei Jahre erkannt, daß sie mit einer alleinigen Verantwortung für den Fall überfordert wären. Pfarrer Alt spricht diesen Punkt in seinem Schreiben vom 16. September 1975 an den Bischof indirekt an: «Zweifellos sind wir alle von einem solchen Fall überrascht und teilweise selbst überfordert.»

Für die Wahl von Pater Renz sprechen die räumliche Nähe zu Klingenberg, das schlichte, aber unerschütterlich fromme Gemüt und seine äußere Gestalt, die dem Idealbild eines Priesters, wie es Thea Hein und Annelieses Eltern vorschwebt, entspricht. Das sind jedoch nicht die entscheidenden Gründe für seine Wahl. Wie die ultrakonservativen Botschaften der Dämonen von Klingenberg zeigen werden, steht hinter Pater Renz eine kirchenkritische Strömung mit einem traditionalistischen Programm, das sich gegen die Reformen des Zweiten Vatikanischen Konzils wendet. Offenbar wittern die Anhänger Lefebvres in dem Fall eine Chance, Kirchenpolitik zu machen.

«In einem Brief vom 6. 8. 73 hat P. Rodewyk bereits die Diagnose auf dämonische Besessenheit gestellt. ‹Anna Lieser› hat sich, wie ich Ihnen wiederholt berichtete, zu einem schweren Fall von Besessenheit ausgeweitet. Einen Grund hierfür habe ich bisher nicht finden können», fährt Pfarrer Alt in seinem Schreiben vom 16. September 1975 an Bischof Stangl fort. «Nachdem wir Priester, die davon wissen, mit P. Rodewyk zusammengekommen waren und uns beraten hatten – wie ich Ihnen berichtete, sind wir zu dem Schluß gekommen, Ihnen den Fall mit allen Gegebenheiten nochmals zu melden und P. Renz, Salvatorianer und Superior von Rück-Schippach, mit dem Fall zu beauftragen.

Inzwischen habe ich mit P. Renz gesprochen. Er erklärte sich bereit. Nur will er nicht ohne Ihre ausdrückliche Genehmigung handeln.

Anbei habe ich ein für Dritte unverständliches Dokument – auf Anraten P. Rodewyks – vorbereitet. Es steht in Ihrem Ermessen, ihn so oder ähnlich zu beauftragen. Hochwürdigster Herr Bischof! Ich kann Ihnen nur versichern, daß ich voll und ganz hinter diesen Entscheidungen stehe. Die Entfernung von Ettleben nach Klingenberg ist zu groß, als daß ich den Fall weiterführen könnte. Eines ist deutlich: Es handelt sich um eine Besessenheit.»

Mit diesem Schreiben und dem Gutachten von Pater Rodewyk fährt Pfarrer Alt noch am gleichen Tag nach Würzburg. Die Beauftragung von Pater Renz hat er vorbereitet. Bischof Josef Stangl braucht sie nur noch zu unterzeichnen.

«Ich fahr aus, wenn's mir paßt!» – Warten auf die Hilfe des Bischofs

**«Dämonen sind uns böse,
verworfene Wünsche,
Abkömmlinge abgewiesener,
verdrängter Triebregungen.»**
Sigmund Freud, *«Eine Teufelsneurose»*

Der vom Bischof bestellte Exorzist kündigt sich in zwei Träumen an. Anna Michel berichtet Thea Hein von einem kurzen Traum. In ihm schaut sie einen frommen Priester, der durch ein Lilienfeld schreitend ihr entgegenkommt. Sie kennt ihn nicht, aber seine äußere Erscheinung entspricht ihrem Idealbild eines Geistlichen. Denn der Gottesmann im Lilienfeld trägt ein Priestergewand. Er gibt sich damit – anders als Pfarrer Alt, der in der Öffentlichkeit oftmals in Zivil geht – als geweihter Priester zu erkennen.

Als Pfarrer Alt einmal wegen der laxen Kleiderordnung gerügt wird, kommt es zu Mißstimmungen. Doch nicht nur deswegen gibt es Spannungen zwischen den Frauen und ihm. Er wirkt kalt, rechthaberisch und abweisend auf sie; sie fühlen sich in ihrer traditionalistischen Frömmigkeit nicht ernst genommen. Weil er sich auf private Gespräche mit Laien nicht einläßt, gilt er als überheblich und stolz. Wie es wirklich in ihm aussieht, wissen die Frauen natürlich zu diesem Zeitpunkt noch nicht.

Der Priester im Lilienfeld ist anders. Nicht Stolz, sondern Demut strahlt er aus. Ein heiligmäßiger Priester. Die Demut selbst, kommentiert Anna Michel. Auch Thea Hein hat in derselben Nacht einen Traum, dessen prophetische Bedeutung sie später erkennt. Wieder ist sie auf dem Weg nach San Damiano. Die Hinfahrt erfolgt während der Nacht. Normalerweise bleibt Thea Hein die ganze Zeit über wach. Bis ein Uhr leitet sie die Gebete, dann herrscht für fünfeinhalb Stunden bis halb sechs Uhr Ruhepause. Während die anderen Pilger schlafen, sucht sie dann das Gespräch mit dem Chauffeur, denn sie weiß, daß zwischen zwei und vier Uhr morgens der tote Punkt schnell erreicht ist. Auch versorgt sie den Fahrer mit Äpfeln. Denn ohne Essen geht für sie gar nichts. Der Chauffeur Valentin Stapf fährt regelmäßig den Pilgerbus. Doch in dieser Nacht wird Thea Hein von einer großen Müdigkeit überfallen. Der Bus ist nur noch wenige Kilometer vom Brenner entfernt.

«Valentin, ich muß ein bißchen schlafen», sagt sie zu dem Fahrer, «und wenn's nur ein paar Minuten sind. Es geht nicht mehr. Wenn du merkst, du kriegst 'ne Schlafwelle, dann stößt mich an und weckst mich halt wieder.»

«Du kannst ruhig schlafen», entgegnet der Busfahrer, «ich esse ein paar Äpfel. Sollte ich Schlaf kriegen, weck ich dich.»

Thea Hein nickt sofort ein und fällt in einen Traum. Darin sieht sie sich vor der Aschaffenburger Muttergottespfarrei stehen. Sie öffnet die Kirchentür und erblickt im Altarraum einen Priester, dessen äußere Gestalt ihr sofort Vertrauen einflößt. Der fromme Mann steht am Lesepult und liest aus dem Evangelium. Lange ruhen ihre Augen auf diesem Bild. Ruhig verfolgt sie die liturgischen Handlungen und Gebete weiter. Doch plötzlich wird eine andere Kirchentür aufgestoßen; durch sie springt der Teufel hinein und will die Messe stören. Er ist größer als ein Mensch, trägt Hörner auf dem Kopf, und sein ganzer Körper besteht aus Kohlen, die vom glühenden Feuer der Hölle aufgeheizt worden sind.

Mit äußerst lautem Geschrei stürzt der Höllenfürst direkt auf den Priester zu, spreizt die Finger und will ihm den Hals zudrükken. Ein gewaltiger Kampf beginnt, doch im letzten Moment nimmt der Priester einen Pinsel, taucht ihn in einen Weihwasserbehälter und spritzt dem Satan eine Ladung Weihwasser ins Gesicht, so daß er zurückweichen muß. Dabei schreit er «Ho, ho, ho, ho!». Noch Tage nach dem Erwachen erbebt die Träumende innerlich, wenn sie an diesen Moment zurückdenkt.

Im Traum kniet sie in einer der rechten Bänke und erkennt,

gerade in dem Augenblick, als der Teufel vom Altar gebannt wird, daß außer ihr und dem Priester kein dritter Mensch mehr im Gotteshaus ist. Der Teufel schreit und wütet und sucht ein neues Opfer; jetzt überblickt sie erst das ganze Ausmaß der Gefahr. Als Satan auf sie zukommt, flieht sie, springt dabei von Bank zu Bank in Richtung Altar und sucht Zuflucht am Lesepult. Dort holt sie der Teufel ein, beugt sich über sie und öffnet die Hand. Aus ihr züngeln plötzlich drei Schlangen von milchiger Hautfarbe mit einem braunen Streifen auf dem Rücken. Die will der Diabolus ihr ins Gesicht schlagen.

Wieder im letzten Moment kommt der Priester, zückt den Weihwasserpinsel und spritzt eine Ladung Wasser nach der anderen gegen den Satan. Der torkelt rückwärts, doch der Priester setzt nach, spritzt immer wieder Weihwasser auf ihn, bis er mit großem Geschrei aus dem Haus Gottes getrieben ist. In diesem Moment hört Thea Hein die Stimme des Busfahrers Valentin Stapf: «Jetzt sind wir in Bozen!»

«Gott sei Dank, daß ich jetzt zu mir gekommen bin», sagt Thea Hein, bekreuzigt sich und beginnt mit dem Rosenkranzgebet, in das die Pilgergruppe einstimmt.

Unmittelbar nach Empfang der schriftlichen Erlaubnis durch Bischof Stangl und dem ausführlichen Studium der Schriften von Pater Rodewyk fährt Pater Renz am Dienstag, dem 23. September 1975, nach Klingenberg. In Anwesenheit der Geschwister Barbara und Roswitha führt er ein Gespräch mit den Eltern und auch mit Anneliese, die ihm sogleich sympathisch ist. Ihm geht es wie den Pfarrern Habiger und Herrmann, den Patres vom Kloster Engelberg und aus dem Kapuzinerkloster Aschaffenburg, bei der ersten Begegnung mit Anneliese. Nichts deutet darauf hin, daß die junge Frau vom Teufel besessen ist. Sie habe völlig normal gewirkt, erinnert sich Pater Renz später.

Für den nächsten Tag, Mittwoch, den 24. September, verabredet man die erste exorzistische Sitzung. Annelieses Eltern richten im Hinterzimmer des Untergeschosses einen kleinen Hausaltar ein. Auf ihm stehen ein Kruzifix, eine Statue des Erzengels

Michael, eine Christusfigur mit blutendem Herz, Bilder von Pater Pio und andere Devotionalien, von Blumenschmuck umrahmt. Ähnlich sieht es in der kleinen Kapelle der Mama Rosa aus.

Pater Renz beginnt um sechzehn Uhr mit dem Exorzismus. An diesem Tag kehrt auch Thea Hein aus San Damiano zurück. Als sie und ihr Mann etwas später das Haus betreten, durchfährt Thea Hein ein Schrecken, denn in Pater Renz erkennt sie den Priester aus ihrem Dämonentraum wieder. Sie denkt, das könne nicht mit rechten Dingen zugehen, vergißt Pater Renz zu grüßen und sagt statt dessen: «Sie sind ja der Pater, dem der Teufel den Hals hat zudrehen wollen!»

Der Exorzist schaut das neue Mitglied der Hausgemeinde erstaunt an. «Der wird vielleicht gedacht haben, die Frau spinnt», erinnert sich Thea Hein. Doch noch immer ist sie so perplex, daß sie wiederholt: «Sie sind ja der Pater, dem der Teufel den Hals hat zudrehen wollen!»

Pater Renz blickt sie weiter sprachlos an. Dann entschuldigt sich Thea Hein und holt die Begrüßung nach. Erst nach Beendigung des Exorzismus um halb zehn erzählt sie ihm den Grund ihres merkwürdigen Verhaltens.

Pater Renz vollzieht den ersten Exorzismus im Gehorsam gegenüber seinem Auftraggeber, dem Bischof von Würzburg. In Tagebuchnotizen hält er den Ablauf der ersten Sitzung fest und notiert auch seine eigenen Gedanken und Gefühle. Vor dem Neuartigen und Ungewissen hatten alle Beteiligten Angst gehabt, auch Pater Renz. Den Mittwochmorgen hatte er vorschriftsmäßig mit einer Beichte begonnen, anschließend Gott das Meßopfer dargebracht und seine Hilfe erbeten. Nun arbeitet er mit dem Rituale Romanum in der Hand streng nach Vorschrift, macht das Kreuzzeichen über Anneliese, die Anwesenden und sich selbst, besprengt alle mit Weihwasser und beginnt:

> **«Ich befehle dir, unreiner Geist,**
> **wer immer du bist,**
> **und deinem ganzen Anhang,**
> **die ihr Anneliese, diese Dienerin Gottes, in Gewalt habt:**

wegen der Geheimnisse der Menschwerdung,
des Leidens,
der Auferstehung
und der Himmelfahrt unseres Herrn Jesus Christus,
wegen der Aussendung des Heiligen Geistes
und der Wiederkunft unseres Herrn zum Gericht:
gib mir deinen Namen,
den Tag
und die Stunde deines Fortganges mit irgendeinem Zeichen kund!
Gehorche in allem mir, Gottes unwürdigem Diener!
Füge diesem Geschöpfe Gottes, den Anwesenden
oder ihrem Hab und Gut keinen Schaden zu!»

Doch nicht nur die Sakramente, sondern auch die alten Bannsprüche haben ihre Kraft verloren. Der Dämon will nicht weichen, auch unter den langen Zitaten aus der Bibel nicht. Die lateinisch vorgetragenen Texte fordern ihn nicht heraus; offenbar versteht er kein Kirchenlatein. Doch beginnt er zu brüllen und zu toben, wenn Pater Renz ihm das Kreuz entgegenhält oder ihn mit Weihwasser besprengt.

Über Annelieses Lippen kommen nun Schimpfwörter, mit denen die Anwesenden verhöhnt werden: Thea Hein ist «die Drecksau», Pater Renz «der Saubär», San Damiano «das Scheißloch», Anneliese selbst heißt «die Rotznas». Anneliese entfaltet nicht nur verbale Aggressionen. Herr Hein, Peter Himsel und Josef Michel versuchen sie mit vereinten Kräften vor der Selbstverletzung und vor tätlichen Angriffen gegen den Exorzisten zu schützen. Sie wendet sich mit dem Kopf hin und her, schlägt mit den Füßen aus, dann jault und kläfft sie wieder wie das Mädchen aus Montichiari. Renz setzt unbeirrt die Beschwörung fort.

Das Mädchen in der Kapelle der Rosa Mistica war schließlich unter dem Gebet der hundertzwanzig deutschen Pilger verstummt. Die Dämonen von Klingenberg dagegen sind widerständiger, sie geben ihr Opfer nicht frei. Nach endlosen Beschwörungen resigniert Pater Renz. Fünfeinhalb Stunden dauert die erste Sitzung, fünfeinhalb Stunden lang prasselt eine Anklage nach der anderen auf Anneliese nieder, fünfeinhalb Stunden kämpft sie gegen drei starke Männer, bis diese aufgeben, weil sie am nächsten Tag noch Kräfte für die Arbeit brauchen. Am Ende des Exorzismus sagt Anneliese, als wolle sie die Anwesenden provozieren: Jetzt hätten sie weitermachen sollen!

Die anfängliche Hoffnung, daß Anneliese schnell geheilt werden könne, ist unter der endlosen Litanei suggestiver Formeln begraben worden. Pater Renz ist enttäuscht. Er notiert in seinen Aufzeichnungen für den Bischof: «Muß natürlich gegen den Gedanken der Nutzlosigkeit und Erfolglosigkeit kämpfen.»

Daß der Teufel nicht in einem Tag zu besiegen ist, hätten alle aus dem Dämonenbuch von Pater Rodewyk wissen müssen. Selbst nach jahrelangen Beschwörungen konnte Magda nicht vollständig befreit werden. Die erste Sitzung im Hause Michel hatte alle Beteiligten an die Grenze der Kraft geführt. So kommt man überein, den äußeren Rahmen des Exorzismus neu zu organisieren. In den kommenden Monaten beginnen die Sitzungen in der Regel zwei Stunden später, werden um achtzehn Uhr, manchmal auch erst um zwanzig Uhr, mit einem kleinen Imbiß eröffnet und durch kurze Gesprächspausen unterbrochen. Peter Himsel berichtet:

«Soweit ich mich erinnern kann, war Anneliese vorher ganz normal. Wir haben uns um acht Uhr getroffen, sind rüber ins Zimmer, und dann hat der Pater Renz, er war's ja meistens gewesen, das Exorzismus-Gespräch angefangen, und dann ist sie schon unruhiger geworden, und dann ging das Gebrüll los, und dann kamen irgendwelche Reaktionen, daß sie was gesagt hat. Dann hat entweder der Pater Renz nachgefragt oder hat einfach weitergesprochen. Es war ja für uns anstrengend, wir mußten da mal 'ne Pause machen. Aber in der Zeit, wo dann Pause war, war sie wieder normal.»

Im Gegensatz zu dem unkontrollierten Ausnahmezustand vom Sommer 1975 bringt das Klingenberger Ritual kurzzeitig eine gewisse Ordnung in das Chaos von Annelieses Seele. Die regelmäßigen Sitzungen bekommen einen festen Platz im Tagesablauf. Während des Rituals sind die Rollen klar verteilt, selbst Pausen für Gespräche und einen kleinen Imbiß sind eingeplant. Das ganze Leben der Familie wird für Anneliese neu strukturiert. Alle stellen sich auf die abendlichen Beschwörungen ein, besonders Anneliese. Wie Peter Himsel berichtet, ist sie vor und nach der Sitzung normal, ebenso während der Pausen. Mit Beginn des Rituals fällt sie rollenkonform in Trance. Hatte Anna Michel in der ersten Sitzung noch alles mitstenografiert, so werden die kommenden Beschwörungen auf Tonband aufgenommen, damit der Bischof über den Ablauf authentisch informiert werden kann.

Josef Michel und Pater Renz bauen ihre Tonbandgeräte auf, Thea Hein ihren Kassettenrecorder. Beim Versandhaus Quelle hatte sie Kassetten mit einer Spielzeit von sechzig und neunzig Minuten gleich dutzendweise bestellt. Die zweite Sitzung vom Sonntag, dem 28. September, wurde als erste dokumentiert, ihr folgen dreizehn Sitzungen im Oktober, acht im November, fünf im Dezember und drei im Januar. Die abfallende Zahlenreihe spricht für sich.

Nach den ersten Sitzungen setzt sich Anneliese gelegentlich ans Klavier und spielt der Gemeinde ein Stück vor, wie sich Thea Hein erinnert:

«Abschließend hat sie dann Klavier gespielt. Das war immer so eine Wohltat für uns alle. Für sie und für uns. Da haben wir so gerne zugehört. Da haben wir direkt aufgeschnauft erst einmal. Später war sie dann so zerschlagen, die Anneliese. Der Teufel hat sie ja so zerschlagen. Das ganze Auge war kaputtgeschlagen. Also es war so furchtbar. Zum Beispiel, wenn irgendwo ein Fest war, hat sie sogar die Sünden gesehen, die da passieren. Das hat sie alles aufgeopfert. Der Teufel hat immer gesagt: ‹Heute nacht mußt du wieder viel für mich leiden, für die, die heute nacht für mich tanzen.›»

Im Laufe der Sitzungen ordnet sich der religiöse Kosmos. Anneliese wird zum Sprachrohr von Himmel und Hölle. Wäre da nicht der tödliche Ausgang, man könnte vermuten, sie lebe in der Rollenprosa der Besessenen ihre antikirchlichen Affekte, ihre Aggressionen und sexuellen Obsessionen offen aus. Die angeblichen

Offenbarungen aus Annelieses Mund wirken an vielen Stellen wie eine Parodie der Frömmigkeit ihrer Eltern und eine große antirömische Publikumsbeschimpfung. Zu den Himmelsmächten gehören neben der Muttergottes die stigmatisierte Therese Neumann, Annelieses Schwester Martha, Oma Michel, Pater Pio, Bruder Konrad von Altötting, Barbara Weigand und der kleine Siegfried, der verstorbene Neffe von Kaplan Roth. Der kleine Himmel von Klingenberg ist der religiöse Überbau, das Über-Ich der Familie. Gott selbst kommt hier gar nicht vor. Er ist unendlich fern.

Zur Hölle von Klingenberg gehören sechs Dämonen, die sich im Laufe der Sitzungen namentlich zu erkennen geben: Lucifer, Judas, Fleischmann, Hitler, Kain und Nero. Zwischen Himmel und Hölle befindet sich Annelieses bewußtes Ich, das sich Anfang November in Würzburg zurückmeldet, Prüfungen ablegt und die Arbeit an der Examensarbeit beginnt. Himmel und Hölle von Klingenberg öffnen sich jeden Abend pünktlich um sechs oder acht Uhr. Doch was die Mächte des Lichtes und der Finsternis auf über fünfzig Tonbänder sprechen, zeugt von der ganzen Banalität des Bösen. Anneliese hätte es gutgetan, mit einem für religiöse Fragen sensiblen Psychoanalytiker über diesen Lucifer, Judas oder Fleischmann zu sprechen, um die Maskerade zu durchbrechen und zu den wahren Problemen vordringen zu können. Denn Kern der Besessenheit ist auch eine religiöse Verzweiflung, die Erfahrung des Glaubensverlustes, die Angst, für alle Zeit ohne Gott leben zu müssen.

Anneliese war seit der Pubertät durchdrungen von dem Gefühl der Geworfenheit, der Fremdheit, sie fühlte sich als Zuschauerin des Lebens, und jede Herausforderung wurde für sie Anlaß zu einer Krise. Sie glaubte sich dem Leben nicht gewachsen, war niemals sie selbst, auch nicht in der Rollenprosa des Exorzismus. In der tiefsten Schicht ihrer Selbsterfahrung stand immer wieder nur die Leere. Dies ist der Kern ihrer Angst, den sie am 3. September 1973 gegenüber ihrem Nervenarzt Dr. Lüthy aussprach: «Der Teufel ist in mir, alles ist leer in mir.»

Dieser Teufel hat nichts gemein mit der Banalität des Bösen, die sich auf den Sitzungen zeigt. Annelieses Teufel ist ein Symbol für die Leere, die Erfahrung des Nihilismus, der Gottesdämmerung, das Gefühl der existentiellen Verworfenheit. Die Sprache der Dämonen, die sich im Herbst 1975 zeigen, ist auf dem Hintergrund von Annelieses kurzer Lebensgeschichte und der Beziehungskonstellation innerhalb der Hausgemeinde leicht zu entschlüsseln. Mit Ausnahme der Dämonen Fleischmann und Hitler sind alle anderen alte Bekannte aus dem Dämonenbuch von Pater Rodewyk, also Übertragungen vom Fall Magda. Dennoch ist die Zusammensetzung nicht zufällig. Alle Dämonen stehen für die Todsünden Mord und Selbstmord. Ein eigenes Profil haben nur drei: Lucifer, Judas und Fleischmann. Sie spiegeln jeweils Annelieses Beziehung zu einem Mitglied des exorzistischen Kreises.

In Lucifer schwingt die Stimme des Stolzes und des Überlegenheitsgefühls, das Anneliese auf intellektueller Ebene gegenüber der Frömmigkeit ihrer Eltern hat. Dieses Gefühl meint sie mit Pfarrer Alt zu teilen. Auch der zweite Dämon führt zu Ernst Alt ins Ettlebener Pfarrhaus. Es ist Pfarrer Valentin Fleischmann, der den Zölibat gebrochen hat und nun zur Stimme von Annelieses Unbewußtem geworden ist. Neben diesen beiden steht Judas. Nach katholischer Lehre muß Judas für alle Ewigkeit in der Hölle sitzen. Seine Sünde ist nicht in erster Linie der Verrat, sondern die Verzweiflung.

«Und nie an Gottes Barmherzigkeit verzweifeln!» lautete eine der Mahnungen, die der heilige Benedikt von Nursia seinen Mönchen mit auf den Weg gab. Judas aber hatte geglaubt, seine Sünde sei größer als Gottes Gnade gewesen, und er hatte sich deshalb nach dem Bericht des Evangelisten Matthäus aus Verzweiflung erhängt.

Auch Anneliese wird immer wieder von Selbstmordgedanken geplagt. Thea Hein gegenüber berichtet sie von zwanzig, dreißig Teufeln, die um sie herumstünden und ihr zuriefen: «Spring doch in den Main, spring doch hinein! Du bist viel zu feige dafür, spring doch! Mach doch Schluß!»

Anneliese fühlt sich wie Judas fern der Gnade und der Liebe Gottes. Sie glaubt nicht mehr an eine Heilung und Befreiung von ihren Leiden. In Judas spiegelt sich auch Annelieses Gefühl wider, schon vor der Geburt verdammt worden zu sein. Judas steht zugleich für Annelieses unerfüllte Liebe zu ihrem Vater, der während der Schulzeit eifersüchtig über seine Tochter wacht und in jeder Freundschaft zu einem Jungen einen Verrat gesehen hätte, zugleich aber jeden ihm geltenden Kuß, jede Zärtlichkeit seiner Tochter ängstlich abwehrt.

Die Dämonen Nero, Kain und Hitler bleiben weitgehend Statisten. Nero gilt als der erste große Christenverfolger, Kain ist der Brudermörder. Beide sind Gestalten, die jedes Kind im Religionsunterricht kennenlernt. Anneliese hatte während der Schulzeit den Hitler-Film von Joachim Fest gesehen und war nachhaltig durch die Masken des Bösen irritiert worden, auch war die Zeit des Nationalsozialismus durch die Biographie des Vaters gegenwärtig. Doch sind weder Kain, Nero noch Hitler als echte Stimme der anderen Welt erkennbar. Lucifer, Fleischmann und Judas verkörpern die Welt der Rebellion, der Tabu-Verletzung, der Sexualität, also all dessen, womit Anneliese die kleine Gemeinde vor den Kopf stoßen kann.

Bei der fünften Sitzung am 7. Oktober ist auch Pater Rodewyk anwesend. Pfarrer Habiger begleitet ihn und ist ebenso entsetzt von Annelieses Zustand wie Pfarrer Herrmann bei seinem Besuch im August. Der Geistliche fragt besorgt, ob die Dämonen Anneliese töten können. Pater Rodewyk versucht die Bedenken zu zerstreuen. So viel Macht stehe den Teufeln nicht zu. Sie dürfen einen Menschen in Gottes Auftrag wohl quälen, aber nicht töten.

Normalerweise übermitteln Engel himmlische Botschaften, und Teufel wollen mit verführerischer Zunge Menschen zu Fall bringen. In Klingenberg wird diese klassische Rollenverteilung umgekehrt. Die Dämonen treten als ultrakonservative Kritiker der kirchlichen Erneuerungsbewegungen auf und richten Mitteilungen an Bischof Stangl. Sie sind Traditionalisten und Fundamentalisten. Die Aufnahmen der Sitzung vom 10. Oktober 1975 sind ausdrücklich für den Bischof bestimmt. Pfarrer Alt gibt sich als sein Bote zu erkennen. Natürlich hatte die Familie erwartet, daß Bischof Stangl persönlich erscheinen werde. Peter Himsel erinnert sich:

«Der sollte von Anfang an schon mal kommen und das anschauen. Der hat ja den Exorzismus zugelassen. Normalerweise gehe ich ja eigentlich da hin, schaue mir das erst mal an. Aber warum er nie kam, weiß ich nicht. Er war ja auch danach recht zurückhaltend, als das an die Öffentlichkeit kam. Pfarrer Alt hat gesagt, er muß von seiner Umgebung so ziemlich unter Druck gesetzt worden sein in Würzburg, daß er sich da zurückhält.»

Daß Bischof Stangl nach Abhören der zu seiner Information aufgenommenen Bänder nicht endgültig dem Spuk ein Ende gemacht hat, gibt bleibende Rätsel auf.

Pfarrer Alt nimmt Anneliese ins Kreuzverhör.

Anneliese: «Ich bin Nero, ich bin der Dritte im Bunde.»

Alt: «Was hat uns Nero zu sagen?»

Anneliese: «Sie müssen mit den Scheißkassetten – und zwar mit allen – zu dem Scheißkerl da oben in Würzburg [= Bischof Stangl] gehen.»

Alt: «Und dann?»

Anneliese: «Dann muß er den Dreck bekanntgeben.»

Alt: «Wie?»

Anneliese: «Wiewiewie! Ins Wasser soll er's schmeißen!»

Alt: «Hirtenwort? Priesterkonferenz?»

Renz: «Diözesanrat? Priesterräte?»

Anneliese: «So, daß er an die meisten Leute rankommt. Kapiert!»

Alt: «Noch mehr!»

Anneliese: «Halt's Maul!»

Alt: «Noch mehr!»

Anneliese: «Sie sollen Ihr Maul halten!»

Alt: «Noch mehr sagen.»

Pfarrer Ernst Alt wiederholt dreimal den Satz. Dann legt der Dämon sein Bekenntnis zum Traditionalismus ab.

Anneliese: «Die Schwestern müssen in ihren Ordenskleidern gehen.»

Alt: «Noch mehr sagen.»

Renz: «Noch mehr.»

Anneliese: «Ja.»

Alt: «Noch mehr.»

Anneliese: «Nein.»

Alt: «Noch mehr. Noch mehr.»

Anneliese: «Daß dem Papst muß Gehorsam geleistet werden!»

Alt: «Und noch mehr.»

Anneliese: «Theologen müssen sich bessern!»

Alt: «Noch mehr sagen. Noch mehr sagen.»

Anneliese: «Nein, ich sag nichts mehr.»

Nach einem längeren Wortgefecht geht es weiter.

Anneliese: «Und die Herren Pfarrer, die müssen wieder auf der Kanzel predigen, daß es mich gibt! Und das Volk damit impfen!»

Renz: «Daß es den Teufel gibt!»

Anneliese: «Ja! Das muß dem Volk bewußt werden!»

Dann geht es sprunghaft weiter über Priesterkleidung, Abtreibung, persönliche Beichte und Beichtstühle, Fragen der reinen katholischen Lehre und des ewigen Schicksals der abgetriebenen Kinder. Die Dämonen fordern die Wiedereinführung der Mundkommunion, die Abschaffung des sogenannten Lutheraltars und wettern gegen die moderne Theologie: «Vor allem den Küng aus Tübingen und den Haag kenne ich sehr gut» (10. Oktober 1975).

Die Kirchenkritiker Hans Küng und Herbert Haag sind immer wieder Thema der Sitzungen. So beschimpft Pater Renz den obersten Teufel Lucifer: «Du bist schuld an den Irrlehren von Küng!» (23. Januar 1976)

Bei allem Konservatismus, der Anneliese geprägt hat, entsprechen die Worte der Dämonen nicht im entferntesten der geistigen Welt einer bayerischen Abiturientin und Theologiestudentin Mitte der siebziger Jahre. Die ultraorthodoxen Botschaften gehören auch nicht in die theologische Welt von Pfarrer Alt. Alt teilt mit Anneliese das Grundgefühl der Angst, die Sensibilität für Paranormales. Die Dämonen sprechen auch nicht seine Sprache. Sie greifen ihn sogar vor der versammelten Hausgemeinde an, weil er zur exorzistischen Sitzung ohne Priesterkleid gekommen ist.

Anneliese sagt, die Dämonen forderten von Ernst Alt: «Daß Sie in der Kutte herumrennen müssen!»

Alt: «Das muß nicht sein. Das kann mir keiner befehlen. Ich muß nur als Priester erkennbar sein.»

Auch auf der Sitzung vom 15. Oktober greift Annelieses Dämon Pfarrer Alt an:

«Sie müssen deutlich als Priester erkennbar sein. Und die Drecksau aus Ettleben [= Pfarrer Alt], die macht's aber auch nicht. Die kommt jedesmal wieder im schönen Anzug!»

Der Stoff, aus dem die Botschaften der Dämonen von Klingenberg gemacht sind, stammt einmal aus den Traktaten, die Josef Michel regelmäßig studiert und seinen Töchtern zu lesen gibt. Das wird auf der Sitzung vom 31. Oktober deutlich. Da meldet sich nach vier Stunden Beschwörung ein neuer Dämon.

Anneliese: «Ich bin eine verdammte Frau.»

Renz: «Eine verdammte Frau. Wer denn? Wer denn?»

Anneliese: «In der DRM stand was. Da stand's von mir abgedruckt.»

Renz: «Wo standst du drin?»

Anneliese wiederholt die Abkürzung für das sektiererische Blättchen eines Bäckermeisters mit dem Titel «Deutschlands Rettende Macht», das Pater Renz offensichtlich nicht kennt:

«In der DRM.»

Da schaltet sich Annelieses Schwester Roswitha erstaunt in die Beschwörung ein:

«Papa, das hast du mir doch mal vorgelesen!»

Josef Michel: «Was?»

Roswitha: «Von so 'ner Frau.»

Die kirchenpolitischen Botschaften (10. Oktober 1975) an den Bischof wirken durch den schroffen Kontrast von konservativem Inhalt und ordinärer Sprache wie Parodien traditionalistischer Frömmigkeit. Man könnte glauben, Anneliese führe die gesamte Gemeinde an der Nase herum.

Anneliese: «Es ist alles gelogen, was ich gesagt habe!»

Alt: «Im Namen Jesu und im Namen Mariä befehle ich dir, alles zu sagen, was ich dem Bischof sagen soll!»

Annelieses Dämon äußert sich zur Einrichtung von neuen Priesterseminaren und fährt dann flapsig fort:

«Ja, sag des erst mal dem anderen da oben [= Bischof Stangl]!»

Alt: «Noch mehr!»

Annelieses Dämon macht nun Ausführungen zur Umgestaltung des Altarraumes in den Kirchen und beendet wieder den Diskurs:

«Die Katholiken sind wie eine Hure, die schmeißen ihre Lehre den Säuen zum Fraß! So, jetzt langt's! Es reicht!!! Ich sag nichts mehr! Nein! Ich sach nichts. Sagen Se das erst mal dem Bischof!»

Bischof Josef Stangl müssen diese Botschaften vertraut vorgekommen sein. Falls er wirklich nicht gewußt haben sollte, wer hinter Pater Renz stand, dann erkannte er es beim Abhören der Bänder. Denn sie enthalten das Programm der sektiererischen Gruppe um den französischen Erzbischof Marcel Lefebvre, der noch vor Annelieses Tod am 24. Mai 1976 wegen seines Traditionalismus und Widerstandes gegen Ökumene, Gewissens- und Religionsfreiheit von Papst Paul VI. amtsenthoben und am 2. Juli 1988 exkommuniziert wurde. Marcel Lefebvre, dessen Name auf der Sitzung vom 23. Januar 1976 von Pater Renz ins Gespräch gebracht wird, hatte um sich eine ultraorthodoxe Bruderschaft gesammelt, die sich nach dem heiliggesprochenen Papst Pius X. nannte. Die Kirche der Barbara Weigand in Rück-Schippach, wo Pater Renz als Priester wirkt, ist Pius X. geweiht, und in ihr wird sogar eine Reliquie dieses Papstes aufbewahrt. Die Region um Klingenberg gilt als von Anhängern der Bruderschaft Pius X. des Marcel Lefebvre unterwandert. In Großheubach unterhalten sie eine Kapelle, in Miltenberg den alten Bahnhof als Verkündigungsorte.

Kaspar Bullingers Propagandaschrift «Anneliese Michel und die Aussagen der Dämonen» stellt Zitate aus den exorzistischen Sitzungen zu einem antimodernistischen Programm im Geiste des abtrünnigen Erzbischofs Lefebvre zusammen. Da heißt es:

«Welchen Auftrag hatten die Dämonen auszuführen? Vier Evangelisten haben uns einst die wahre Lehre Christi aufgeschrieben und überliefert zu unserem Seelenheil, im Auftrag von oben. Vier Dämonen, die Hauptsprecher beim Exorzismus in Klingenberg, nämlich Lucifer, Judas, Nero und Fleischmann, mußten uns nun durch ihre Aussagen an die wahre Lehre Christi erinnern, ebenfalls im Auftrag von oben, auch zu unserem Seelenheil, und damit einen Religionsunterricht geben, weil die Lehre Christi von katholischen Theologen z. T. verfälscht und verwässert oder ignoriert wird.»

Für den Verfasser dieser Schrift ist das gesamte Zweite Vatikanum des Teufels, denn als Johannes XXIII. das Konzil einberief, «trat wohl auch gleich der Widersacher auf den Plan». Wenn der Katholik beim Meßopfer die Hostie mit der Hand berührt (Handkommunion), statt sie sich von dem geweihten Priester in den Mund legen zu lassen (Stehkommunion), dann gilt dies als Teufelswerk, ebenso wie die Tendenz zur Abschaffung des Beichtstuhles (Ohrenbeichte). Vom Teufel sind auch ökumenische Trauungen (Mischehe), die Erstellung der Einheitsübersetzung der Bibel und die Neugestaltung des Altarraumes. Vor dem Vatikanum wandte der Priester während des Meßopfers seinen Rükken zur Gemeinde. Mit der Einrichtung neuer Altäre («Lutheraltäre») geht nach Meinung von Kaspar Bullinger eine Mißachtung Gottes einher:

«Die moderne Zuwendung des Priesters zum Volk hin stört die Zuwendung zu Gott, die Vertiefung im Gebet beim Priester und Volk. [...] Hat der Priester nur den Volksaltar zum Zelebrieren zur Verfügung, so muß er auch dann, wenn kein Gläubiger anwesend ist, den Rücken zum Tabernakel wenden. Welch ein Zustand! Die moderne Zuwendung zum Volk hin ist wohl mit schuld, daß in den vergangenen Jahren so viele Priester ihrem Beruf untreu wurden.»

Als Inbegriff der Hölle aber gilt für Kaspar Bullinger der Reformator Martin Luther. «Luther war zweifellos das Werkzeug der Hölle, die natürlich ihr Endziel, die Beseitigung jeglichen christlichen Glaubens und die Gottfeindlichkeit der Menschen, nicht in einem Zug, nicht mit einem Schritt erreichen konnte. So ließ sie Luther noch gewisse Züge einer Frömmigkeit, auch die Anerkennung der Jungfrau Maria u.a. Ohne einen solchen Schein der Frömmigkeit hätte die Hölle ihr Endziel nicht erreicht.»

Auf der Seite A der Demonstrationskassette für Bischof Stangl vom 10. Oktober 1975 befinden sich also Lefebvre-Parolen. Auf der Seite B läßt sich Annelieses Dämon über ein Lieblingsthema ihres Vaters aus: die dritte Botschaft von Fátima über das Ende der Welt. Jetzt wiederholen sich die endzeitlichen Worte, die Anneliese bereits in Gegenwart von Dr. Lüthy gebraucht hatte. Am Fátima-Tag (13. Oktober) selbst spricht der Dämon Judas von Annelieses Schwester Gertraud: «Der ihr Scheiß-Schwester ist auch unten [in Fátima].» Das Ende der Welt wird der Zeitpunkt von Annelieses Erlösung sein.

Alt: «Wann fährst du ab? Sage das Datum!» (10. Oktober)

Renz: «Sage Tag und Stunde, wann du ausfahren wirst.»

Anneliese: «Nein. Wenn se genug gebetet hat.»

Renz: «Im Namen des Vaters, des Sohnes und des Heiligen Geistes und der allerseligsten Jungfrau: Nenne Tag und Stunde deines Ausgangs!»

Anneliese: «Nein. Außerdem sind wir ja zu sechst!»

Renz: «Im Namen des Vaters, des Sohnes und des Heiligen Geistes ...»

Anneliese: «In zwanzig Jahren! Hahaha!»

Pater Renz zitiert jetzt wieder Beschwörungen aus dem Rituale Romanum, bis Anneliese mit einer häufig benutzten Formulierung antwortet: «Wenn's kracht.»

Renz: «Was heißt das: Wenn's kracht?»

Anneliese: «Wenn's kracht!»

Alt: «Wirst du mit einem Knall ausfahren?»

Anneliese: «Nein.»

Alt: «Was kracht? Wann?»

Renz: «Wenn was kracht?»

Anneliese: «Hören S' uff!»

Der Teufel gilt als Vater der Lüge. So versteigen sich die Exorzisten zu der widersinnigen Formulierung: «Vater der Lüge, sage die Wahrheit!» Diese aber wird verschwiegen. So geschwätzig die Dämonen kirchenpolitische Verlautbarungen mitteilen, so verschlossen zeigen sie sich, wenn die Exorzisten Annelieses wahres Problem, ihre Lebensangst und das Gefühl berühren, ungeliebt zu sein.

Anneliese: «Die Rotznase ist verflucht worden. Und zwar von dem Weib. Die holländischen Bischöfe sind Ketzer. Häretiker. So! Hoffentlich langt's Ihnen für heut!»

Alt fragt mehrfach nach:

«Von wem ist Anneliese verflucht worden?» (10. Oktober)

Doch jedesmal wechselt sie das Thema. In der Sitzung vom 27. Oktober 1975 wird erneut die Verfluchung angesprochen. Diesmal schlüpft Anneliese in die Rolle des Pfarrers Fleischmann aus dem Ettlebener Pfarrhaus. Der sitzt jetzt angeblich mit der Frau aus Leiblfing, die den Fluch über Anneliese ausgesprochen haben soll, gemeinsam in der Hölle. Er fordert die Gemeinde auf, für das Seelenheil der Verworfenen zu beten. Die kleine Szene verdeutlicht auch die Gruppendynamik innerhalb des Klingenberger Hauskreises.

Anneliese: «So ich hab noch 'nen schönen Auftrag, den muß ich euch noch sagen. Im Auftrag von der hohen Dame: Die, wo die Rotznas [= Anneliese] verflucht hat, für die sollt ihr beten. Die hockt nämlich ziemlich tief unten.»

Renz: «Sollen wir gleich für sie beten?»

Anneliese: «Das ist egal.»

Renz: «So beten wir gleich ... Vaterunser ... Gegrüßet seist du, Maria ...»

Anneliese, unter knurrenden Geräuschen: «Die hat noch a Tochter, die hol ich mir. So, jetzt bin ich dran.»

Renz, der den Rollenwechsel bemerkt: «Wer?»

Anneliese: «Lucifer.»

Renz: «Und wer war vorher dran?»

Anneliese: «Wer, wer? Der arme Pfarrer war's.»

Renz: «Der arme Pfarrer war's. Ettleben. Und jetzt ist Lucifer dran. Lucifer, was hast du uns zu sagen heute?»

Anneliese: «Noch allerhand, aber das dauert noch ein bißchen. Ihr müßt noch ein bißchen Geduld haben. Es ist ja so schön.»

Die Verfluchung ist der wunde Punkt. Diese offene Wunde aber können die Exorzisten nicht schließen. Die einzelnen Dämonen weichen, wie auf der Sitzung vom 31. Oktober, das Trauma der Verfluchung aber bleibt. Am 24. Oktober 1975 ist es wieder Lucifer, aus dessen Perspektive Anneliese spricht: «Ich sitze in der schon drin seit der Geburt. Und die anderen sind so nachgezogen.»

Renz fragt zwischendurch immer wieder ironisch: «Soll's denn heut witzig werden?» oder «Und weil du die Barbara Weigand so gern hast, beten wir die ‹Aufopferung am Abend› vom Eucharistischen Liebesbund» (27. Oktober 1975).

Anneliese zu Renz: «Sie Drecksau, Sie verfluchte, Sie schaffe ich noch durcheinander, daß Sie nicht mehr wisse, wo oben und unten ist!» (16. Oktober 1975).

Die Zitate können nur einen ungenauen Eindruck vom Ablauf der Sitzungen geben. Denn die eigentlichen Mitteilungen liegen auf der nonverbalen Ebene, klingen jenseits der Worte in einem unerträglichen Grunzen, Würgen und Geschrei. Während der Exorzismen macht Anneliese mit gewaltiger Geschwindigkeit und ohne Unterbrechung Kniebeugen, schlägt mit dem Kopf gegen die Wand, beißt sich wiederholt in die Arme, bis sie voller Wunden sind. «Sie konnte nicht ohne lange Ärmel herumlaufen, das wäre ja aufgefallen», berichtet Peter Himsel.

Anneliese spricht mit verzerrter Stimme, bringt Töne hervor, als müsse sie sich übergeben oder als leide sie unter schwerer Verstopfung des Darms. Preßwehengeräusche wie im Kreißsaal begleiten und unterbrechen immer wieder die Verhöre. Diese Symbolhandlungen inszenieren die Wehen der Endzeit.

Alt: «Hast du dem Bischof von Würzburg noch etwas zu sagen?»

Anneliese spuckt auf dieser Sitzung vom 13. Oktober 1975 ihrem Exorzisten ins Gesicht. Der reagiert mit Beschwörungsformeln.

Renz: «Lucifer, Lucifer. Du bist Lucifer!»

Renz provoziert Anneliese weiter und erinnert an den gestrigen Abend, wo alle gemeinsam eine Messe in der Muttergottespfarrei besucht haben. Durch die Art, wie er Anneliese anspricht, verstärkt er ihre Identifikation mit Lucifer, dem gefallenen Engel.

Renz: «Du bist Lucifer, den Michael hinabgestürzt hat in den Abgrund. Bist du gestern auch in Aschaffenburg in der Muttergottespfarrei gewesen? Warst du dabei? Warst du dabei? Gefällt das dir, wenn gebetet wird? Wenn der Allerhöchste geehrt wird? Den du ehren solltest! Wenn gebetet wird, daß der Allerhöchste geehrt wird, daß Satan weiche, daß die bösen Geister weichen, daß die bösen Geister nicht wagen, die Menschen zu verführen, die Priester zu verführen, den Priestern zu schaden. Hast du was dagegen?»

Anneliese gibt während der suggestiven Beschwörung knurrende Geräusche von sich. Nun zitiert Renz wieder die Austreibungsformeln aus dem Rituale Romanum:

> **«Adiuro te, serpens antique,**
> **per iudicem vivorum et mortuorum ...**
> **Ich beschwöre dich, alte Schlange,**
> **bei dem Richter der Lebenden und der Toten ...**
> **Du bist schuldig vor dem allmächtigen Gott,**
> **dessen Gebot du übertreten hast.**
> **Du bist schuldig vor seinem Sohn Jesus Christus, unserem Herrn,**
> **den du zu versuchen wagtest und in deiner Vermessenheit gekreuzigt hast.**
> **Du bist schuldig am Menschengeschlecht,**
> **dem du mit deiner listigen Überredung**
> **den tödlichen Gifttrank dargereicht hast.»**

Während Pater Renz den Exorzismus herunterbetet, wechseln Annelieses Reaktionen. Manchmal knurrt sie unruhig, dann schweigt sie eine Weile, dann spuckt sie wieder dem Exorzisten ins Gesicht. Einer der Anwesenden ist erkältet, wie aus dem Hintergrund zu hören ist. Dann ergreift Pfarrer Alt das Wort und fragt Lucifer, wann er auszufahren gedenke.

Alt: «Vater der Lüge, sage, wann du ausfahren mußt!»

Anneliese zeigt keine Reaktion. Pfarrer Alt erinnert an das

Datum der heutigen Sitzung, den Gedenktag der Offenbarung von Fátima.

Alt: «Gib der Gottesmutter von Fátima die Ehre, und sage mir, wann du ausfahren mußt!»

Anneliese: «Nein!»

Alt: «Sie wird dich zwingen!»

Nun will Pfarrer Alt weitere Worte aus Anneliese hervorlokken, indem er mit suggestiven Worten wieder darauf verweist, daß Bischof Stangl die Botschaft der Dämonen von Klingenberg übermittelt werden wird.

Alt: «Du hast sicherlich dem Bischof von Würzburg noch was zu sagen. Alles ganz genau zu sagen, daß es jeder versteht. Es muß an die Öffentlichkeit. Ich zwinge dich, im Namen Jesu und im Namen Mariä. Lucifer, ich befehle dir im Namen der Gottesmutter, die dir den Kopf zertreten hat!»

Dann kommt ein kurzer, erschütternder Satz, mit dem Anneliese den Kreis der Dämonenstimmen sprengt und die ihr angetragene Identifikation mit dem gefallenen Engel zurückweist.

Anneliese: «Ich bin nicht unrein!»

Das ist ihre persönliche Botschaft an Bischof Stangl. Doch sie paßt nicht in Pfarrer Alts Konzept. Deshalb fragt er: «Warum haben wir heute keine Macht über dich? Ist da was verkehrt gelaufen bei uns?»

Wieder lockt er mit dem Bischof. Pater Renz stimmt mit ein. Er spricht von einem Abgesandten des Bischofs, der offenbar die Sitzung vom 13. Oktober 1975 in Klingenberg miterlebt. Ihm gegenüber solle sich Anneliese jetzt öffnen.

Renz: «Jetzt hast du Gelegenheit, dem Bischof Botschaft zu bringen. Jetzt ist sein Bote da.»

Außerhalb der Sitzungen reagiert Anneliese normal. Die Stimme des Dämons kommt aus dem Unbewußten, gibt Gehörtes, Gelesenes und seit der Kindheit Erinnertes preis und bedient die jeweils anwesenden Priester mit dem, was sie hören wollen. Peter Himsel gegenüber berichtet Anneliese von ihrer Selbstwahrnehmung während des Exorzismus: «Ich spreche da überhaupt nicht. Meine Stimme wird einfach benutzt. Ich höre mir praktisch zu. Ich bin das überhaupt nicht. Ich höre interessiert zu, und diese Bewegungen da und wie ich mich wehre, das mache ich auch nicht, das geschieht einfach mit mir. Ich stehe über der Sache und bin Beobachter.»

Die Aussagen der Dämonen von Klingenberg wurden nicht nur durch Kaspar Bullinger veröffentlicht, sondern gerieten durch zahlreiche Kopien der Tonbänder in den katholischen Untergrund.

«Das ist die Gefahr, die ich heute sehe, weil die Kirche sich ja zurückgezogen hat von dem Ganzen», sagt Peter Himsel rückblikkend. «Jetzt verselbständigt sich irgendwie das Ganze. Jetzt sind die Kassetten aufgetaucht; die waren nämlich verschwunden. Der Vater von Anneliese hat die versteckt gehabt. Die waren in einem Zimmer eingesperrt, da durfte keiner rein. Nur er hat den Schlüssel gehabt. Die Frau hat den Schlüssel [nach seinem Tod] erst gar nicht gefunden lange Zeit, und jetzt hat sie die Kassetten gefunden. Jetzt habe ich nämlich die Befürchtung, daß sie vervielfältigt werden, daß die Kassetten in Umlauf kommen. Kein Mensch kann normalerweise unterscheiden: Was ist da echt drauf von den Aussagen, und was ist falsch. Dabei kommen Sachen an die Öffentlichkeit, grad in gewissen Kreisen, die total falsch sind. Wir haben selbst oft manchmal nicht gewußt: Sollen wir reingelegt werden, oder ist das jetzt wirklich als Botschaft gedacht? Man hat's manchmal schon gemerkt, je nachdem, wie sie vorher reagiert hat.»

Die ultrakonservative Propaganda aus dem Geiste Lefebvres entsprach nicht Annelieses Denken, meint Peter Himsel. Ihr Anliegen sei es gewesen, «einfach die Ehrfurcht vor Gott» zu fördern, ganz unabhängig von der Frage, wie der Katholik an der Meßopferfeier teilnimmt. «Ich weiß nicht mal, ob das mit der Handkommunion wörtlich ausgesprochen worden ist. Das waren manchmal so Nebenbeibemerkungen, so komische Bemerkungen, da war man dann oft so unsicher: Von wem kommt das jetzt?»

Peter Himsel erinnert sich auch an die Lefebvre-Priester und ihre Rolle nach Annelieses Tod:

«Es ist alles auf die Familie eingebrochen, von allen Seiten:

‹Ihr seid wahnsinnig, ihr habt das Kind umgebracht!› Das mußten wir ja auch anhören. Ich habe alle möglichen Briefe gekriegt, auch in die Schule und was weiß ich noch, wohin. Wer halt geholfen hat, das waren die Lefebvre-Leute oder San-Damiano-Pilger, die in einer gewissen Richtung stehen. Die haben uns unheimlich unterstützt und eben Mut gemacht. Natürlich färbt es auch ein wenig ab. Dann geht man auf die Leute mehr zu. Dann habe ich gleich gesagt: ‹Leute, da mache ich nicht mit. Ich habe mit dem Lefebvre nichts am Hut. Er hat vielleicht manche gute Idee, man kann nichts dagegen sagen, aber an sich bin ich katholisch und steh zum Papst und zur Kirche. Damit hab ich nichts zu tun.›»

Thea Hein und Annelieses Eltern haben einige Zeit lang in der Kapellenstraße von Großheubach Lefebvre-Messen besucht. «Ne, bleibt doch da weg», sagte dagegen Peter Himsel zu ihnen, «ihr seid doch davon nicht abhängig.»

Die antirömischen Tendenzen, die Kaspar Bullinger durch seinen selektiven Umgang mit einzelnen Äußerungen den Aussagen der Dämonen gibt, haben nicht Annelieses eigenem Denken entsprochen. «Das war nicht so», kommentiert Peter Himsel, «auf keinen Fall. Das hätten manche so gern gehabt und wollten es gerne so hören.» Pater Renz vor allen Dingen und auch Thea Hein. «Ich war immer mehr kritisch, und es war auch nicht so gemeint, wie's rauskommt. Der wollte das vielleicht nur so hören.»

Pater Renz will aus Anneliese eine zweite Barbara Weigand machen. Er ist es auch, der den Gedanken einer Sühnebesessenheit an Anneliese heranträgt, wie auf der Sitzung vom 15. Oktober 1975 deutlich wird. Anneliese wird sich im Laufe der letzten Monate ihres Lebens mit dieser Rolle bis in den Tod identifizieren. Das gibt dem folgenden Protokoll einen schaurigen Ernst.

Anneliese: «Es dauert nämlich nicht mehr lang, und dann kommt das Strafgericht! Nicht mehr lang dauert es! Und das Zeug [= die Kassetten] soll noch …»

Renz: «Soll vorher noch veröffentlicht werden?»

Anneliese: «Nee! Ja. Sie Drecksau, Sie verfluchte, Sie schaffe ich noch durcheinander, daß Sie nicht mehr wisse, wo oben und unten ist!»

Renz: «Ich steh unter dem Schutz der allerseligsten Jungfrau. Die allerseligste Jungfrau wird's nicht zulassen! Maria wird's nicht zulassen. Maria wird's nicht zulassen. Ich steh unter ihrem Schutz. Ich steh unter ihrem Schutz.»

Anneliese: «Und ich bring noch so viel durcheinander und Streit heraus, daß ihr's nicht mehr aushalten könnt!»

Zur Beschwörung gehören die Wiederholungen ebenso wie Reliquien, Heiligenbilder und das Kruzifix mit dem Corpus Christi, das Renz nun Anneliese entgegenhält. Von mehreren Männern festgehalten, die Arme zerbissen, die Augenränder dunkelblau unterlaufen, bringt Anneliese knurrende, grunzende Laute über die Lippen. Es ist wie eine Regression ins Animalische. Renz klammert sich an das Kruzifix.

Anneliese: «Tu das Ding weg! Den hat's nie gegeben, den Kerl dadruff!»

Das heißt, der Glaube an Christus ist eine Illusion. Doch unter den beschwörenden Worten der Exorzisten wird die Kritik am hergebrachten Glauben ebenso zugedeckt wie Annelieses Angst, ihr Leben stehe unter einem Fluch, ihr Gefühl innerer Leere, ihre verdrängten Wünsche, ihre religiösen Zweifel, die Erfahrung der Gottesfinsternis.

Anneliese widerruft: «Ja doch, den gibt's, den hat's gegeben.»

In endlosen Wiederholungen ergießen sich die antidämonischen Formeln über Anneliese. Renz hält ihr ein Bild von Pater Pio vor die Augen, besprengt sie mit Weihwasser aus San Damiano, fragt erneut nach dem Grund der Anwesenheit der Dämonen.

Renz: «Wer ist schuld daran, daß ihr dadrin seid? Wer hat euch den Weg freigemacht? Warum seid ihr in der Anneliese?»

Lange Beschwörungen werden durch Gebete zur Gottesmutter, zum Erzengel Michael und zum Heiligen Herzen Jesu unterbrochen. Wieder hält Renz das Kruzifix vor Anneliese:

> **«Ecce Crucem Domini,**
> **fugite, partes adversae.**
> **Seht das Kreuz des Herrn!**

Fliehet ihr feindlichen Mächte!
Exorcizo te, immundissime spiritus,
omnis incursio adversarii,
omne phantasma,
omnis legio,
in nomine Domini nostri Jesu Christi eradicare,
et effugare ab hoc plasmate Dei.
In Namen unseres Herrn Jesus Christus,
beschwöre ich dich, unreiner Geist,
jede feindliche Macht,
jedes Gespenst:
reiße dich los und weiche von diesem Geschöpf Gottes.»

Anneliese kontert mit einem Angriff auf den Exorzisten: «Dein Bruder lebt nur für sein Vergnügen!» Renz übergeht den Einwand, setzt die Beschwörung fort. Dann äußert sich Anneliese über den katholischen Pfarrer von Klingenberg, Egon Hölzel. Er gilt als moderner Priester, hat also nicht die Sympathie der Gruppe. Anneliese fordert alle Anwesenden auf, für Pfarrer Hölzel zu beten: «Ihr kriegt noch mehr [Gebete] aufgepackelt!»

Renz will sich die Leitung der Sitzung nicht aus der Hand nehmen lassen, kontert: «Pack aus, Lucifer!»

Dann schweift das Gespräch weiter ab. Renz selbst beginnt wieder mit Fragen der Liturgiereform, bis ihn Anneliese unterbricht und zu ihrem eigenen Problem zurückführt: «Wißt ihr, was da unten so brennt?»

Nun geht das Gespräch von der Höllenangst, der Angst, für alle Zeit verworfen zu sein, direkt über zum Landeskrankenhaus in Lohr, für Anneliese der Inbegriff aller Ängste, verworfen zu sein. Lohr, das war die Hölle, die sie vor Augen hatte, nicht ein mythologisches Flammenmeer im Inneren der Erde. Frau Busch, eine Bekannte der Familie, sei dort eingewiesen worden. Anneliese schreit: «Die ist nicht verrückt!»

Ihre Botschaft lautet: «Ich bin nicht verrückt!»

Am Beispiel dieser Patientin entfaltet Pater Renz nun mit Suggestivfragen seine Theorie der Sühnebesessenheit.

Renz: «Und mit dem Büßen, da kann sie Sünden abbüßen für andere?»

Anneliese: «Ja, ja, ja!»

Renz: «Damit kann sie Seelen retten, damit kann sie andere Seelen retten?»

Anneliese: «Übertrieben ist sie doch. Aber verrückt ist sie nicht.»

Renz: «Was ist sie dann? Was ist sie dann?»

Wieder zitiert Pater Renz das Rituale Romanum und sagt anschließend:

«Gott wollte, daß der Mensch sein Tempel sei.»

Anneliese: «Ja.»

Renz: «Dann seid ihr eingebrochen in diesen Tempel, in räuberischer Weise.»

Anneliese: «Ja.»

Renz: «Der Tempel Gottes gehört euch nicht. Aber die Anneliese gehört nicht dir! Die müßt ihr freigeben!»

Anneliese: «Aber der läßt's zu!»

Gemeint ist Christus, dessen Kreuz Pater Renz wieder vor Anneliese hält.

Renz: «Warum?»

Anneliese: «Die Rotznase rettet nämlich damit auch Seelen, die Sau! Die dumme Sau, die verfluchte!»

Renz: «Die rettet damit Seelen!»

Anneliese: «Ja – nein!»

Renz: «Vater der Lüge, sage die Wahrheit! Vater der Lüge, sage die Wahrheit! Vater der Lüge, sage die Wahrheit!»

Anneliese stößt jetzt wieder animalische Laute aus. Aus dem Hintergrund ist die besorgte Stimme eines Besuchers zu hören: «Ihr müßt ein bißchen vorsichtiger sein.»

Renz: «Dann hat Anneliese die Aufgabe, noch viele Seelen zu retten?»

Anneliese: «Bääh, Sie Drecksau, Sie!»

Renz: «Die Anneliese muß dir also noch viele Seelen entreißen?»

Anneliese: «Die da, die Saurotznase.»

Renz: «Die muß dir noch viele Seelen abspenstig machen. Drum dürft ihr sie piesacken, nicht?!»

Anneliese: «Bääh!»

Renz: «Je mehr ihr sie piesackt, um so mehr Seelen werden gerettet. Stimmt das? Ja? Sage die Wahrheit, im Namen des Dreifaltigen Gottes, im Namen der allerseligsten Jungfrau: Je mehr ihr sie piesackt, desto mehr werden gerettet.»

Anneliese: «Ja, nein, nein, nein.»

Renz: «Im Namen des Dreifaltigen Gottes. Sage die Wahrheit!»

Anneliese: «Aber die Prüfung schafft se nicht, dafür sorgen wir. Die Saurotznase. Hahaha! Das Saubiest da!»

Wieder wird eines der echten Probleme gestreift, Annelieses Prüfungsangst. In wenigen Tagen beginnt das Wintersemester, und sie hat sich auf die anstehenden Prüfungen bisher nicht vorbereiten können. Doch schnell lenkt der Exorzist wieder zu den Fragen und Problemen zurück, die ihn interessieren. In einem langen Verhör werden die Namen der Dämonen noch einmal abgefragt. Renz will wissen, wann sie ihr Opfer freigeben, und verlangt die Nennung eines Datums.

Renz: «Sag die volle Wahrheit. Wann werdet ihr ausfahren?»

Anneliese: «Das dauert noch ein Weilchen.»

Renz: «Wir werden noch mehr beten, wir werden nicht aufgeben!»

Anneliese: «Wenn sie ausfahren, fliegt etwas in die Luft, oder das Haus fällt ein. Ihr fallt alle um. Hahaha. Es kracht.»

Renz: «Warum kracht's denn?»

Anneliese: «Scheißdreck.»

Wie sämtliche Verhöre, so verläuft auch dieses ergebnislos. Für alle Beteiligten sind die endlosen Sitzungen eine Qual. Thea Hein erinnert sich: «Man konnte die Anneliese überhaupt keine Sekunde alleine lassen. Diese Bärenkräfte, und es war doch nur so ein zierliches Ding. Das kann man sich gar nicht vorstellen, diese Bärenkräfte.» Anneliese habe mit ihrer Schwester Roswitha gerungen und auch Thea Hein angegriffen. «Ich habe damals gedacht, die dreht mir den Hals zu. Fünf Männer waren da: der Pater, mein Mann, der Herr Michel, ich meine der Pfarrer Alt war noch dabei und der Peter. Ich kann Ihnen sagen, da war die mir tatsächlich mit der Hand an den Hals gekommen. Ich habe gedacht, die drückt mir die Kehle zu, so furchtbar war das gewesen. Eine Bärenkraft.»

Auch Herr Hein wird von Anneliese angegriffen. Während des Exorzismus legt er ein Heftchen mit Aussprüchen von Pater Pio auf Annelieses Hand. Am nächsten Tag kann er seinen Arm nicht mehr bewegen. Erst als Pater Renz über ihm den Exorzismus betet, weicht die Lähmung. Paranormale Phänomene geschehen außerhalb der Sitzungen in Thea Heins Garten, aber auch während der Beschwörungen. Auf dem kleinen Hausaltar der Michels steht eine Figur der Muttergottes und des Erzengels Michael. Immer wieder versucht Anneliese diese Statuen mit Gegenständen zu bewerfen.

«Der Gegenstand, ob's ein Strickjäckchen war oder eine Kappe», berichtet Thea Hein, «ist hingeflogen vor die Statuen, ist einen halben Meter davor in der Luft stehengeblieben, ist zurückgeflogen und unter den Tisch hinunter. Hat nicht einmal die Statuen getroffen, obwohl die hundertprozentig hätten getroffen werden können.» Dergleichen paranormale Phänomene seien oft geschehen. Ein Zwanzig-Liter-Kanister mit Weihwasser aus San Damiano, den Anneliese nach Kaplan Roth geworfen habe, sei in der Luft stehengeblieben. Auf einer Fahrt nach San Damiano sei der Pilgerbus von schwarzen nackten Vögeln angegriffen worden, in ihrem Garten habe ein Windstoß die Dahlien umgeworfen. Als sie versucht habe, mit dem Handbeil einen Stock in den Erdboden zu treiben, um die Dahlien festzubinden, «da war das grad so, wie wenn einer so von unten raufhaut, das Handbeil fliegt hoch in die Luft, ich geh zurück, und das Handbeil fliegt mir daher ins Schienbein. Und geblutet hat das, o liebe Leut, ruck, zuck war der ganze Schuh voll mit Blut. Da hab ich gedacht: Da hat dir der Teufel wieder einen Streich gespielt.»

Immer wieder fühlt sich Thea Hein von Brandgeruch belästigt. Einmal stinkt das Wohnzimmer vier Wochen lang, dann das Schlafzimmer. Gegen Mitternacht will Herr Hein das Schlafzimmer betreten, doch kaum hat er die Tür geöffnet, weicht er nach Luft ringend wieder zurück. Er ruft seine Frau. Auch sie überzeugt sich von dem Höllengestank:

«Da hat's im Schlafzimmer gestunken, wie wenn fünfzig Pferde drinnen wären, nach Salmiak. Das hat gebissen. Die Tränen sind dir aus den Augen rausgeflogen, so hat das dadrinnen gestunken. Wir konnten nicht rein.» Immer wieder hört sie innere Stimmen und erlebt mehrfach Angriffe mit den Symptomen eines Schlaganfalls: «Oft schon, daß mich der Teufel umgeschmissen hat, daß ich bewußtlos war. Also, wenn der Teufel einen packt, schmeißt er einen um, das könne Sie sich überhaupt nicht vorstellen, das ist so furchtbar. Da ist alles ausgeschaltet, der ganze Körper. Da meint man, man liegt im Sterben, da liegst du im allerletzten Atemzug, kannst nichts rufen, kannst kein Fingerchen bewegen, nichts. Das einzige, was noch funktioniert, sind die Augen und der Verstand. Alles andere ist ausgeschaltet. Und das hab ich öfters mitmachen müssen. Und wenn ich dann im Geist gedacht hab – ich konnt ja nichts machen –, Muttergottes von San Damiano, hilf mir, hab ich schon gemerkt, daß der Druck da im linken Arm ein bißchen nachgelassen hat. Und wenn ich das dreimal – ich konnt ja nicht rufen, nichts – gedacht hab, im Geist, Muttergottes von San Damiano, hilf mir – war er weg. Da bin ich wieder zu mir gekommen. Dann war der ganze Arm geschwollen, dick, dann waren so rote Streifen da, das hat damals vier Wochen zugenommen und vier Wochen ab, da konnt ich nichts mehr heben. Das war auch einmal beim Exorzismus der Fall.»

Auch Anneliese ist den unsichtbaren Angriffen des Teufels ausgesetzt: «Wie oft hat der Teufel sie geschlagen!» Ohnmächtig habe sie und die Gemeinde zuschauen müssen. «Wie er ihr die Backe rüber- und hinübergeknallt hat, ununterbrochen. Der Kopf ist so geflogen und so geflogen, und die Ohrfeigen hier drauf. Und die Ohren waren geschwollen und rot. Den Teufel haben wir zwar nicht gesehen, aber die Ohrfeige, die sie gekriegt hat, das haben wir gesehen. Die war so zerschlagen, die konnte bald nicht mehr vor lauter Schlägen aus den Augen gucken. Einmal hat sie der Teufel so geschlagen, daß wir geglaubt haben, sie wird blind. Er hat ihr die Zähne reingehauen. Die Anneliese hat Zähne gehabt, so schöne wie Perlen. So schöne Zähne.»

Dramatischer Höhepunkt der ersten Exorzismusphase wird die sechzehnte Sitzung vom 31. Oktober 1975. Ausgerechnet am Reformationstag sollen die Dämonen weichen. Am Morgen dieses Freitags stellt der Klingenberger Hausarzt der Michels ein neues Rezept Tegretal aus. Pfarrer Alt telefoniert mit Pater Rodewyk, der ihn jedoch vor allzu großem Optimismus warnt: Die Teufel spielten oft Theater, und wenn der Exorzist glaube, er hätte sie alle vertrieben, dann seien oftmals doch noch einige verborgen, so daß er wieder von vorne anfangen müsse.

Zuerst spricht Anneliese über ihre Prüfungsängste, dann vom Weltuntergang, den sie für das Ende des Heiligen Jahres 1975 ankündigt: «Es wird ganz schön krachen. Ganz schön wird's krachen.»

Ein langes Gespräch mit Judas schließt sich an. Pater Renz häuft Vorwurf auf Vorwurf, Judas habe nicht nur den Herrn verraten und die Todsünde der Verzweiflung begangen, sondern treibe noch heute sein Unwesen: «Noch immer verrätst du deinen Herrn durch Sakrilegien. Noch immer verrätst du deinen Herrn durch Hostienraub, durch schwarze Messen, durch Mißbrauch des Allerheiligsten in der Eucharistie!»

Pater Renz überprüft die Anwesenheit der himmlischen und höllischen Geister. Neben den Dämonen Judas, Kain, Nero, Hitler, Fleischmann und Lucifer werden zahlreiche himmlische Helfer genannt: Die Muttergottes erscheint höchstpersönlich in einer Vision, Barbara Weigand ist gegenwärtig, der kleine Siegfried, Roths Neffe, Oma Michel, die Schwester Martha, Pater Pio, Therese von Konnersreuth, Bruder Konrad von Altötting, viele Schutzengel, der heilige Josef und der heilige Michael. Dann beginnt der Kampf.

Anneliese gibt so fürchterliche Geräusche von sich, daß alle Beteiligten vor Angst beben. Deutlich ist die tränenerfüllte Stimme ihrer Mutter zu hören. Anneliese faucht, grunzt, stöhnt, man hört Geräusche wie von einem Brechreiz, extremes Knurren, laute Schreie, als werde jemand bei lebendigem Leibe aufgeschlitzt. Dann gutturale Geräusche, vibrierendes Zäpfchen im Hals, schnelles Atmen wie unter Wehen, Stöhnen, Preßwehengeräusche, dann tiefes Durchatmen wie nach der Geburt. Anschließend hebt sich wieder die Geräuschkulisse, als leide jemand unter Stuhlverstopfung. Inmitten dieser barbarischen Szenerie singt die Hausgemeinde Marienlieder und betet «Gegrüßet seist du, Maria, voll der Gnaden», das auch die Dämonen als Zeichen ihrer Kapitulation sprechen müssen. Zuerst meldet sich der Zölibatsbrecher aus dem Ettlebener Pfarrhaus. Pfarrer Alt erkennt ihn als erster.

Anneliese: «Ich bin verdammt, weil ich so schlecht mein Amt verwaltet habe.»

Renz: «Wer bist du? Judas?»

Anneliese: «Nein.»

Alt: «Fleischmann?»

Anneliese: «Ja, ich muß jetzt gehen.»

Alt: «In die Hölle?»

Anneliese: «Ja!»

Dann sprechen, stammeln, grummeln die Dämonen Hitler und Kain. Sie sind schneller ausgetrieben als der sündige Pfarrer. Jeder Teufel muß ein Bekenntnis zur Muttergottes ablegen und den Grund seiner ewigen Verdammung nennen. Bei Hitler und Judas wird der Selbstmord als Ursache angegeben. Pfarrer Alt spricht es gegenüber dem Dämon Hitler selbst aus: «Und hast dich selbst umgebracht!»

Judas gesteht gleich, was man von ihm hören will: «Ich hab mich erhängt, weil ich verzweifelt bin!»

Anneliese: «Ich geh nicht raus!»

Im Hintergrund lacht Pfarrer Alt.

Anneliese: «Wo soll ich hinfahren?»

Renz (laut und entschieden): «In die Hölle!»

Anneliese: «Nein!»

Renz: «Da gehörst du hin!»

Anneliese: «Nein, nein, nein, nein.»

Renz: «In die Hölle gehörst du. Nur weil du's verdient hast, bist du dort.»

Am Ende weicht auch dieser Dämon. Jetzt ist nur noch Lucifer zu beschwören. Der Kampf gegen ihn beginnt mit einer langen Phase des Schweigens, als sammelten alle Beteiligten neue Kräfte. Pater Renz ruft den Erzengel Michael an, er möge Lucifer ein zweites Mal in den Abgrund stürzen. Schließlich ist nach langem Kampf auch der letzte Dämon aus Anneliese gewichen. Man hört, wie sie tief und erleichtert durchatmet. Anna Michel fordert alle auf, das Lied «Großer Gott, wir loben dich» zu singen, doch Pater Renz ermahnt, die Vorschriften des Rituale Romanum einzuhalten: «Wir müssen erst das große offizielle Gebet sprechen, beten, und dann singen wir das ‹Großer Gott, wir loben dich›!»

Wieder hört man die Stimme von Annelieses Mutter: «Oh, großer Gott! Ich koch für uns. Komm, Anneliesschen! Oh, war das schrecklich!»

Pater Renz gibt für das Protokoll die Uhrzeit 22.40 Uhr an und spricht das «Gebet nach der Befreiung» («Oratio post liberationem»):

> **«Wir bitten dich, allmächtiger Gott:**
> **der böse Geist habe nicht länger Macht**
> **über diese deine Dienerin Anneliese,**
> **sondern er fliehe und**
> **kehre nicht mehr zurück.»**

Dann stimmen alle das von der Mutter gewünschte Loblied an. Tränen der Erleichterung fließen.

Anneliese: «Jetzt bin ich wirklich frei.»

Anna Michel: «Ist die Gottesmutter noch da?»

Anneliese: «Ich weiß es nit!»

Anna Michel: «Wir freuen uns so.»

Anneliese: «Ja, es ist alles ganz anders.»

Renz: «Wir singen jetzt noch: ‹Maria zu lieben ist allzeit mein Sinn›.»

Da versetzt es der Gemeinde einen Schauder bis ins Mark, denn Anneliese gibt wieder die schrecklichen Geräusche von sich, die als Stimme der Dämonen gelten.

Anneliese: «Ich bin noch nicht heraus!»

Renz unterbricht den Gesang: «Laßt mal. Wer ist noch nicht draußen?»

Anneliese: «Ich!»

Renz: «Wer? Lucifer?»

Anneliese: «Ja.»

Renz: «Lucifer?»

Anneliese: «Ja!»

Nun beginnt ein dramatischer Kampf, in dem der Dämon seine Identität ständig wechselt. Mal gibt er seinen Namen mit Lucifer an, dann behauptet er, ein Dämon des Dritten Reiches zu sein, dann eine verdammte Frau, die allen Mitgliedern der Familie bekannt sei. Am Ende bleibt nur die große Erschöpfung und Enttäuschung. «Zuletzt haben wir dann gemerkt, wir packen den Teufel nicht mehr, wir packen den nicht», erinnert sich Thea Hein, «weil, das waren ja mehrere Teufel und viele, viele.» Pater Renz ordnet in den folgenden Sitzungen ein Fasten von achtzehn bis ein Uhr an, was besonders für Thea Heins Mann eine zusätzliche Belastung ist. «Das war so schlimm, daß wir gemerkt haben, wir packen's einfach nicht mehr. Ich hab mir das nie so lange vorgestellt. Ich hab mir gedacht, da wird vielleicht so zehn-, fünfzehnmal der Exorzismus gebetet werden, und dann kann's fertig sein. Das hab ich mir so gedacht. Aber daß das so lange anhält, das hätt' ja niemand geglaubt. Daß der Teufel eine so ungeheure Macht hat. Das war ja so schlimm. Wenn zum Beispiel der Pater gekommen ist und hat geweihte Medaillen oder so besondere hochgeweihte Partikel dabeigehabt, das hat er ihr manchmal auf den Kopf gelegt, da hätten Sie mal hören müssen, was der Satan sich gebogen und gewunden hat. Der hat geschrien: ‹Tu die Dinger runter!› Der hat genau gewußt, was für Reliquien das waren. Wir haben die Hölle erlebt. Wir haben die Hölle erlebt, das dürfen Sie glauben. Das kann man in Worten gar nicht schildern, was wir da mitgemacht haben, seelisch. Der Teufel hat so geschrien, daß wir nicht mehr gewußt haben, wo einem der Kopf steht. Pfarrer Habiger hat's nicht aushalten können.»

Wie der Schatten zum Licht und die Nacht zum Tag, so ist die Hölle dem Himmel zugeordnet. In den Abendstunden erklingen die Stimmen der Dämonen, tagsüber studiert Anneliese auf Anraten von Pater Renz die Schriften der Barbara Weigand und macht sich Exzerpte. Sie nimmt die ihr von Pater Renz angetragene Rolle der zweiten Barbara Weigand an, allerdings nur im Rahmen der kleinen Gruppe der Eingeweihten. In Würzburg erfüllt sie die völlig entgegengesetzte Rolle der Theologiestudentin, in deren geistiger akademischer Welt es weder Besessenheit noch Teufel gibt.

Der Himmel über Klingenberg setzt sich zusammen aus vielen sogenannten Sühneseelen, Menschen, die ihr eigenes körperliches oder seelisches Leiden bewußt angenommen und als Sühneopfer für eigene und fremde Sünden verstanden haben. Diese Himmelsmächte helfen Anneliese bei der Deutung und Bewältigung der eigenen Krise. Warum läßt Gott mein Leiden zu? fragt sie sich immer wieder. Was habe ich getan? Warum erfüllt mich immer wieder namenlose Angst? Woher kommt die innere Leere? Je stärker Anneliese von der Aussichtslosigkeit ihrer Lage überzeugt ist, desto dringlicher wird die Sinnfrage.

Wozu leide ich? Gleichgültig, ob Anneliese Michels Lebenslauf aus theologischer, psychologischer, psychiatrischer, neurologischer oder soziologischer Perspektive betrachtet wird – es bleibt die Frage nach dem Sinn ihres Leidens. Keine Diagnose, weder die der Epilepsie, der Schizophrenie, der Anorexia nervosa (Magersucht) oder Bulimie kann allein die Frage beantworten, die Anneliese seit ihrer Mittelberger Zeit umtreibt: Warum läßt Gott meine Ängste zu? Warum hilft er nicht? Warum ist Gott so fern?

Anneliese Michel wußte, daß ihr auf Erden nicht zu helfen war. Ihre Identifikation mit Christus, ihr Weg in den Tod, dem sie sich bald entgegenhungern wird, ist für sie die einzige legitime Möglichkeit, Hand an sich zu legen, ohne das Schicksal des Selbstmörders Judas erdulden zu müssen. Nach katholischer Auffassung würde ihr Freitod ein ewiges Schicksal in der Hölle besiegeln, das freiwillige Sühnopfer dagegen führt in den Himmel. Erinnern wir uns, daß Anneliese am Ende ihrer Mittelberger Zeit ihrer Mutter geschrieben hatte:

«Eins mußt Du Dir merken:
in den Himmel will ich kommen,
mag es kosten, was es will,
für den Himmel ist mir
nichts zu viel.»

Nun tritt sie durch ihren Leidensweg die Reise in den Himmel an. Der gekreuzigte Gottessohn selbst offenbart seiner irdischen Schwester Anneliese, daß ihr langgehegter Wunsch in Erfüllung gehen wird: «Du wirst eine große Heilige werden.» Anneliese hat diese Audition vom 20. Oktober 1975 in Dialogform notiert und gegenüber ihrem ersten Leser, Pater Renz, mit Bescheidenheitstopoi versehen:

«Heiland: Du mußt noch mehr aufschreiben.

Ich: Was denn?

Heiland: Das, was ich gestern abend sagte.

(Ich wollte es nicht aufschreiben, weil ich glaubte, es sei vom Satan; außerdem sträubt sich bei dem Gedanken meine Natur.)

Heiland verlangt von mir Gehorsam, deshalb schreibe ich es auf.

Heiland sagte: Du wirst eine große Heilige werden.

(Ich wollte das immer noch nicht glauben, da ließ mich der Heiland zum Beweis, daß ich richtig gehört hätte, Tränen weinen.)»

«Ich kann nicht mehr» – Chronik eines angekündigten Todes

«Es gibt das besondere Teilhaben
am Kreuz Christi
und seiner Todesangst.
Die wichtigste Grundhaltung
für das ärztliche Bemühen
ist die Ehrfurcht vor dem Geheimnis
der Geschichte eines Menschen
mit Gott.»
Anneliese Michel

In Würzburg beginnen die weltlichen Prüfungen. Enttäuscht hatte sich die Gemeinde nach dem vergeblichen Versuch der Austreibung der Dämonen am Reformationstag zurückgezogen. Montag, den 3. November, erscheint lediglich Pater Renz zur Sitzung. Einen Tag später fährt Anneliese nach Würzburg, wo sie Ende der Woche, am Freitag, dem 7. November, eine theologische Prüfung ablegt. Peter wohnt nicht mehr im Ferdinandeum. Er hat die schulpraktische Ausbildung begonnen.

Anneliese vertieft sich nun schrittweise in die Identifikation mit Christus. In der Anbetungskapelle des Neumünsters kniet sie stundenlang vor der lebensgroßen Statue des toten Christus. Der lohnt ihr die Treue, spricht zu ihr durch eine innere Stimme (Audition) und bestärkt sie, ihn gemeinsam mit ihrer Freundin Anna Lippert öfter in der Anbetungskapelle zu besuchen. In diesen lichten Momenten lösen sich auch die Verkrampfungszustände, das Steifwerden der Glieder, das Anneliese während der akuten Phasen der Selbstentfremdung spürt.

Die Verkrampfungen des Körpers sind auch Ausdruck der jeweiligen seelischen und religiösen Befindlichkeit. Wenn Anneliese von innerer Leere erfüllt ist, hat sie Eßstörungen und Schluckbeschwerden, kann deshalb auch nicht – wie in den zurückliegenden Wochen des Exorzismus – an der katholischen Meßfeier teilnehmen und die Hostie schlucken. In ihrer religiösen Welt aber bedeutet dies, vom Heil ausgeschlossen zu sein. Der unbehauste Mensch, der Mensch in der Gottesferne, steht fern vom Altar des Herrn. Umgekehrt ist die Teilnahme am Meßopfer für Anneliese und ihre Gemeinde Zeichen der wiederhergestellten Gottesnähe.

Nach der Prüfung entkrampft sich Anneliese seelisch und nimmt an einer Meßopferfeier teil. Dann fährt sie zu ihren Eltern, wo am Sonntagabend, dem 9. November, eine weitere Sitzung stattfindet. Mit Beginn der Woche sitzt sie in ihrem Würzburger Zimmer und studiert Bücher für ihre Zulassungsarbeit. Bis zum Ende des Wintersemesters währt dieser regelmäßige Wechsel zwischen Würzburg und Klingenberg, zwischen wissenschaftlichem Studium und freiwilliger Unterwerfung unter das archaische Ritual des Exorzismus.

In Würzburg weiß niemand von Annelieses innerem Zustand, und die kleine Klingenberger Gemeinde begreift nichts von den Inhalten des Studiums, die Anneliese unter der Woche beschäftigen. Annelieses Verlobter erinnert sich, «daß Anfälle außerhalb des Exorzismus in den Monaten von September 1975 bis April 1976 relativ selten waren. Sie traten nur dann auf, wenn Personen in ihrer Nähe waren, die von der Besessenheit wußten, oder wenn sie alleine war. Aus diesem Grund hatten nicht eingeweihte Personen keine Ahnung von Annelieses Besessenheit, was sie ja auch auf keinen Fall wollte.»

Unter dem regelmäßigen Rhythmus dieses Lebens in zwei Welten werden die Stimmen der Dämonen schwächer. So ruft Anneliese den Exorzisten zu: «Hören Sie doch besser uff!» oder: «Sie können sich ja das Maul fransig babbeln!»

Pater Renz versucht durch neue Listen den zerfasernden Diskurs mit den Dämonen zu stimulieren. Er bringt fünf verschiedene, äußerlich neutral aussehende Fläschchen zur Sitzung mit. Einige sind mit Weihwasser, andere mit gewöhnlichem Leitungswasser gefüllt. Nacheinander wird jedes Fläschchen geöffnet und Anneliese mit Wasser besprengt. Keine Reaktion zeigt sie bei normalem Wasser, doch nach der Besprengung mit heiligem Wasser aus dem südfranzösischen Wallfahrtsort Lourdes beginnt sie erwartungsgemäß zu toben und zu schreien.

Am Freitag, dem 21. November, benutzt Pater Renz einen Splitter vom Kreuz Christi, Reliquien des Vinzenz von Paul, des im Kampf gegen den Teufel erprobten Pfarrers von Ars, und vor allen Dingen eine Reliquie von Papst Pius X., dem Schutzpatron der Pfarrkirche von Schippach und Namensgeber der ultraorthodoxen Bruderschaft des Erzbischofs Lefebvre. Anneliese wird durch diese Sitzung so weit aus der Bahn geworfen, daß sie die kommende schulpraktische Prüfung für die Missio canonica (27. November) nur unter großen Schwierigkeiten besteht. Auf der folgenden Sitzung vom Freitag, dem 28. November, beschwert sich Anneliese über die erneute Abwesenheit von Pfarrer Alt.

Anneliese: «Die Drecksau von Ettleben, die läßt sich überhaupt nimmer blicken.»

Pater Renz will den Amtsbruder in Schutz nehmen und verweist auf die Witterungsverhältnisse: «Der kann heute nicht fahren, weil es so glatt ist.»

Anneliese: «Ja, das ist kein Grund!»

Anfang Dezember kommt Annelieses Schwester Gertraud aus Fátima für einen längeren Weihnachtsurlaub nach Klingenberg. Natürlich wird über ihre Erlebnisse und Erfahrungen gesprochen. Das Heilige Jahr 1975 geht zu Ende. Doch die geheime dritte Botschaft von Fátima ist vom Papst nicht veröffentlicht worden. In Portugal hat es auch in diesem Jahr wunderbare Heilungen gegeben, in Klingenberg aber bleibt das Wunder aus. Alle Bemühungen, im Heiligen Jahr ein Zeichen zu setzen, sind bislang vergebens gewesen. Immerhin flammt durch Gertrauds Rückkehr für einen Moment ein Zeichen der Hoffnung auch in Anneliese auf.

Gemeinsam singt die Familie wie in alten Zeiten Lieder. Besonders zu Ehren der Muttergottes. In Fátima war sie den Seherkindern Jacinta, Lucia und Francisco erschienen, 1858 in der Grotte von Massabielle (Lourdes) gleich achtzehnmal der vierzehnjährigen Bernadette Soubirous, Mama Rosa durfte die Muttergottes in San Damiano sehen, andere erfuhren ihre Nähe in Heroldsbach oder Montichiari. Auf der Sitzung vom 8. Dezember erlebt Gertraud nun zum ersten Mal das Ritual. In Annelieses Welt ist dieses Datum ein bedeutsamer Marienfeiertag. Entsprechend hoch ist die Erwartung eines Wunders. Am 8. Dezember 1854 hatte nämlich Papst Pius IX. das Dogma von der Unbefleckten Empfängnis Mariens («Ineffabilis Deus») als verbindliche Glaubenslehre der katholischen Kirche verkündigt und mit einer massiven Warnung an alle Gläubigen verbunden:

«Sollten daher, was Gott verhüte, sich welche herausnehmen, im Herzen anders zu sinnen, als von Uns definiert wurde, so sollen diese erkennen und fortan wissen, daß sie, durch eigenen Richterspruch verurteilt, Schiffbruch im Glauben erlitten haben und von der Einheit der Kirche abgefallen sind.»

Auf der Sitzung am Festtag der Gottesgebärerin kommen beide Pole von Annelieses Seele zur Geltung. Die Stimmen der inneren Leere sprechen von der Gottesferne, von atheistischen Anfechtungen und gehen weiter bis zur nihilistischen Erfahrung. Jesus habe nie gelebt, sagen sie, und der Glaube an ein Weiterleben der Seele nach dem Tod sei eine Illusion. Dann folgt als himmlische Gegenmelodie die Stimme der Therese von Konnersreuth, und plötzlich sagt Anneliese, sie sei nun wieder in der Lage, die Kommunion zu empfangen. So fährt sie mit Peter Himsel in die Pius-X.-Kirche, kniet auf den Stufen des Altars vor Pater Renz nieder und öffnet den Mund. Bis zum Beginn der Fastenzeit geht sie nun regelmäßig zur Kommunion. Dies bestärkt die Eltern in der vorsichtigen Hoffnung auf eine endgültige Befreiung ihrer Tochter. In einem Brief an Pater Rodewyk vom 22. Dezember 1975 senden sie Segenswünsche zum bevorstehenden Weihnachtsfest. «Wir selbst haben noch nicht das Glück, uns voll und ganz zum Weihnachtsfest zu freuen. Unsere Anneliese trägt immer noch ihr Kreuz. Das Leiden ist zwar viel besser geworden. Sie kann seit kurzer Zeit die heilige Kommunion empfangen. Am letzten Freitag erfuhren wir, daß sie alle rausgehen möchten, aber der göttliche Heiland will das nicht. Und so müssen wir ausharren.»

Damit ist der Wandel angesprochen, der sich in Annelieses Selbstdeutung ihres Leidens vollzogen hat. Im Oktober wollten die Dämonen nicht weichen, nun möchten sie aus Annelieses Seele schlüpfen und dürfen es nicht, weil sie Mittel zum Sühneopfer geworden sind. Das klingt auch auf der letzten Sitzung des Jahres vom 30. Dezember an.

Anneliese: «Wir gehen nicht, weil der's nicht zuläßt!»

Renz: «Der göttliche Heiland?»

Anneliese: «Ja, der will es nicht haben.»

Renz: «Der will, daß ihr bleibt?»

Anneliese: «Ja!»

Dann schreien die Stimmen aus der Tiefe in unendlichen Variationen: «Wir wollen raus, raus, raus, raus! Wir wollen raus, raus, raus, raus!»

Die Eltern appellieren in ihrem Weihnachtsschreiben an Rodewyk, er möge doch Einfluß auf Bischof Stangl nehmen. Sie versuchen ihn mit den alten kirchenpolitischen Forderungen vom Monat Oktober zu locken. «Der Bischof soll das alles veröffentlichen, bevor ein großes Strafgericht hereinbricht! Der Bischof in Würzburg soll sich dazu äußern! Und darauf warten wir schon die ganze Zeit, denn die Äußerung wird davon abhängig gemacht. Lieber Herr Pater! Können Sie uns einen guten Rat geben? Auch wurde verlangt, daß die Kassette vom 10. 10. 75 voll und ganz dem Bischof Josef in Würzburg unverkürzt vorgelegt wird. Pater Arnold Renz, Schippach, soll das erledigen. Pfarrer Alt hat dem Bischof schon persönlich berichtet. Die Kirche hat zuviel modernisiert. Der liebe Heiland ist darüber sehr gekränkt, und der Himmel macht nicht mit. Wir sind ständig im Gebet und harren auf das, was da kommen soll.»

Anfang Januar 1976, zu Beginn ihres Todesjahres, arbeitet Anneliese wieder in Würzburg. Peter Himsel besucht sie. Sie unterhalten sich über die bevorstehende Prüfung vom 15. Januar. Anneliese ist während des Gesprächs ruhig und ausgeglichen. Doch unvermittelt verzieht sich auf einmal ihr Gesicht, sie beginnt zu knurren und versetzt Peter einen Schlag. Zugleich fordert sie ihn, mühsam nach Worten suchend, dazu auf, sie mit Weihwasser zu besprengen. Peter gehorcht, greift nach dem Weihwasserkanister aus San Damiano, öffnet ihn und benetzt Anneliese. Sogleich sei sie wieder ruhig geworden, und sie hätten das Gespräch fortsetzen können.

Diese Anfälle außerhalb der Sitzungen nehmen in den kommenden Wochen zu. So berichtet Thea Hein von einer Attacke in der Buchhandlung. Anneliese will ein Buch über die heilige Rita von Cascia kaufen. Die um das Jahr 1380 in Umbrien geborene Heilige gilt, wie der heilige Judas Thaddäus, als Helferin in aussichtslosen Lagen und in Examensnöten. Auch zählt sie zu den Vorbildern der Demut und der mystischen Versenkung in die Passion.

Wie Anneliese vor der Statue des toten Christus in Würzburg betet, warf sich die heilige Rita nach einer sie erschütternden Passionspredigt in ihrer Zelle vor dem Bild des Gekreuzigten nieder und bat ihn, er möge ihr nur einen einzigen Dorn aus seiner Krone schenken. Da sei plötzlich ein Dorn aus der Dornenkrone gesprungen und habe die Heilige an der Stirn getroffen. Bis an ihr Lebensende habe sie aus der so entstandenen Wunde geblutet. Aus dornigem Gestrüpp macht sie sich einen Bußgürtel und entzieht sich, sooft sie es vermag, dem Schlaf. Als Anneliese nun das Buch über die heilige Rita kaufen will, schreit der Dämon inmitten der Buchhandlung aus ihr heraus, so daß sie panikartig das Geschäft verläßt.

In der letzten Januarwoche beginnt Anneliese in Würzburg mit Bußübungen und einer zunehmenden Einschränkung der Nahrungsaufnahme. Trotz der Winterkälte verzichtet sie auf warme Kleidung und schläft nur unter einer leichten Decke. Auch kehren die sexuellen Attacken vom vergangenen Sommer wieder und der Zwang, sich entkleiden zu müssen. Anna Michel erinnert sich an jene Tage im gemeinsamen Gespräch mit Thea Hein und mir am 26. August 1994.

Anna Michel: «Dann hat's ja so gejammert. Da war's so kalt draußen, da hat's zehn oder fünfzehn Grad minus gehabt. Da hat sie gejammert: ‹Ich durfte gar nichts anziehen!› Also keinen Schlafanzug und nichts. Keine Zudecke, keine Decke und nichts, hat sie gesagt: ‹Ich hab so gefroren.› Und kein Mensch hat so gebittelt und gebettelt. Hat sie gesagt: ‹Den ganzen Himmel hab ich bestürmt, daß ich mich zudecken darf. Die da oben waren wie taub. Die waren alle taub, da oben, das hat kein Mensch gehört.›»

Thea Hein: «Weißt du, was sie schon oft gesagt hat? Die Verlassenheit, die Gottesverlassenheit, hat sie so gespielt wie Jesus am Kreuz.»

Anna Michel: «Ja, wie der Heiland am Kreuz.»

Thea Hein: «Die Gottesverlassenheit.»

Anna Michel: «Warum hast du mich verlassen?»

Die Eskalationen vom Juli und August 1975 spielten sich in der Verborgenheit des Elternhauses ab. Mit Mühe gelang es der Gemeinde, Annelieses Zustand zu verbergen. Nun aber, im Studentenwohnheim, ist sie ihrem Einfluß entzogen. Wenn sie halbnackt durch die Flure des Ferdinandeums rast, mit dem Kopf gegen die Wand schlägt oder sich unter einem Anfall krümmt, dann kann der Fall an die Öffentlichkeit kommen. Das will aber niemand, auch Anneliese nicht. Am Mittwoch, dem 26. Januar, kommt deshalb Peter wieder zu Hilfe.

Anneliese ist inzwischen so geschwächt, daß sie nicht an den ihr wichtigen Gesangsstunden teilnehmen kann. Als sie sich am Freitag vom Bett erhebt, wird ihr schwindelig, sie eilt zum Fenster, öffnet es und erbricht Galle. Anschließend kann sie etwas Milch zu sich nehmen. Mit Peter fährt sie an diesem 28. Januar nach Klingenberg zurück, wo sich ihr Zustand stabilisiert. Sie ißt Wurstbrote, darf aber unter dem Diktat einer inneren Stimme keine Gurken zu sich nehmen. Mit dem Vater gibt es Konflikte wegen des Eßverhaltens.

Durch ein langes Gespräch mit Pater Renz vom Dienstag, dem 1. Februar 1976, erfahren wir, wie sich Anneliese in diesen Tagen fühlt. Sie berichtet von ihren Gesprächen mit dem Heiland, die desto intensiver werden, je mehr sich Pfarrer Alt zurückzieht. Jesus ist jetzt Annelieses Vorbild und geistlicher Geliebter, dem sie in sämtlichen Phasen seines Lebens nachfolgt bis in die Nacht vor der Kreuzigung, die er im Garten Gethsemane verbringt. Dort hat er den eigenen Tod vor Augen, und Angst erfüllt seine Seele, so daß es ihm den Blutschweiß auf die Stirne treibt. Er bittet den Vater, den Kelch des Leidens von ihm zu nehmen, wenn dies sein Wille sei. Doch der Vater will, daß sein Sohn geopfert wird, und so ist der Sohn gehorsam, wie Anneliese, die Gottes geliebte Tochter sein möchte.

Sie identifiziert sich mit Jesus, sie erlebt mit jeder Faser ihres Wesens die Stunden der Einsamkeit auf dem Ölberg nach. Jesus hatte damals seine Jünger gebeten, mit ihm zu wachen, ihm treu zu bleiben. Sie aber fallen in einen tiefen Schlaf, lassen ihn allein in der Not. Auch in diesem Alleinsein des Gottessohnes findet sich Anneliese jetzt wieder. Pater Renz berichtet sie von den Forderungen, die Jesus an sie stellt.

«Es war auch so, daß ich keine Handschuhe anziehen durfte und keine Kappe aufsetzen durfte, obgleich es doch so kalt draußen war. Es ist eigentlich nicht so schlimm, aber wenn es so kalt war wie in der Woche, mich hat es ganz schön abgeschüttelt! Und nachts durfte ich mich nicht gescheit zudecken.»

Dann erzählt sie von ihren Eßstörungen.

«Wenn ich einen riesigen Hunger habe und will essen, dann ist eine Schranke vor, das ist wie ein Zwang: Ich darf das nicht!»

In den letzten Januarwochen habe sie kaum etwas essen dürfen. Diesen Zwang will sie von freiwilligen Opfern unterschieden wissen.

«Ich höre mich dann plötzlich angesprochen: ‹Also, Anneliese, mache jetzt das!› So ähnlich. ‹Du mußt jetzt diese Schuhe anziehen!› So höre ich das. Ich höre das nicht wörtlich gesprochen. Ich bekomme das zu wissen, daß das so gemacht werden muß. Bei freiwilligen Opfern, wenn ich zum Beispiel nur Milch getrunken habe oder trockenes Brot gegessen habe, habe ich freiwillig wählen können. Da war überhaupt kein Druck dahinter.»

Pater Renz gegenüber berichtet Anneliese auch von den Konflikten mit ihrem Vater.

«Die Mama oder der Papa hatten zwei Scheibchen geschnitten zum Essen. Ich habe sie aber nicht gegessen, da ich schon merkte, daß ich sie nicht essen durfte. Ich wußte nicht, was ich machen sollte. Dem Papa wollte ich sie nicht geben, weil ich ihm vorher erzählt hatte, daß ich nichts essen durfte und daß ich so gefroren habe. Ich habe aber nicht alles erzählt, sonst hätte er geschimpft, wenn ich sie ihm wiedergegeben hätte. Er schimpft dann, ich solle doch essen, weil ich sowieso nicht so dick bin. Nach einer Weile durfte ich sie dann essen. Das ist ab und zu, daß ich etwas nicht darf, und dann darf ich es doch. Oft kommt es willkürlich.»

Diese asketischen Übungen geschehen ausdrücklich gegen den Willen von Pater Renz und Annelieses Eltern. Renz geht sogar so weit, daß er die inneren Stimmen, denen Anneliese meint folgen zu müssen, dem Teufel zuschreibt. Während des langen Gesprächs vom 1. Februar 1976 weist er immer wieder darauf hin, daß der Satan gerne die Gestalt eines Engels annehme und seine Stimme imitiere, um die Menschen zu täuschen. Ganz undenkbar aber sei es, daß der Heiland einen Menschen zu einem bestimmten Verhalten zwinge. Anneliese sieht das anders. Zwischen sich und dem Heiland will sie keinen Raum mehr für die Stimmen der Unterwelt lassen. Alles, was geschieht, kommt von ihm, selbst ein Dämon könnte nichts unternehmen, wenn es ihm nicht von Christus erlaubt wäre: «Ja, aber zugelassen hat es der Heiland aber trotzdem!» antwortet sie, als Pater Renz erneut die Dämonen für Annelieses Einflüsterungen verantwortlich machen will.

Anneliese ist nun so radikal, daß sie auch ihren Zwang zur Entkleidung auf eine Eingebung des Heilands zurückführt:

«Ich hatte ja gedacht, es ginge wieder richtig los, daß ich keine Minute schlafen könnte. Ich habe auch wirklich gedacht, daß ich noch nackt rausgehen muß. Im Sommer habe ich einmal gedacht, das gibt es nicht, es kann niemand verlangen, daß ich das mache, daß ich mich nackt ausziehe und vor anderen Leuten erscheine, und trotzdem war es im Sommer so gewesen. Und so habe ich gedacht, es kommt auch wieder so.»

Als Pater Renz nachfragt, bestätigt Anneliese ihre Empfindungen.

«Ja, also es ist wirklich wahr, das befiehlt ein anderer!»

Sie weiß, daß nach Auffassung des Paters zwanghafte Stimmen immer «von unten» aus der Hölle kommen.

«Aber das komische ist immer noch: Ich soll jetzt das und das machen, ich soll mich jetzt ausziehen, das merke ich erstens, und zweitens höre ich es auch ein bißchen. Und dann meine ich immer, das wäre der Heiland! Also das ist urkomisch! Das stellt sich immer so hin, als wäre es der Heiland!»

«Der tut das nicht!» erwidert Pater Renz bestimmt.

«Ja, also das verstehe ich nicht. Zum Beispiel habe ich mich während der ganzen Woche aufgerieben, und dann mußte ich immer wieder dieselben Schuhe anziehen und mußte herumlaufen. Das blanke Fleisch schaute schon heraus. Es hat weh getan, und ich mußte immer wieder die Schuhe anziehen. Gestern durfte ich diese Schuhe hier anziehen. Das stellt sich dann immer wieder so hin, als wäre es der Heiland! Also jedenfalls muß ich es machen, ob es jetzt der Heiland ist oder der andere. Ich muß es machen! Da kann ich mich überhaupt nicht dagegen wehren. Ich wehre mich zwar, aber es hilft nicht die Bohne. Je mehr ich mich dagegen wehre und sträube und will es absolut nicht machen, um so schlimmer wird es nämlich.»

Stimmen hat Anneliese immer wieder vernommen. Während des Abiturs haben sie ihr eingeflüstert, sie sei verdammt. Doch damals seien die Stimmen angstauslösend gewesen.

«Beim Abitur, danach hatte ich es genauso schlimm. Obwohl: Da war es etwas anderes, so ein furchtbares Grausen!»

Auch im zurückliegenden Sommer, als sie den Zwang verspürt hatte, stundenlang auf den Knien gemeinsam mit ihrem Vater den Rosenkranz zu beten, waren die Eingebungen angstbesetzt.

«Das mußte ich! Das war furchtbar! Oh, Herr Pater, ich habe ein Grauen bekommen, das glaubt kein Mensch.»

Diese namenlose Angst, diese Erfahrung der dunklen Seite Gottes habe dazu geführt, daß sie sich von allem religiösen Leben entfremdet fühlte, denn sie habe Christus für ihre Ängste verantwortlich gemacht, «weil er das zugelassen hat, daß das so grausam war». Im Unterschied zu damals seien die Stimmen der Gegenwart nicht mehr furchteinflößend. Deshalb können sie nicht aus der Hölle kommen.

«Aber die Stimme, die mir das sagt, die ist nicht schlimm. Die ist nicht furchterregend. Überhaupt nicht!»

Pater Renz bleibt die Welt, die Anneliese vor ihm ausbreitet, so fremd wie ihren Eltern. Bis zu ihrem Todestag wird der alte China-Missionar beschwörende Gebete gegen die Dämonen sprechen. Doch diese antworten nicht mehr. Mit dem 28. Februar 1976, dem Tag, an dem Anneliese vor genau sechs Jahren zur Kur nach Mittelberg aufgebrochen ist, sind sie endgültig verstummt. Pfarrer Alt ahnte zumindest, daß Anneliese nicht mehr zu helfen war. Denn in einem Gespräch fragt ihn Peter:

«Was glaubst du, wie lange dauert das noch, bis das mal vorbei ist? Das hält man ja gar nicht durch!»

Peter und Anneliese hatten ja vor, nach der Heilung zu heiraten. Doch Pfarrer Alt antwortet: «Mach dir keine großen Hoffnungen. Die besessen waren, haben oft danach nicht mehr lange gelebt. Ich weiß auch nicht, wie das ausgeht.»

Pater Renz vollzieht seinen bischöflichen Auftrag jedoch stur weiter, betet den Exorzismus, obwohl er sieht, daß es für Anneliese eine reine Quälerei ist, wie sich Peter erinnert: «Man hat ja gemerkt, wenn man hinkommt, betet den Exorzismus, da wird's ja eigentlich schlimmer. Das war ja irgendwie das tragische daran, jedenfalls in der letzten Zeit.»

Von Aschermittwoch bis zum Karsamstag dauert die Passionszeit, in der sich gläubige Christen nach altem Brauch in die Leiden Christi vertiefen. Am Aschermittwoch, dem 3. März 1976, taucht Anneliese in die Passion des Gottessohnes ein. Für sie wird es kein Osterfest und keine Auferstehung auf Erden mehr geben. Mit der Bahn fährt sie an diesem Tag nach Würzburg zurück, um an ihrer Examensarbeit zu arbeiten. Am folgenden Freitag, dem 5. März, kehrt sie nicht, wie verabredet, nach Klingenberg zurück. Freundinnen haben sie in völlig verkrampftem Zustand nur mit Slip und Unterhemd bekleidet auf dem Fußboden ihres Studierzimmers liegend gefunden. Anneliese ist ansprechbar, sagt, ihr fehle nichts, man solle sie in Ruhe lassen. Die Freundinnen helfen ihr beim Aufstehen und begleiten sie ins Bett.

Da sie nicht in den Fall eingeweiht sind, vermuten sie ein

Menstruationsleiden als Ursache für Annelieses Unwohlsein. Dennoch verständigen sie die Angehörigen. Peter setzt sich sofort in seinen Wagen und fährt nach Würzburg. Er redet Anneliese gut zu, doch sie weigert sich, nach Hause zu kommen. Immer wieder, wenn sie einen Bus oder die Bahn besteigen wolle, versteiften sich ihre Glieder, sagt sie. Eine innere Stimme befehle ihr, in Würzburg zu bleiben. Auch sei es ihr unmöglich, mit ihren Eltern zu telefonieren, denn sobald sie den Hörer in die Hand nehmen wolle, träten die Verkrampfungen wieder auf.

Peter spricht mit Annelieses Eltern. Sie beschließen, mit Pater Renz und Roswitha am Sonntag, dem 7. März, nach Würzburg zu fahren. Anneliese liegt im Bett. Schläft sie? Ist sie bewußtlos? Der Exorzist beginnt mit den Beschwörungen. Die Stimmen der Unterwelt sind verstummt, kein Dämon läßt sich zum Widerspruch provozieren.

Anneliese braucht keine Dämonen mehr, um den Sinn ihres Leidens zu deuten. Ohne die Augen aufzuschlagen, reagiert sie auf die Gebete des Priesters mit einem matten Lächeln, spricht aber kein Wort. Mit den Eltern fährt Pater Renz zurück. Roswitha bleibt im Ferdinandeum, um ihre Schwester zu betreuen. Unter ihrer Pflege erholt sich Anneliese rasch. Schon am Dienstag, dem 9. März, sucht sie den Vertrauensarzt des Studentenheimes Dr. Helmut Wolfert auf und läßt sich ein Rezept für Tegretal ausstellen. Der Mediziner weiß, daß Anneliese in ihrer letzten Examensphase steht. Ihren Erschöpfungszustand führt er offenbar darauf zurück.

Hatte sich Anneliese früher verkrampft, wenn sie mit religiösen Gegenständen wie Reliquien, Weihwasser oder der Hostie in Berührung kam, so zeigen sich nun diese Symptome bei der Begegnung mit ihren Eltern, Pater Renz und Pfarrer Alt. Keine Schwierigkeiten hat sie indes, Thea Hein zu besuchen. Thea Hein holt sie vom Bahnhof in Sulzbach ab. Im vertrauten Gespräch sagt Anneliese: «Du, Thea, stell dir vor, der Heiland hat zu mir gesagt, es kommt eine Zeit, und die ist nicht mehr fern, dann wird die ganze Welt vom Teufel und der Hölle sprechen. Was meinst du dazu?»

Thea Hein: «Du, das kann ich mir gar nicht vorstellen.»

Anneliese: «Das kann ich dem Pater nicht sagen.»

Thea Hein: «Anneliese, vielleicht hast du es auch nicht richtig verstanden. Wenn der Heiland wieder kommt, fragst du noch einmal.»

Anneliese aber spricht von ihrem Tod. Was immer in den nächsten Wochen geschehe, sie wolle nicht, daß ein Arzt bestellt werde. Auf den Knien bittet sie Thea Hein um ihr Versprechen, nicht zuzulassen, daß sie in eine Heilanstalt eingeliefert wird. Thea Hein sichert ihr die gewünschte Hilfe zu. Später auf der Fahrt zum Bahnhof kündigt Anneliese wieder Brandgeruch an. Kaum gesagt, stinkt es auch schon, so daß Thea Hein an den Straßenrand fahren und den Wagen bei geöffneten Türen und geöffneter Heckklappe lüften muß.

Obwohl die Fastenzeit angebrochen ist, schlingt Anneliese große Mengen Nahrung, meist doppelte Portionen, in sich hinein. Wieder spricht sie von einem Zwang, dies tun zu müssen. Peter gegenüber erwähnt sie die wunden Stellen an ihren Füßen, erklärt ihm aber nicht den Ursprung vom barfüßigen Laufen in den Schuhen. Anneliese spricht von diesen Hautabschürfungen als ihren Stigmata. Sie sind symbolischer Ausdruck ihrer Christusidentifikation: «Sie sind zwar äußerlich verheilt, aber ich spüre den Schmerz in den Füßen ständig», erklärt sie. Diese unsichtbaren Wundmale habe sie auch an den Handflächen. Den Schmerz spüre sie mal stärker, mal schwächer. Als körperlicher Ausdruck ihrer seelischen Identifikation mit der Passion Christi wird er durchaus real gewesen sein.

«Sie hat dauernd geklagt», erinnert sich Anna Michel, «daß sie sehr viel Schmerzen an der Handfläche hat. Sie hat den Heiland gebeten, daß sie die Wundmale nicht sichtbar kriegt, weil sie doch schreiben mußte, und sie hätte dann nicht mehr studieren können. Das wäre nicht mehr möglich gewesen. Dieser Wunsch ist ihr erfüllt worden.»

Gertrauds Urlaub geht zu Ende. Am 1. April fliegt sie nach Portugal zurück, um wieder die deutschsprachigen Pilger zu betreuen. Sie wird ihre Schwester nicht mehr lebend wiedersehen.

Bis zum Beginn der Karwoche, also der letzten Woche vor Ostern, arbeitet Anneliese zügig an ihrer Examensarbeit. In ihr versucht sie ihre eigenen Ängste rational zu durchdringen. An eine Bewältigung oder gar Aufhebung ihrer eigenen Ängste glaubt sie nicht. Die Examensarbeit liest sich im nachhinein wie ein Kommentar zu Annelieses Christusidentifikation und eine Rechtfertigungsschrift für ihren Weg in den Tod. Sie ist ihr Testament. Das gesamte Wortfeld der Besessenheit wie «Teufel», «Dämonen», «Exorzismus» taucht in dieser wissenschaftlichen Arbeit nur in biblischen Verweisen auf. Pfarrer Alt und Peter Himsel werden als einzige Mitglieder der Klingenberger Gemeinde die Ausführungen auch intellektuell verstanden haben. Abgabetermin ist der 5. Mai 1976.

In ihrer Examensarbeit verweist Anneliese auf wichtige Theoretiker der Angst wie Søren Kierkegaard, Paul Tillich, Martin Heidegger, Sigmund Freud, Jean-Paul Sartre oder Alexander Mitscherlich. Sie zitiert ausführlich Rudolf Affemann, Fritz Riemann («Grundformen der Angst»), den Klassiker «Das Christentum und die Angst» des Freud-Schülers Oskar Pfister und beruft sich mehrfach auf moderne Theologen wie Norbert Greinacher.

In der Einleitung zu ihrer Examensarbeit wird sofort deutlich, was Dr. Veth, Annelieses erster Leser, das persönliche Engagement nennt. Anneliese spricht von der Aktualität des Themas, nennt Beispiele wie Angst vor Umwelt- und Atomkatastrophen, Angst vor dem eskalierenden Terrorismus, Angst vor der Überbevölkerung, der zunehmenden Verstädterung und Verslumung und kommt dann auf die existentiale Dimension der Angst zu sprechen, ihr eigenes Problem.

Schon auf der zweiten Seite spricht sie von der «Sinnlosigkeit des eigenen Lebens» und der «Sinnlosigkeit der Liebe», also der nihilistischen Erfahrung: «Es ist die Angst, das Leben könnte trotz aller Teilziele, die der Mensch besonders setzen kann, im Grunde als Ganzes doch sinnlos sein. Sicher wird diese Angst am meisten konkret in der Furcht vor dem eigenen Tod, der diese Fraglichkeit des sinnvollen Daseins am deutlichsten sichtbar macht.» In Anlehnung an Martin Heidegger formuliert Anneliese: «Mit dem

Entgleiten des Seienden in der Angst drängt sich das Nichts herein.» Diese Ängste treten hervor bei schwerer Krankheit und dem Erlebnis der Langeweile und können «mit dem Freitod, mit einem Selbstmord enden».

Ängste können von außen an den Menschen herangetragen werden, schreibt Anneliese weiter und wird dabei an ihre Eltern gedacht haben. Sie spricht von den Traumatisierungen der Kriegsgeneration, dem Kalten Krieg und der Angst vor dem Kommunismus. Kain, Judas, Hitler hießen die Chiffren der Angst auf den exorzistischen Sitzungen, nun spricht sie von Neurosen, Psychosen, vom Es und der strengen Stimme des Über-Ichs. In ihrer Arbeit zitiert Anneliese Künstler wie Edgar Allan Poe, den opiumsüchtigen Thomas de Quincey oder Vincent van Gogh, um das «Janushaupt» der Angst darzustellen: «Sie kann den Menschen zur Selbstvervollkommnung, zu erhöhter Leistung und zur Tüchtigkeit anspornen, oder sie kann sein Leben und das seiner Umgebung schwer beeinträchtigen. Wie bei vielen anderen Erscheinungen im menschlichen Leben scheint es auch bei der Angst lediglich eine Frage ihres Grades, ihrer Intensität zu sein, ob sie sich vorteilhaft oder verderblich auswirkt.»

Im psychologischen Teil erläutert Anneliese im Anschluß an Freud die neurotischen und psychotischen Formen der Angst, spricht von den negativen Auswirkungen eines zu stark ausgeprägten Über-Ichs: «Die Folge eines zu starken Über-Ichs wäre ein Verklemmtsein, man traut sich nichts mehr zu und glaubt, alles falsch zu machen.» Sie setzt sich mit dem Phänomen der Platzangst auseinander, wie sie es selbst auf ihrer ersten Wallfahrt nach San Damiano erfahren hat, spricht von Todesangst, Schweißausbruch, Zittern, hochfrequentem Puls, rasendem Herzklopfen als Folgen. Ausführlich werden anschließend die angstauslösenden Faktoren der Religion am Beispiel des Alten Testaments entfaltet.

Der persönliche Bezug tritt unmittelbar in den Ausführungen zum Neuen Testament hervor. Anneliese zitiert die berühmten Wundergeschichten und Dämonenaustreibungen, darunter die Geschichte vom besessenen Gerasener (Markus 5,1–20) als

Beispiele für Geschichten zum Thema Angst. Die Aufgabe Jesu sei die Befreiung von den Dämonen, von den Ängsten gewesen. Doch habe die Befreiung auch neue Ängste, einen heiligen Gottesschauer ausgelöst. Jesus hatte das Gebot der Liebe verkündigt. «Es ist möglich, daß dieses neue Gebot der Liebe noch mehr Angst erzeugt: Man kann ja nicht mehr nachprüfen, ob man genug getan hat!»

Damit bringt Anneliese das zentrale Problem der Klingenberger Gemeinde auf den Punkt: die Angst vor der modernen Welt und der Erneuerung der Kirche. Die traditionelle Frömmigkeit war wie ein genau ausgearbeitetes Gesetzbuch mit klaren Vorschriften. Wer sich daran hielt, konnte sicher sein, daß er in den Himmel kommt. Der Katholik fühlte sich entlastet. Wer regelmäßig zur Beichte ging, wer die Gebete nicht vergaß, wer als Priester die Soutane trug, der konnte sicher sein, im Heil zu stehen. «Eine Erneuerung der Kirche, dies muß nicht ein Bruch mit der Tradition sein, ist ohne Angst nicht zu haben.» Dazu gehöre Trauerarbeit und Überwindung der Angst vor der Wahrheit.

Die Angst vor der modernen Welt ist die Angst vor der Freiheit. Anneliese hatte bei weltlichen und geistlichen Seelsorgern Hilfe gesucht. Sie war in der Behandlung von Ärzten und Psychologen, sie unterwarf sich freiwillig den archaischen Ritualen des Exorzismus. Von beiden Seiten erfuhr sie keine wirksame Hilfe. Auch darauf spielt sie in ihrer Arbeit an: «Zusammenfassend kann man sagen, daß weder die Kirche noch die moderne Gesellschaft Möglichkeiten gefunden haben, um der Ängste Herr zu werden.»

Dann entfaltet Anneliese den Weg Jesu in den Tod, dem sie selbst folgen wird. Auch Jesus habe Todesangst gehabt. In der Schilderung seiner Todesangst porträtiert sie sich selbst: «Alle Evangelien berichten von der Todesangst Jesu in den stärksten physischen Erfahrungen: Heftiges Zittern, die Angst wirft Jesus zu Boden, blutiger Schweiß, seelische Erschütterung, lautes Schreien, Flehen, Tränen und Angst.» Da Jesus aber die Angst vor dem Tod nicht genommen wird, hat sie eine pädagogische Dimension; dadurch, daß Gott die Angst zuläßt, fordert er Glaubensgehorsam und Annahme seines Willens.

Damit ist der zentrale Aspekt des Themas für Anneliese berührt. Als angehende Religionspädagogin hat sie die Aufgabe, Formen der Aufarbeitung und Überwindung der Angst für den schulischen Bereich zu entwickeln. Es ist daher kein Zufall, daß sie in diesen Apriltagen zum entscheidenden dritten Kapitel ihrer Arbeit nicht mehr vordringen kann. Denn für sie selbst gibt es keine Überwindung, sondern nur die Annahme der Angst. In einer persönlichen Anmerkung zu den Wunderheilungen Jesu und seiner Befreiung vieler Besessener von der Angst formuliert sie ihre eigene Theologie der Sühnebesessenheit:

«Hierzu sei noch bemerkt, daß Jesus nicht alle Kranke heilte. Auf die Frage des Warum kann nur damit geantwortet werden, daß es Gott auf den Seelenzustand des Menschen ankommt. Ein Mensch, der fähig und gewillt ist, ein Leid zu tragen, und dem Gott es dann nicht abnimmt, der erreicht schließlich für sich viel mehr, als er ohne das ertragene Leid erreicht hätte.»

Anneliese weiß, daß ihr kein Arzt und kein Seelsorger mehr wird helfen können, und sie ahnt die kritischen Stimmen, die sich nach ihrem Tod erheben werden. Die Psychiater werden von einer schweren Angstpsychose sprechen, die Medien und auch die moderne Theologie werden in ihr das Opfer antimodernistischer Kreise sehen. Selbst wenn diese Urteile zutreffend wären, klärten sie jedoch nicht Annelieses Frage nach dem Sinn ihres Leidens.

Ihre Antwort entfaltet sich ausgehend von folgender Unterscheidung: Es gebe eine Heilung von neurotischen oder psychotischen Ängsten, für die der Psychologe zuständig sei, und eine Heilung von der religiös bedingten Angst, die aus einem Schuldigsein vor Gott resultiert. «Den neurotischen Menschen zu heilen ist deshalb nicht die Aufgabe des Priesters, sondern die des Arztes. Aber er hat ihm auch zu zeigen, wie er trotz seiner Neurose, die ihm vielleicht auch ein Arzt nicht nehmen kann, sein Heil wirken kann. Die seelsorgerliche Tätigkeit ist eine andere als die des Arztes.» Dieser elementare Aspekt der Selbstdeutung unterscheidet deutlich zwischen religiöser und psychischer Heilung. Auch ein psychisch unheilbar kranker Mensch, ein Schizophrener, ein Psychotiker, ein von Neurosen geplagter Mensch kann trotz seiner

Krankheit von Gott angenommen sein. Religiöses Heilsein, religiöse Erlösung läßt sich also nicht am Zustand körperlicher oder seelischer Gesundheit ablesen. Anneliese formuliert dies so: «Die Psychotherapie hat es mit der Heilung der Erkrankung der Seele zu tun. Sie kann das Heil finden, ohne im psychischen Bereich geheilt zu sein.»

Von Christusnachfolge, Sühne, Buße, Opfermut ist in Annelieses katholischer Welt oft die Rede gewesen. Wie viele ihrer Zeitgenossen ist Anneliese Michel jedoch radikal und kompromißlos. Sie gehorcht dem Gebot der Nachfolge Christi. «Da hat sie gespürt, daß sie das mit dem Leben bezahlen muß», sagt Anna Michel. Anneliese habe Christus in einer Vision geschaut und ihrem himmlischen Bräutigam Treue bis in den Tod geschworen. «Sie hat dem Heiland das Jawort gegeben.»

Aus der Verworfenen ist die Erwählte geworden: Anneliese Michel hat Muttergottesvisionen wie die Seherkinder von Fátima, sie trägt die Wundmale Christi wie Therese von Konnersreuth, doch führt ihr eigener radikaler Weg weit über diese Vorbilder hinaus. Wie ihr himmlischer Bräutigam Jesus will sie ein Sühneopfer sein. Das ist der Stoff, aus dem früher die Heiligenlegenden gewoben wurden. Wäre Anneliese Michel dreihundert Jahre zuvor geboren worden, hätte niemand an diesem Selbstverständnis Anstoß genommen. Jetzt gilt sie als Fall für die Psychiatrie. Deshalb spielen sich auch die letzten Wochen ihres Lebens hinter den Kulissen ab.

In der Passionszeit des Jahres 1976 taucht Anneliese tiefer in das Mysterium ihres himmlischen Bräutigams, des leidenden Gottessohnes Jesus, ein und erklärt ihrer Mutter: «Ja, man will schon leiden, aber wenn's mal so schlimm wird, dann will man halt nicht mehr.»

Nach ihrer mystischen Hochzeit mit Jesus habe sie in einer weiteren Vision mit dem Heiland gesprochen und ihn gefragt, ob er ihr das Eheversprechen und den Schwur einer Treue bis in den Tod nicht abnehmen könne. Der himmlische Bräutigam habe geantwortet: «Du hast mir dein Jawort gegeben, ich nehm es nicht zurück.»

Mit ihrem Gehorsam folgt Anneliese den Tugendidealen ihrer Kindheit. Deshalb kommentiert ihre Mutter rückblickend und vergleicht ihre Tochter mit der Jungfrau Maria: «Die Muttergottes hat ja auch ihr Jawort gegeben für die Empfängnis. Und wenn ja gesagt ist, ist im Himmel ja gesagt. Und so ist das auch mit der Ehe. Wenn ja gesagt ist vor dem Altar, ist ja gesagt. Das Ja, das bleibt.»

In der Nacht von Dienstag auf Mittwoch, den 14. April 1976, fühlt sich Anneliese wie getrieben, begibt sich schließlich in die Hauskapelle des Ferdinandeums und betet dort auf dem Fußboden kniend bis zum Morgengrauen. Jetzt versenkt sich ihre Seele in das, was Anneliese «das besondere Teilhaben am Kreuz Christi und seiner Todesangst» nennt. Immer wieder beugt sie dabei den Kopf auf die Fliesen und schlägt sich das Kinn blutig.

Der Donnerstag der Karwoche gilt als Tag des letzten Abendmahls Jesu. Am Freitag wird er gekreuzigt und stirbt in der frühen Nachmittagsstunde um drei Uhr. Dazwischen liegt die Nacht der Todesschauer, die Einsamkeit im Garten Gethsemane, die Stunde der Angst am Ölberg. Anneliese verbringt den Gründonnerstag ab acht Uhr abends in der Neumünsterkirche. Hier ist das Allerheiligste zur Anbetung ausgestellt, also nach katholischem Glauben Christus leibhaftig gegenwärtig.

Kaum hat sich Anneliese in einer Bank niedergekniet, sitzt ihr bereits die Angst im Nacken. Es ist die Todesangst Jesu. Gleichzeitig fühlt sie sich wie von tausend Gewichten nach unten in die Bank gedrückt. Es fröstelt sie. Die Füße werden zu Eisklötzen, kalter Angstschweiß bildet sich auf ihrer Stirn. Bald fühlt sie sich am ganzen Körper wie unter hohem Fieber völlig durchnäßt. Sie hat das Gefühl, ihre Adern quöllen an den Händen zentimeterstark hervor, so daß sie befürchtet, sie könnten jeden Augenblick platzen und ihr Schweiß in Blutschweiß übergehen. In diesem Ausnahmezustand verbringt Anneliese die gesamte Anbetungszeit bis gegen Mitternacht. Zurückgekehrt in ihr Zimmer im Ferdinandeum, fühlt sie sich von unsichtbarer Hand auf den Boden geworfen und verbringt dort eine schlaflose Nacht.

Ihre Kommilitonin Mechthild Scheuering findet sie steif auf

dem Boden liegend am Morgen des Karfreitags. Nachmittags zur Todesstunde Jesu gehen beide wieder in die Kirche. Anneliese verharrt in einem Seitengang, verkrampft sich und ist auch nach Stunden nicht zur Umkehr zu bewegen. Mechthild ist ratlos, eilt hinüber ins Wohnheim und stößt dort auf Peter. Schnell laufen sie zur Kirche. Peter blickt in Annelieses Gesicht, sieht die Verspannungen und weiß sofort, was los ist. Anneliese ist nicht ansprechbar, kann nur durch Augenbewegungen signalisieren, daß sie Peter erkannt hat. Peter kniet sich in einer Kirchenbank nieder und betet für Anneliese. Nach etwa fünf Minuten hört er ein lautes Krachen, «als ob bei ihr alle Gelenke gleichzeitig aus ihrer Starre gelöst würden».

Anneliese kann sich nun bewegen, kommt auf Peter zu, und beide wollen die Kirche verlassen. Doch kurz vor dem Hinterausgang, in einer nur an den Kartagen geöffneten Seitenkapelle, möchte Anneliese einen Blick auf das dort ausgestellte große Bild werfen. Es zeigt wieder ein Passionsmotiv: die Beweinung Christi. Sein Anblick löst in Anneliese neue Verkrampfungen aus. Erst gegen acht Uhr, als die Kapelle verschlossen werden soll, ist sie wieder ansprechbar und verläßt mit Peter die Kirche.

In ihrem Zimmer berichtet sie ihm von den Erlebnissen des vergangenen Tages. Nun habe sie eine Ahnung von dem, was Christus gelitten habe. Schüttelfrost packt sie. Dann fällt sie in eine vierzehn Tage dauernde Erstarrung. Nicht mehr ansprechbar bleibt sie in ihrem Bett liegen. Peter telefoniert mit Annelieses Eltern. Am Montag, dem 19. April, trifft Roswitha in Würzburg ein. Sie wird in den kommenden zwei Wochen im Ferdinandeum wohnen und Anneliese pflegen. Mehrfach versuchen Peter und Roswitha, Anneliese anzukleiden und nach Klingenberg zu fahren, doch jedesmal versteifen sich dabei ihre Glieder. Die Situation spitzt sich dramatisch zu, als Anneliese beginnt, die Nahrungsaufnahme zu verweigern.

Daß die Heimleitung von den Vorgängen im Ferdinandeum nichts gewußt haben will, scheint kaum nachvollziehbar. Denn inzwischen wissen sämtliche Studentinnen auf dem Flur, daß Anneliese seit Tagen kaum ansprechbar in ihrem Bett liegt. Sie sind besorgt, wollen einen Arzt einschalten, doch Roswitha beteuert, Anneliese werde sich schon wieder fangen. Doch rückt der 5. Mai, der Abgabetag der Arbeit, näher. Anneliese ist nicht die einzige Studentin, die von Examensängsten geplagt wird. So finden sich Freundinnen ein, die ihr helfen wollen.

Anna Lippert, die von Peter in den Fall eingeweiht worden war, sucht mit Elisabeth Kleinhenz den Studiendirektor Dr. Veth auf, um bei ihm eine Verlängerung der Abgabefrist für Anneliese zu erbitten. Anträge von Verlängerungen der Abgabefrist gehören zum Alltag von Prüfungskommissionen, doch daß die Kandidatin ihre Bitte nicht selbst vorträgt, ist ungewöhnlich. Dr. Veth soll deshalb nachgefragt haben, warum Anneliese nicht selbst vorspreche. Mit dem Hinweis, daß sie krank das Bett hüte und von ihrer Schwester gepflegt werde, sei er zufrieden gewesen.

Dr. Veth erklärt Anna Lippert, für die Verlängerung der Abgabefrist sei der Vorsitzende des Prüfungsausschusses Dr. Schröder zuständig. Anneliese solle ihm ein Attest einreichen. Doch dann passiert etwas Unerwartetes, das Anneliese zwingt, ihr Zimmer zu verlassen.

Außerhalb von Annelieses Zimmer nimmt der Studentenalltag seinen Lauf. Man trifft sich mit Kommilitonen, geht auf Partys und genießt das Frühjahr. Eine Situation, die Anneliese seit ihrer Jugendzeit kennt. Das Leben spielt sich vor ihrer Tür ab. Auch Roswitha hat Kontakt zu den Studenten. Sie ist eine sehr attraktive junge Frau und voller Lebenslust. In Würzburg hat sie den Pflegedienst für ihre Schwester übernommen, sie ist aber auch zugleich der Umklammerung durch ihre Eltern entkommen.

Junge Männer haben ein Auge auf sie geworfen. Einer stellt ihr nach, will sie gegen ihren Willen ergreifen, Roswitha fühlt sich bedroht, öffnet ein Fenster, droht zu springen. Der Bursche läßt nicht locker. Sie springt und verletzt sich dabei so stark am Fuß, daß der Bänderriß im Krankenhaus behandelt werden muß. Wer soll nun auf Anneliese aufpassen? Sie schreit und tobt die ganze Nacht, Telefonate zwischen Würzburg und Klingenberg gehen hin und her.

Pater Renz ist der letzte, den man jetzt brauchen kann, Anneliese will auch nicht nach Klingenberg zurück, benötigt aber Betreuung. So wird der Mann in die Pflicht genommen, der Annelieses Leidensgeschichte von Anfang an als seinen Fall empfunden hatte und ohne dessen Vermittlung der Bischof niemals die Erlaubnis zum Exorzismus gegeben hätte. Am nächsten Morgen, es ist Samstag, der 1. Mai, ist Pfarrer Alt wieder in Annelieses Zimmer. Sofort lösen sich die Verkrampfungen, Anneliese frühstückt wieder, unterhält sich in der Küche, «als sei in den letzten Wochen nichts geschehen».

Nach dem Bericht von Pfarrer Alt hat er selbst Dr. Veth an diesem Tag in den Fall eingeweiht. Er habe ihm erklärt, daß Anneliese nicht krank, sondern besessen sei und mit der offiziellen Genehmigung des Würzburger Bischofs «behandelt» werde. Als katholischer Priester weiß Dr. Veth sich zum Gehorsam verpflichtet. So unterbindet er nicht, daß Pfarrer Alt Anneliese zu sich ins Pfarrhaus nach Ettleben nimmt. Pater Renz informiert in einem Schreiben vom 2. Mai den Bischof über den Stand der Ereignisse.

Peter Himsel begleitet Anneliese nach Ettleben. Gemeinsam nehmen sie eine Mittagsmahlzeit ein. Anschließend will Peter das schöne Wetter ausnutzen und einen Spaziergang unternehmen. Vielleicht stellt sich wie damals in Röllbach ein lichter Moment ein? Doch Anneliese zieht es auch in Ettleben wie magisch an die Orte, wo sich die Bilder befinden, die Ausdruck ihrer seelischen Befindlichkeit sind und damit die Krise verstärken. Sie geht mit Peter in die Pfarrkirche von Ettleben. Dort findet sich auf einem frisch restaurierten Deckengemälde der Kampf des Erzengels Michael gegen die Rottengeister der Hölle dargestellt. Der Anblick des Dämonenstreits löst in Anneliese sogleich neue Verkrampfungen aus. In den Bann geschlagen, weigert sie sich, die Kirche zu verlassen, erklärt, hier die drei Stunden bis zur Abendmesse verharren zu wollen. Peter holt Pfarrer Alt zu Hilfe.

Die Szenen wiederholen sich. Als der Geistliche sich neben Anneliese setzt und eine Weile betet, zeigt sie sich bereit, ihm ins Pfarrhaus zu folgen. Doch kaum in ihr Zimmer zurückgekehrt, verschlimmert sich wieder ihr Zustand. In den folgenden Tagen lehnt sie jede Nahrungsaufnahme ab, sie verkrampft sich, liegt stundenlang auf dem Boden, hebt die Türen aus, schreit ohne Unterbrechung, wirft die Matratzen auf die Flure und verschiebt die Betten. Vor einem Jahr, am 1. Juli 1975, hatte Pfarrer Alt durch seine exorzistischen Gebete eine Eskalation herbeigeführt. Auch jetzt im Ettlebener Pfarrhaus erlebt Anneliese einen Rückfall in die erste große exorzistische Phase vom Herbst 1975, sie zerreißt Rosenkränze und schreit laut.

Hatte sie sich zu Beginn des Jahres immer stärker mit Christus identifiziert, so löste die Darstellung des Engelsturzes auf dem Deckengemälde eine erneute Identifikation mit den Höllenbewohnern aus. Da nach katholischer Anschauung die Verdammten für alle Zeit ruhelos in der Hölle schreien und vor Angst mit den Zähnen knirschen, erlebt nun auch Anneliese diesen Zustand der Verworfenen nach. Anneliese knirscht so laut mit den Zähnen, daß Peter und Pfarrer Alt vor lauter Angst das Zimmer verlassen.

Peter erinnert sich:

«Sie hat immer nur rumgeschrien den ganzen Tag da oben. Sie mußten im Pfarrhaus immer sämtliche Fenster zuhalten, daß man's draußen nicht hörte. Das war das Schlimmste auch. Man mußte es vor der Öffentlichkeit geheimhalten. Und die ständige Brüllerei, die da immer war, ganz tiefe, furchtbare Töne und laut. Man konnte also im Zimmer dort nie lüften. Wir haben manchmal draußen gehorcht: Hört man's denn? Man hat's ja nur noch im Ohr gehabt, irgendwie das Geschrei. Das war schon schlimm gewesen. Dann hat die Hauswirtin reagiert, und – die war eingeweiht gewesen – die war also zuverlässig und hat nichts weitergesagt.»

Inzwischen ist auch Roswitha wieder so weit genesen, daß sie der Haushälterin helfend zur Seite stehen kann. Am Freitag, dem 7. Mai 1976, erfährt Anneliese eine Wiederholung der Erlebnisse vom Karfreitag. Als Pfarrer Alt nach einer Visite im Dorf um halb eins das Pfarrhaus betritt, vernimmt er einen lauten Schrei: «Roswitha, komm, die bringen mich um!»

Alt eilt die Treppe hoch und findet Anneliese mit einer Bettjacke bekleidet und einer um die Hüfte gewickelten Decke auf dem Bett liegend. Schwer und stoßweise geht ihr Atem.

«Bitte helfen Sie mir, die bringen mich sonst um!» fleht sie.

«Man sah, daß sie litt», berichtet Ernst Alt. «Man sah aber nicht, an was sie litt. Ihr Zustand unterschied sich von einem Zustand der Besessenheit darin, daß sie voll bewegungsfähig war, nicht tobte und auch nicht auf die bekannte Weise schrie. Sie war ganz sie selbst. Ich begann sofort den Exorzismus zu beten.»

Der Bericht zeigt erneut die vollkommene Hilflosigkeit des Pfarrers und die Angst, die ihn zunehmend erfaßt. Obwohl Anneliese nach Alts Wahrnehmung nicht im Zustand der Besessenheit ist, greift er dennoch zu den exorzistischen Gebeten.

«Es änderte sich in ihrem Schmerz nichts. Es stellte sich die eigenartige Situation ein, daß Anneliese dalag wie jemand, der bei einem Unfall angefahren wurde und irgendwelche Schmerzen hat, so daß die Umstehenden nichts anderes tun können, als auf den Arzt zu warten.»

Gerade das aber macht der Exorzist nicht. Statt einen Arzt zu rufen, betet er weiter «ununterbrochen den Exorzismus». Völlig hilflos, verschlimmert er damit nur Annelieses Leiden. Er fragt sie nicht einmal nach dem Grund ihres Schmerzes und ihrer Angst. Selbst in Panik geraten, häuft er Beschwörung auf Beschwörung. Anneliese windet sich hin und her. Sie schreit: «Ich ersticke! Ich bekomme keine Luft mehr!»

Alt betet ohne Unterbrechung über eine Stunde. Sinnlos häuft er die Gebete, ahnt wahrscheinlich das ganze Ausmaß der kommenden Katastrophe. Die Geister, die er gerufen hatte, lassen ihn nun nicht mehr los.

Anneliese erlebt die Sterbestunde Jesu nach. Ihr Signal ist unüberhörbar, denn sie zitiert gegen drei Uhr nachmittags eines der Todesworte Jesu: «Ich habe Durst.»

Alt will ihr Wasser reichen und ist irritiert, als sich Anneliese zu trinken weigert und den Kopf abwendet. Das Zitat aus dem Johannesevangelium «Ich habe Durst» (19,28) ist keine wirkliche Bitte um ein Getränk. Seine Botschaft lautet: Mir geht es so wie Jesus in seiner Todesstunde. Doch Alt will gerade das nicht wahrhaben. Er möchte die Identifikation mit dem sterbenden Gottessohn zu einer Bitte um ein Getränk verharmlosen.

Als die erfahrenen Priester in Aschaffenburg mit dem Fall Michel konfrontiert wurden und keine Anzeichen von Besessenheit feststellen konnten, war es Ernst Alt, der sich über sie erhob. Er hatte die Lawine losgetreten, die ihn nun im eigenen Pfarrhaus zu verschütten droht. Er war ausgezogen, den Teufel zu besiegen. Nun lehrt ihn dieser das Fürchten. Einst glaubte er an seine priesterliche Macht. Jetzt erlebt er die Ohnmacht seines Amtes.

Annelieses Körper ist zerschunden und abgemagert, ihre Seele ist verzweifelt. Doch mit unglaublicher Kraft und Willensanstrengung des Geistes wird sie ihre Examensarbeit vollenden. «Jesus befreit von der Fixierung auf Gericht und Gesetz», schreibt sie und grenzt sich damit von ihrer eigenen frühreligiösen Erziehung ab. Das Christentum sei keine Religion der Angst, sondern der Liebe. Die Botschaft Jesu laute: «Du bist angenommen und geliebt.» Diese wirke «angstlösend». Anneliese hatte die Wirkungslosigkeit der unendlichen Bannsprüche gegen die Dämonen erfahren, deshalb bittet sie in den letzten Lebenswochen immer wieder um den priesterlichen Zuspruch der Gnade, Liebe und Vergebung Gottes. Pfarrer Alt gibt ihr die gewünschte Lossprechung, doch seine Worte haben keine heilende Wirkung. Für einen Moment reagiert Anneliese positiv, sagt: «Das war gut! Das war besser als der ganze Exorzismus!» – doch dann fällt sie in den Ausnahmezustand zurück und schreit: «Mir macht keiner mehr was vor. Ich weiß jetzt, wo's hingeht!»

Pfarrer Alt wird immer verzweifelter, bis er – wie bereits vor einem Jahr – kapituliert und die Eltern bittet, Anneliese abzuholen. Am Sonntag, dem 9. Mai 1976, fahren Anna und Josef Michel nach Ettleben. Das Wiedersehen im Pfarrhaus des Exorzisten schildert Annelieses Mutter:

«Ich kann Ihnen sagen, da haben wir wahrhaftig den Teufel gesehen. Der hat sich in sie hineingesteckt. Das muß der Lucifer gewesen sein. Da war die Anneliese ein völlig anderer Mensch. Das war ganz schlimm. Und so stolz ist die da gegangen. Das sieht man, das ist der Fürst dieser Welt. Die hat eine andere Gestalt angenommen. Da ist die so stolz gegangen, wie im Parademarsch, wie so ein Soldat im Parademarsch geht. Es war ganz entsetzlich.

Da darf ich gar nicht dran denken, sonst schlaf ich nicht mehr. Das war der Teufel in Person, das war das Entsetzlichste, was ich erlebt hab.»

Doch wohin mit Anneliese? Nach Lohr ins Landeskrankenhaus? Nach Würzburg in die Psychiatrie? Wie soll man den Ärzten Annelieses Zustand erklären? Würden diese nicht die ganze Familie und den Geistlichen in die geschlossene Abteilung einweisen? Müßte jetzt nicht Bischof Stangl in die Verantwortung genommen werden? In Ettleben kann Anneliese nicht bleiben. Vergeblich versuchen Peter Himsel und die Eltern sie zu überreden, sich freiwillig ins Auto zu setzen. Dann greift man ihr unter die Arme. Anneliese wehrt sich energisch, läßt sich fallen, so daß Peter Himsel das Gefühl hat, sie nähme auf dämonische Weise an Gewicht zu. Doch mit vereinten Kräften gelingt es schließlich den Männern, Anneliese die Treppe vom ersten Stock des Pfarrhauses hinunterzutragen. Dabei brüllt sie laut und beruhigt sich auch während der Fahrt im Wagen kaum. Kann man sie in diesem Zustand dem Bischof zeigen? Dazu fehlt allen der Mut, und so geht die Fahrt an Würzburg vorbei in den Tod.

In Klingenberg angekommen, ist Pater Renz bereits zur Stelle, doch bringt er die Dämonen nicht mehr zum Sprechen. Buchhalterisch spricht er Tagesberichte von unglaublichem Zynismus auf das Tonband: «Heute hat er (der Dämon) gar nichts gesagt.» «Er hat wiederum nichts gesagt. Es ist nichts Besonder's los.» Anneliese ist tief eingetaucht in das Geheimnis ihres am Kreuz leidenden Bräutigams und zitiert immer wieder dessen Todesworte: «Bringt mir Wasser!» Von Todesängsten gequält, läuft sie ruhelos durch das Haus, reißt nachts die Tür zum Schlafzimmer ihrer Eltern auf und schreit: «Raus aus den Betten! Macht, daß ihr rauskommt! Es gibt bei uns keinen Schlaf!»

Doch für den Exorzisten Renz «ist nichts Besonder's los». Wie Patienten in den geschlossenen Abteilungen der Psychiatrie muß Anneliese Tag und Nacht betreut werden. Damit ihre lauten Schreie nicht von den Anwohnern gehört werden, wird ihr Bett in dem schmalen Flur des ersten Stockwerks aufgestellt. Der Raum ist so eng, daß man gerade eben an dem Bett vorbeigehen kann.

Selbst die robuste Thea Hein und ihr Mann können diesen Zustand nicht mehr ertragen. Doch Pater Renz kennt kein Erbarmen. Zum Entsetzen der Familie hält er sogar das Bild der Geschundenen mit der Kamera fest und mißbraucht Anneliese als Demonstrationsobjekt, wenn er fremde Besucher ins Haus Michel führt, die sich den Fall einmal ansehen wollen. «Mich hat das auch gewundert», berichtet Anna Michel. «Dann hab ich noch gedacht: Für was macht der jetzt die Fotos? In diesem Zustand! Ich konnte sie bald nicht anschauen.»

Josef Michel telefoniert mit einem Nonnenkloster in Aschaffenburg und bittet die Schwestern, Anneliese wenigstens für eine Nacht zu sich zu nehmen, damit sie einmal ausschlafen und neue Kräfte schöpfen können. Doch auch die Nonnen haben wie alle anderen Angst. Annelieses Eltern und ihre Schwester Roswitha wagen sich nicht mehr hinzulegen, denn jederzeit müssen sie während des Schlafs einen tätlichen Angriff befürchten.

Inzwischen ist die Abgabefrist für die Examensarbeit überschritten worden. Darüber werden Anna und Josef Michel durch Dr. Veth persönlich informiert. Der Theologe gibt ihnen den Ratschlag, ein Attest einzureichen, um nachträglich eine vierzehntägige Verlängerung der Frist zu erwirken. Am 17. Mai sucht Josef Michel den Hausarzt der Familie, Dr. Martin Kehler, auf. Dieser will jedoch ein Attest für Anneliese nur ausstellen, wenn er sie auch untersucht hat, und vereinbart deshalb einen Termin für einen Hausbesuch. Anneliese ist zu diesem Zeitpunkt nicht nur abgemagert, sondern durch ihre zahlreichen Selbstverletzungen voller blauer, roter und schwarzer Flecken um die Augen. Ihre linke Wange ist dick angeschwollen, wie auch Pater Renz in seinem Brief vom 2. Juni 1976 an Bischof Stangl berichtet. Dieser äußere Zustand ist der Grund, warum Josef Michel den mit Dr. Kehler vereinbarten Hausbesuch kurzfristig telefonisch absagt. Anna Michel versucht durch den Würzburger Arzt Dr. Wolpert ein Attest zu bekommen. Doch auch dieser verweigert eine Ferndiagnose und verweist auf den Hausarzt. Schließlich gelingt es Pfarrer Alt, durch seinen eigenen Hausarzt in Werneck ein Attest für Anneliese zu bekommen.

Anneliese weiß, daß sie sterben wird. Wenn sie dennoch in einer unglaublichen Willensanstrengung den dritten Teil ihrer Examensarbeit vollendet, dann zeigt dies die persönliche Bedeutung des Themas. In den wenigen Momenten der Konzentration schreibt Anneliese an dem letzten großen Kapitel «Kind und Angst», das zu ihrem intellektuellen Testament wird.

Hier ist dokumentiert, welche existentielle Erfahrung Anneliese mit dem religiösen Begriff der Besessenheit verbindet. Der ängstliche Mensch, schreibt sie, «fühlt sich befallen, beschattet, verfinstert, gelähmt und ohne Vertrauen zu sich selbst».

Aus Sicht der Freudschen Psychoanalyse sind Dämonen und Teufel Personifikationen des Unbewußten: «Die Dämonen sind uns böse, verworfene Wünsche, Abkömmlinge abgewiesener, verdrängter Triebregungen. Wir lehnen bloß die Projektion in die äußere Welt ab, welche das Mittelalter mit diesen seelischen Wesen vornahm; wir lassen sie im Innenleben der Kranken, wo sie hausen, entstanden sein.»

Unter Berufung auf Sigmund Freud führt Anneliese die Lebensangst des Erwachsenen auf die Primärangst des Säuglings zurück. Zu den negativen Einflüssen des Elternhauses auf die seelische Entwicklung des Kindes zählt sie die Atmosphäre der Vernachlässigung durch Eltern, die keine Zeit für ihr Kind haben, und eine lieblose Familienatmosphäre: «Das Kind wird abgelehnt, weil es unerwünscht war.» Diese Primärangst wirke sich später auch auf die Schulangst aus. «Die Prüfungsangst wird im Elternhaus grundgelegt. Leistungsangst und damit Prüfungsangst wird erlernt. Prüfungsängstliche Kinder sind besonders in ihrer Selbstentfaltung gehemmt worden. Sehr oft wurden abwertende Urteile über die Leistungen dieser Kinder in der Familie gefällt. Andererseits wurden an das Kind sehr hohe Forderungen gestellt, denen es zwar genügen wollte, dies aber nicht fertigbrachte. So entstand die Schulangst. Ihre Folge war, daß die weiterbestehenden Leistungsforderungen Ängste auslösten.»

Neben dem Elternhaus, fügt Anneliese in einer persönlichen Anmerkung hinzu, sei es vor allen Dingen die Schule selbst mit ihren überhöhten Anforderungen, die Prüfungsängste auslöse.

Anneliese faßt zusammen: «Mangel an echter und altersgemäßer Geborgenheit in der Frühzeit ist gleichsam die Kurzformel für die Entwicklung schizoider Persönlichkeitsanteile.»

Annelieses zweiundneunzig Seiten umfassende Examensarbeit wird am 28. Mai 1976 im Fachbereich Erziehungswissenschaften der Würzburger Universität eingereicht. Bis auf ein Praktikum hat sie damit sämtliche Teilprüfungen erfolgreich abgelegt. Während Dr. Ernst Veth einen ersten Blick in die Arbeit wirft, wird Anneliese von dem Frankfurter Arzt Dr. Richard Roth besucht. Dr. Roth ist mit Pfarrer Alt befreundet und kennt durch ihn Aufnahmen von den exorzistischen Sitzungen. Wie sein Freund ist er besonders an okkulten Erscheinungen und paranormalen Phänomenen interessiert. Deshalb sucht er mit Alt am Sonntag, dem 30. Mai, das Haus der Familie Michel auf.

Angeregt durch das Abhören der Tonbänder befindet auch er sich in einem seelisch labilen Zustand und will an Annelieses Füßen die Stigmata gesehen haben. Nicht nur Neugierde führt ihn nach Klingenberg. Pfarrer Alt erhofft sich durch seinen Freund medizinische Hilfe für Anneliese. Als sie den engen Flur im Obergeschoß betreten, erblicken sie Anneliese. Sie wird von Barbara und Roswitha gestützt, weil sie immer wieder versucht, mit dem Kopf gegen den Türrahmen zu schlagen. Dann gehen Pfarrer Alt und Dr. Roth hinunter in das Wohnzimmer.

Beim Kaffeetrinken kommt es zwischen Dr. Roth und den Eltern zu einem Gespräch über das Phänomen der Besessenheit. Dem Freund von Pfarrer Alt werden paranormale Kräfte nachgesagt, und in ihrer verzweifelten Situation sind Annelieses Eltern bereit, jede Hilfe anzunehmen. Wahrscheinlich hoffen sie sogar, ähnlich den Angehörigen von schwer Krebskranken, auf ein Wundermittel. Gegen den Teufel aber gebe es keine Spritzen, soll Roth gesagt haben. Später vor Gericht bestritt er, die Äußerung getan zu haben.

Josef Michel schenkt dem Frankfurter Arzt eine Broschüre mit dem Titel «Sieg der Unbefleckten – Berichte über Teufelsaustreibungen» und bittet ihn, ein Attest für Anneliese auszustellen. Während Dr. Roth der Bitte entspricht und das Formular ausfüllt, schreit Anneliese, noch immer gestützt auf ihre Schwestern, in ständiger Wiederholung: «Ich kann nicht mehr!»

Pater Renz teilt dies in seinem Brief vom 2. Juni 1976 dem Bischof mit. Doch Bischof Stangl zeigt keine Reaktion. Am 8. Juni 1976 sieht Pfarrer Alt Anneliese zum letzten Mal lebend. Ihr Zustand ist erschütternd. Sie ist abgemagert, beißt ein Loch in die Wand, so daß dabei ein Zahn abbricht; ihre Arme sind voller Bißwunden und Narben; sie tobt, stößt mit dem Kopf durch eine Glasscheibe der Flurtür. Pfarrer Alt ist wie gelähmt. Seine Angst ist nun so groß, daß er nicht einmal wagt, dem Bischof Bericht über Annelieses Zustand zu erstatten. Für zwei Wochen zieht er sich ins Ettlebener Pfarrhaus zurück. Unterdessen setzt Pater Renz in Klingenberg sein Werk fort, obwohl Anneliese immer wieder klagt: «Ich kann nicht mehr!»

Aus Verzweiflung beginnt auch Anna Michel den Exorzismus über ihrer Tochter zu sprechen. Es ist der 20. Juni 1976. Anneliese schreit und tobt, schlägt sich Nase und Gesicht blutig und macht pausenlos Kniebeugen. Über sechshundert am Tag wollen die Eltern gezählt haben. Anna Michel schläft nachmittags vor Erschöpfung ein. Als sie mit ihrem Mann die Abendmesse in Klingenberg besucht, wird ihr so übel, daß sie die Kirche verlassen muß. Draußen übergibt sie sich. Josef Michel telefoniert nun mit Pater Renz, der gerade in seinem Dienstzimmer am Schreibtisch sitzt und einen weiteren Brief an Bischof Stangl verfaßt.

Pater Renz sichert Josef Michel Hilfe durch den Bischof zu, hat aber seine Schilderung der Ereignisse falsch verstanden. Denn er schreibt, Anneliese habe abends den Gottesdienst besucht: «Eben, laut Anruf der Eltern: heute ganz schlimm gewesen, hat furchtbar getobt und geschrien, hat sich hin- und hergeworfen. Gesicht zerschlagen, ganz blutig, anschließend wieder beruhigt und ist abends im Gottesdienst gewesen, mußte ihn jedoch vorzeitig wieder verlassen und sich erbrechen.»

Pfarrer Alt wird erst durch Roswithas Anruf vom 24. Juni gezwungen, seine letzte Begegnung mit Anneliese dem Auftraggeber des Exorzismus mitzuteilen: «Linke Kopfhälfte war so verschwollen, daß sie nicht mehr aus dem Auge blicken konnte, ging mit dem Kopf durch die Glasscheibe der Korridortüre, hat sich trotzdem nicht geschnitten, ist gewalttätig gegen alle Anwesenden, ist zu einem Skelett abgemagert, kann nur manchmal essen und trinken, muß aber wieder ausspucken bis zum letzten Bissen.»

Anneliese hat noch eine Woche zu leben, als dieser Brief geschrieben wird. Sie ist «zu einem Skelett abgemagert», doch der einstige Jugendseelsorger und jetzige Bischof von Würzburg reagiert nicht auf das Schreiben. Für den 1. Juli 1976 kündigt Anneliese ein Ereignis an. Auch wenn ihr Zustand in den zurückliegenden Wochen dramatischer als je zuvor gewesen war, so glaubt die Klingenberger Hausgemeinde doch noch auf eine positive Wende hoffen zu dürfen. Denn die schroffe Umkehr einer als aussichtslos geltenden Situation gehört zu ihren Erfahrungen im Umgang mit Anneliese. Immer wieder hatte sie sich so weit gefangen, daß sie ihre Prüfungen in Schule und Universität absolvieren konnte.

«Wir waren am Schluß irgendwie ratlos gewesen, weil gar nichts geholfen hat», berichtet Peter Himsel. «Wir haben wirklich gehofft auf diese Aussage hin: Am 1. Juli wird sich was ändern. Natürlich, daß es so kommt, haben wir nie gedacht. Es ist sehr schwer, im nachhinein zu sagen, was man hätte anders machen sollen. Es ist auch so, wenn übernatürliche Sachen vorkommen. Hätten wir sie in die Nervenklinik bringen sollen? Was sie ja absolut nicht wollte. Die wär da in das Landeskrankenhaus Lohr hinaufgegangen und wäre dort gestorben. Dann hätte ich mir mein Leben lang Vorwürfe gemacht.»

In der letzten Woche ihres Lebens wird Anneliese trotz ihres Zustandes noch einmal hyperaktiv. Nur mit kurzen Unterbrechungen macht sie bis zu sechshundert Kniebeugen am Tag und läßt sich daran von niemandem hindern. Pater Renz setzt bis zum letzten Tag seine Beschwörungen fort. Anneliese ruft: «Aufhören! Aufhören!» Vier Tage vor ihrem Tod bekommt sie hohes Fieber. Josef Michel telefoniert mit Dr. Roth. Der stellt ein neues Attest für weitere vierzehn Tage aus. Annelieses Würzburger Lehrer hat sie nun seit zwei Monaten nicht mehr gesehen. Ihr Fieber steigt auf neununddreißig Grad, Pater Renz hört nicht auf, den Exorzismus zu sprechen.

Dann in den Abendstunden des 30. Juni sind Mutter und Tochter allein. Anneliese bittet sie, bei ihr am Bett zu bleiben. «Mutter, bleib da, ich habe Angst.» Das sind Annelieses letzte Worte. Josef Michel löst wenig später seine Frau ab. Betend sitzt er neben Anneliese. Nach Mitternacht spricht er die Dämonen an: «Es ist jetzt Juli. Im Namen der Allerheiligsten Dreifaltigkeit befehle ich euch, jetzt auszufahren und Anneliese in Ruhe zu lassen.» Nach diesen Worten dreht sich Anneliese auf die rechte Seite und schläft ruhig ein. In der Nacht stirbt sie.

«Zum Schluß sei noch gesagt», hatte Anneliese Michel in ihrer Examensarbeit geschrieben, «daß es Fälle gibt, wo einer obwohl er gebeichtet hat und im Innersten im Frieden mit Gott lebt, von einer merkwürdigen Angst geplagt wird, einer Leidens- und Todesangst, von dem man einen Menschen nicht befreien darf. Man kann, wenn das einem Menschen auferlegt ist, nur schweigend stehen und beten, daß er auch durch diese Angst hindurch geführt wird. Es gibt das besondere Teilhaben am Kreuz Christi und seiner Todesangst. Die wichtigste Grundhaltung für das seelsorgerliche und ärztliche Bemühen ist die Ehrfurcht vor dem Geheimnis der Geschichte eines Menschen mit Gott.»

Nachwort und Danksagung

Nachwort und Danksagung

Durch Pater Professor Dr. Ulrich Niemann SJ, Neurologe, Psychiater und Psychotherapeut, von der Jesuitenhochschule Sankt Georgen erhielt ich Einblick in den Nachlaß des Chefexorzisten Adolf Rodewyk, soweit er den Fall Michel betrifft. In ihm befanden sich auch die Briefwechsel zwischen der Familie Michel, den Exorzisten und dem Bischof von Würzburg. Dafür und für die persönlichen Gespräche in Essen und Berlin schulde ich ihm Dank.

Thea Hein, Anneliese Michels mütterliche Freundin und Augenzeugin der exorzistischen Sitzungen, stellte mir die Originalmitschnitte der Teufelsaustreibungen zur Verfügung. Von Annelieses Verlobtem Peter Himsel erhielt ich ein Typoskript unter dem Titel «Meine Erinnerungen an Anneliese Michel». Gespräche und Telefonate mit Annelieses Schwester Roswitha Ries gewährten mir einen Einblick in das Familienleben. Durch sie erhielt ich auch Kopien der Briefe, die Anneliese Michel an ihre Eltern schrieb. Roswitha Ries hat das dramatische letzte Lebensjahr ihrer Schwester begleitet. Sie war damals achtzehn Jahre alt und wie alle Mitglieder der Klingenberger Hausgemeinde von der dämonischen Ursache der Leiden überzeugt. Nach dem Prozeß fand sie zu einer psychologischen Deutung der Leidensgeschichte ihrer Schwester.

Ihre jetzige Haltung beschreibt sie in ihrem Brief vom März 1995 an mich: «Es freut mich, daß ich durch Sie erneut aktiviert werde, mich mit meiner Schwester Anneliese auseinanderzusetzen. Im Geheimen ist das sicherlich schon länger mein Wunsch. (Vor allem liegt mir an der Wahrheit, egal wie sie ausfällt.) Manchmal dachte ich, daß ich mit dieser Angelegenheit abgeschlossen habe, aber mir wird jetzt richtig klar, daß ich noch jede Menge zu bewältigen habe und ich mich der Angelegenheit nicht schämen muß. Alle diese Erkenntnisse brauchen Zeit und Geduld. Jedenfalls möchte ich Ihnen gerne helfen, so gut ich es eben kann.»

Thea Hein, Anna Michel und Peter Himsel gaben mir mehrfach in ausführlichen Interviews Auskunft. Anna Michel empfing mich wiederholt in ihrem Haus, zeigte mir die Räume und die Kapelle, die ihr inzwischen verstorbener Mann für Anneliese errichtet hat. In Aschaffenburg konnte ich Gespräche mit Anneliese Michels erstem Nervenarzt Dr. Siegfried Lüthy und mit dem Journalisten Manfred Röllinghoff führen.

Von unschätzbarem Wert für die Erstellung eines geistigen Profils ist Anneliese Michels Staatsexamensarbeit, die kurz vor ihrem Tod am 28. Mai 1976 an der Bayerischen Julius-Maximilian-Universität eingereicht wurde. Sie trägt den Titel: «Die Aufarbeitung der Angst als religionspädagogische Aufgabe» und hat einen Umfang von 92 Seiten.

Zu meiner Aufgabe gehörte nicht die juristische Aufarbeitung des Falles. Ohnehin steht der Auftraggeber des Exorzismus nun vor seinem himmlischen Richter.

Aus dem Umkreis der Klingenberger Exorzismusgemeinde existieren drei tendenziöse, apologetische Darstellungen. Sie sind wegen der zitierten Briefwechsel jedoch als Quellenmaterial von Interesse. Es handelt sich um zwei Bücher von Kaspar Bullinger. Sie sind in dem bekannten bayerischen Wallfahrtsort Altötting in der Druckerei Ruhland erschienen. Ihre Titel lauten: «Unschuldig verurteilt. Ein Laie sagt seine Meinung im Aschaffenburger ‹Exorzistenprozeß›» und «Das Leben und Sterben der Anneliese Michel und die Aussagen der Dämonen». Die erste Schrift erschien am 21. April 1979 zum ersten Jahrestag der Verurteilung der Eltern, die zweite am 1. Juli 1981, Anneliese Michels Todestag. Kaspar Bullingers Schriften gehen ausdrücklich auf den Wunsch der Familie Michel und des Exorzisten Pater Renz zurück. Sie enthalten auch Zitate aus den Sitzungen, die jedoch keinen Quellenwert haben, weil sie aus dem Kontext gelöst wurden.

Als ich am 8. Juni 1994 die beiden Schriften telefonisch bestellte und der Verlegerin erklärte, daß ich an einem Buch über Anneliese Michel arbeite, warnte sie mich, mir könne das gleiche Schicksal passieren wie ihrem Autor, den die Dämonen nach Vollendung seiner Werke gepackt hätten: «Der Kaspar Bullinger war ein frommer, braver Mann. Die Dämonen haben zu ihm während der Arbeit an seinen Büchern gesagt: ‹Wenn du das Buch geschrieben hast, wirst du sterben.› So kam es!»

Nicht ganz so drastisch waren die Warnungen, die Annelieses Vertraute Thea Hein aussprach. Während der Recherchen im August 1994 nächtigte ich im Kloster Engelberg bei meinem Freund Guardian Pater Franz OFM (jetzt Vizeprovinzial der Bayerischen Franziskanerprovinz, Kloster Sankt Anna, München). In der schwülen Sommernacht entluden sich Gewitter über Klingenberg, Großheubach und das nahe gelegene Kloster Engelberg. Zweimal schlugen sie ins Kloster ein, legten dabei die elektrische Klosterpforte lahm und traten aus dem Heizkörper meiner Klosterzelle. «Das sage ich Ihnen gleich», kommentierte Thea Hein am nächsten Tag, «die Blitze haben Ihnen gegolten. Und wenn Sie das Buch schreiben, müssen Sie sich noch auf einiges gefaßt machen!»

Die unter dem Titel «Anneliese Michel und ihre Dämonen. Der Fall Klingenberg in wissenschaftlicher Sicht» im ultraorthodoxen Christiana Verlag (1980) erschienene Apologie von Felicitas Goodman ist wesentlich durch den Exorzisten Ernst Alt angeregt worden. In der zweiten Auflage veröffentlichte er eine persönliche Verteidigung unter dem Titel «Zehn Jahre danach».

Der Bischof und die Exorzisten Pater Rodewyk und Pater Renz sind inzwischen verstorben. Das wichtige Tagebuch von Anneliese Michel, aus dem Felicitas Goodman zitiert, war nach ihrem Tod im Besitz von Pater Renz. Es gilt als verschollen. Unter dem Schutz des Erzbischofs Josef Stimpfle konnte der Exorzist Ernst Alt in Augsburg untertauchen. Durch Anna Michel erhielt ich Zugang zu ihm. «Vielleicht können Sie von ihm ein Interview erhalten. Beten Sie zuvor darum», hatte sie mir in ihrem Brief vom 21. Juni 1994 empfohlen. Nach langem Zögern zeigte sich der Exorzist Alt zu Gesprächen bereit. Allerdings nur fernmündlich am Telefon, da ich ihm offen gestanden hatte, nicht katholisch zu sein. Die persönliche Begegnung scheute er deshalb mit der Begründung: «Der Exorzist muß sich rein halten.»

Mein herzlicher Dank gilt ganz besonders Karin und Karl-Heinz Streb, die mich zum Kloster Engelberg führten und immer zur Stelle waren, wenn ich Hilfe benötigte. Karl-Heinz Streb (Wellpappe Alzenau) stellte seine Sekretärin Annemarie Wenzel zur Mitarbeit frei. Mit Engelsgeduld übertrug sie die langen Aufzeichnungen der Gespräche aus dem Klingenberger Dialekt in ein Typoskript, das schließlich weit über tausend Seiten zählte.

Anmerkungen

Sämtliche Zitate aus Briefen, Interviews und Live-Mitschnitten der Exorzismen, deren Quellen hier nicht nachgewiesen werden, sind hier erstmals veröffentlicht oder befinden sich in meinem Archiv.

1. Kapitel (Seite 9–36) «Ein verhextes und verdrehtes Spiel» – Die Prozeßeröffnung

S. 9 *San Damiano*: Dieser norditalienische Wallfahrtsort liegt zwanzig Kilometer südlich von Piacenza am Apennin. In Italien gibt es über zehn Orte mit gleichem Namen. Vgl. dazu André Castella, Die Botschaft Unserer Lieben Frau von den Rosen, Hauteville/Schweiz: Parvis Verlag, 1992, Seite 8f.

S. 12 *Dr. Richard Roth kennt Anneliese*: Vgl. «Main-Echo», 19. April 1978.

S. 12 *Wundmale Christi an Annelieses geschundenem Körper:* Wie ihre spirituellen Vorbilder Therese Neumann aus Konnersreuth, Padre Pio und die heilige Rita von Cascia galt Anneliese Michel in der Klingenberger Hausgemeinde als stigmatisiert. Im Jahre 1999 sind rund 25 Fälle bekannt, in denen Menschen – wie der gekreuzigte Jesus – aus Händen, Füßen und der Seite bluten. Über den Fall George Hamilton berichtet Rainer Luyken unter dem Titel «Bluten wie Jesus. Begegnung mit einem Stigmatisierten» in «Zeit-Magazin» Nr. 11 vom 11. März 1999, Seite 20–24. Charles Panati fragt in seinem «Populären Lexikon der religiösen Gegenstände und Gebräuche», Frankfurt a. M.: Eichborn Verlag,

1998, Seite 487: «Könnte es nicht so sein, daß sich bestimmte Menschen die Stigmatisierungen unbewußt selbst zufügen, indem sie sich ganz und gar auf das Kruzifix und die Wunden Christi konzentrieren?»

S. 14 *Privatdozent Dr. Ernst Schulz*: Vgl. «FAZ», 12. April 1978, «Main-Echo», 11. und 18. April 1978.

S. 15 *Anneliese Michel ist ein typischer Fall* und *Heute freue ich mich*: zitiert nach «Main-Echo», 5. April 1978.

S. 19 *Salvatorianerpater Arnold Renz*: Eine Selbstdarstellung dieses Ordens findet man in: Leonard Holtz. Männerorden in der Bundesrepublik Deutschland, Zürich, Einsiedeln, Köln: Benziger, 1984, 272–274.

S. 19 *Das ist kein Thema*: «Welt am Sonntag», 25. Juli 1976.

S. 19 *Sie können annehmen*: «Main-Echo», 7. April 1978.

S. 21 *Der Bischof hat von sich aus*: «Die Welt», 7. August 1976.

S. 23 *Über diesen meinen Tod* und *Ich habe mein Leben*: «Main-Echo», 27. Februar 1978.

S. 24 *Pilgerfahrten zu Anneliese Michels Grab*: Ein Pilgerleiter ist der Priester Franz Alois Knothe (*1932 in Ober-Ebersdorf, Kreis Tetschen/Elbe, Sudetenland, seit April 1996 im Ruhestand im Bistum Fulda). «Schon fünf Mal war ich mit Pilgern in Klingenberg/Main am Grabe der † Anneliese Michel, anschließend bei ihrer siebenundsiebzigjährigen frommen Mutter (gebürtig aus Bayern), wo wir die Hl. Messe zum Kostbaren Blut JESU feierten (am 20. Todestag, den 1. Juli 1996, waren über 100 Pilger anwesend).» Franz Alois Knothe, Der geistliche Kampf gegen die Mächte der Finsternis, in: Norbert Esser, Dem Schönen und Heiligen dienen, dem Bösen wehren in Liturgie, Lebensschutz und Volksfrömmigkeit, Sinzig: Sankt Meinrad Verlag, 1997, 183.

S. 25 *Aus Pietät, Dankbarkeit*: «Main-Echo», 27. Februar 1978, vgl. «Der Spiegel» 14/1978, «Die Welt», 27. Februar 1978.

Zum Problem der unverwesten Wachsleichen auf deutschen Friedhöfen vgl. Gestörter Kreislauf, «Der Spiegel» 34/1998, 161: «Der Grund für die ungewollte Konservierung ist den Experten bekannt. ‹Viele Bauern haben den Kommunen feuchte und lehmige Äcker verkauft›, sagt Warstat. Wahllos seien noch bis in die siebziger Jahre Friedhöfe auf schweren Tonböden oder in Überschwemmungsgebieten angelegt worden. Dieses Erdreich sei geradezu ideal für die Bildung von Fett-Zombies. (...) Die in den Sarg eindringende Feuchte wirkt wie Kühlflüssigkeit. Die Aktivität der Enzyme erlahmt. Ergebnis: Die Fettmoleküle schwemmen aus und verhärten sich unter der Haut des Leichnams zu einer krümeligen und modrig riechenden Substanz, dem Fettpanzer.»

S. 25 *Hier zitiert er*: So zu lesen auf dem Sterbebildchen des Bischofs anläßlich seiner Beisetzung im Kiliansdom zu Würzburg am 11. April 1979.

S. 28 *Wenn ich noch einmal*: «Main-Echo», 31. März 1978.

S. 28 *Dann kommt die Stunde der psychologischen Gutachter*: Die folgenden Zitate nach «Main-Echo», 18. April 1978.

S. 31 *Staranwalt Dr. Erich Schmidt-Leichner*: Die folgenden Zitate nach «Main-Echo», 21. April 1978.

S. 32 *Und plötzich ist der Satan wieder da*: Auf aktuelle Entwicklungen in der deutschen Exorzistenszene verweist Axel Wolfsgruber in seinem Artikel «Der Teufel ist wieder los», «Focus» 6/1999, Seite 92–95. Das auf Seite 95 abgebildete Gebäude ist nicht das Wohnhaus der Familie Michel, sondern die von Josef Michel erbaute Kapelle.

S. 32 *Die tragischen Folgen*: «Die Welt», 24. April 1978.

S. 35 *Hier hat der Herrgott*: Bericht Anna Michel im Gespräch vom 23. August 1994.

S. 35 *Der Tod Annelieses*: Pater Arnold Renz, Was ist Besessenheit? In: Bonaventur Meyer, Mahnung aus dem Jenseits über die Kirche in unserer Zeit, Textliche Dokumentation der Aussagen von Dämonen beim Exorzismus, Trimbach/Schweiz: Marianisches Schriftenwerk, 3. Auflage 1977, 31.

S. 35 *Solches Leiden*: Renz, 162.

S. 36 *Ich kann nach all dem*: Ernst Alt, Zehn Jahre danach. In: Felicitas D. Goodman, Anneliese Michel und ihre Dämonen, Der Fall Klingenberg in wissenschaftlicher Sicht, Stein am Rhein/Schweiz: Christiana-Verlag, 2. Auflage 1987, 317. Vgl. auch Ernst Alt. Aussagen der Dämonen im Falle Klingenberg. In: Lisl Gutwenger (Hg.), «Treibt Dämonen aus!». Von Blumhardt bis Rodewyk. Vom Wirken katholischer und evangelischer Exorzisten, Stein am Rhein/Schweiz: Christiana-Verlag, 1992, 235–245.

2. Kapitel (Seite 37–63)
«In den Himmel will ich kommen» – Das Elternhaus

S. 38 *Ulrike Meinhof*: Vgl. die Dokumentation von Astrid Proll, Hans und Grete. Die RAF 1967–1977, Göttingen: Steidl 1998, sowie Presse- und Informationsamt der Bundesregierung (Hrsg.), Dokumentation zu den Ereignissen und Entscheidungen im Zusammenhang mit der Entführung von Hanns Martin Schleyer und der Lufthansa-Maschine «Landshut», Bonn 1977.

S. 44 *Habt keine Angst*: Sven Loerzer, Visionen und Prophezeiungen. Die berühmtesten Weissagungen der Weltgeschichte, Augsburg: Pattloch 1989, 405.

S. 45 *Ein großes Feuermeer*: Loerzer, 411.

S. 45 *Wenn ihr eines Nachts*: Loerzer, 411.

S. 54 *Von der Barbara Weigand*: Vgl. dazu den Sonderdruck aus «Fränkischer Hauskalender und Caritaskalender 1974», herausgegeben von Max Rößler, Schippach und Barbara Weigand, Würzburg: Echter 1977.

S. 55 *Therese Neumann*: Vgl. dazu Josef Hanauer, «Konnersreuth oder Ein Fall von Volksverdummung», Aachen: Karin Fischer Verlag 1997. Georg Denzler hat das Buch unter dem Titel «Achtung: Spontane Ekstasen. Therese von Konnersreuth erregt noch am hundertsten Geburtstag» in der «FAZ» vom 8. April 1998 besprochen.

S. 58 *Der bayerische Rutengänger*: Zitiert nach Loerzer, 413 f.

S. 61 *In der fränkischen Gemeinde Heroldsbach*: Hatte die Kirche zu Anneliese Michels Lebzeiten Geistliche wie den Dogmatiker Johann Baptist Walz mit Orts- und Redeverbot belegt, wenn sie sich für die Wallfahrtsstätte Heroldsbach einsetzten, so plädiert im Jahre 1997 der Bamberger Erzbischof Karl Braun für die offizielle Anerkennung des Erscheinungsortes. Vgl. dazu «Süddeutsche Zeitung» Nr. 186 vom 14./15. August 1997, Seite 42: «Wie Maria gegen den Einmarsch der Russen hilft. Die letzte Wahl in Heroldsbach». Michael Fritzen, «Wo der Himmel sich auf die Erde senkte. Die Erscheinungsstätte Heroldsbach», in: «FAZ» vom 30. Mai 1998, Seite 9–10.

3. Kapitel (Seite 65–100)

«Der Teufel ist in mir, alles ist leer in mir» – Die Schulzeit

S. 71 *Schüler und Studenten gehen jetzt auf die Straße*: Vgl. dazu die Dokumentationen von Michael Ruetz, «Ihr müßt diesen Typen nur ins Gesicht sehen». APO Berlin 1966–1969, Frankfurt a. M.: Zweitausendeins 1980; Michael Ruetz, 1968. Ein Zeitalter wird besichtigt, Frankfurt a. M.: Zweitausendeins 1998; Bernard Larsson, Berlin, Hauptstadt der Republik. Fotografien aus einer geteilten Stadt, 1961–1968, Göttingen: Steidl 1998.

S. 73 *Ist es ein Zufall*: Zur neurologischen Deutung der Symptome vgl. S. Ried/G. Schüler, Epilepsie. Vom Anfall bis zur Zusammenarbeit, Berlin, Wien, Oxford: Blackwell Wissenschafts-Verlag, 2. Auflage 1997, 23–53, 77–79, 90f., 166f.

S. 85 *Sie leidet unter Eßstörungen*: Zur psychiatrischen Deutung der Symptome vgl. Walter Vandereycken, Ron van Deth, Rolf Meermann, Hungerkünstler, Fastenwunder, Magersucht. Eine Kulturgeschichte der Eßstörungen, München: dtv 11524, 1992, 67–70.

S. 92 *Plötzlich, wie ein Wetterleuchten*: Goodman, 44f.

S. 100 *Beim Abitur*: Zitiert nach Goodman, 53.

4. Kapitel (Seite 101–133)
«Ich bin eine Schlange»
– Unter der Sonne Italiens

S. 102 *Meine Tochter*: André Castella, 23. Der Erzbischof von Piacenza, Umberto Malchiodi, beurteilte die Erscheinungen am 2. Februar 1968 als unecht: «Bereits seit drei Jahren behauptet Frau Rosa Quattrini von der Pfarrgemeinde San Damiano in unserer Diözese, ihr würde die allerseligste Jungfrau erscheinen und sie beauftragen, Botschaften an die Menschen auszurichten. Nach sorgfältigen Erkundigungen und genauer Prüfung der Vorgänge haben wir deutlich erklärt, daß die angeblichen Erscheinungen keine Zeichen von Übernatürlichkeit an sich tragen. Wir haben die Gläubigen aufgefordert, entgegenstehenden Behauptungen nicht zu glauben.» Zitiert nach dem geheimen Schreiben vom 23. März 1970, Nr. 26.892/IV-A der Apostolischen Nuntiatur in Deutschland, das mir in Kopie vorliegt.

S. 102 *Trinkt viel Wasser*: André Castella, 57.

S. 103 *Bereitet euch*: André Castella, 71.

S. 105 *Die Besessenheitsdiagnose*: Zur Unterscheidung von Besessenheit und Umsessenheit siehe: Gabriele Amorth, Ein Exorzist erzählt, Abensberg: Maria aktuell, 1994, 27–31. Franz Knothe, Der geistliche Kampf gegen die Mächte der Finsternis. In: Norbert Esser (Hrsg.), Dem Schönen und Heiligen dienen, 184–185. Adolf Rodewyk, Dämonische Besessenheit, 8–17. Egon von Petersdorff, Daemonologie. Erster Band: Daemonen im Weltenplan, zweiter Band: Daemonen am Werk, Stein am Rhein: Christiana Verlag 1982.

S. 105 *Erzbischof Emmanuel Milingo*: Vgl. sein Buch: Gegen Satan. Mailand: Verlag «Insieme Con Gesù Alleluia», 1993.

S. 107 *In seinen Vorträgen*: Vgl. dazu Kurt Koch, Heilung und Befreiung. Seelsorgerliche Hilfe für kranke, angefochtene und okkult belastete Menschen, Berghausen: Evangelisationsverlag, o. J., 67ff.

S. 112 *Von jetzt an*: Als einfache geistliche Waffen im Kampf gegen den Teufel gelten Rosenkranzgebet, Marienweihe, Gebete zum Erzengel Michael und dem Schutzengel, Fasten, Empfang der Sakramente, Einsatz von Sakramentalien (Weihwasser, Kreuze, Medaillen, Salz, Öl, Heiligenbilder). Von Laien gesprochen wird auch der sogenannte «Kleine Exorzismus» Leos XIII. Die Beschwörung des Dämons nach dem «Rituale Romanum» von 1614 bleibt dem Priester vorbehalten. Das «Rituale Romanum» ist von der St.-Pius-Bruderschaft in Zaitzkofen bei Regensburg neu aufgelegt worden. 1990 hat die Kongregation für den Gottesdienst in Rom den Vorsitzenden der Bischofskonferenzen das «Rituale ad Interim» zur Erprobung vorgelegt. Mit der Überarbeitung ist auch der Jesuit Professor Dr. Ulrich Niemann/Sankt Georgen befaßt. Er betreut zugleich den Nachlaß von Pater Rodewyk.

S. 127 *Der Glaube an die Möglichkeit außersinnlicher Wahrnehmungen*: Vgl. dazu Gerald L. Eberlein, Kleines Lexikon der Parawissenschaften, München: Beck Verlag, 1995.

5. Kapitel (Seite 135–165)
«Ich stehe am Scheideweg: entweder Leben oder Tod» – Studienzeit in Würzburg

S. 137 *Altes Haus, alte Bänke*: Zitiert nach Johannes Meisenzahl, Würdigung von Leben und Tätigkeit des Bischofs Dr. Josef Stangl, Vortrag vom 11. März 1979, Würzburg, 1979: Herausgegeben vom Diözesanrat der Katholiken im Bistum Bamberg, 5.

S. 138 *Was wollen Sie werden?*: Josef Stangl, in: «Fränkisches Volksblatt», 23. Februar 1972.

S. 138 *Das Leben im Seminar*: Domkapitular Theodor Kramer, Hirte und Bischof. In: In Memoriam Dr. Josef Stangl, Bischof von Würzburg, Würzburg: Echter Verlag, 1979, 9.

S. 139 *Nein, das ist*: Theodor Kramer, 10.

S. 139 *Danach habe ich Sie nicht gefragt*: Johannes Meisenzahl, 6.

S. 140 *Warum gerade ich?*: Zitiert nach Konrad W. Kraemer, Für die Menschen bestellt. Portraits katholischer Bischöfe Deutschlands, Osnabrück: A. Fromm, 1963, 146.

S. 140 *Fahrrad und Gitarre*: Kraemer, 146.

S. 142 *Ich meine*: Zitiert nach Goodman, 90.

S. 151 *Nirgends herrscht Ordnung*: Loerzer, 412.

S. 152 *Die Steyler Missionare*: Vgl. dazu den Bericht «Der Blick des Missionars» von Alfons Kaiser in der «FAZ» vom 28. Mai 1998, Nr. 122, Seite 13.

S. 152 *Ich möchte Ihnen schreiben*: Zitiert nach Goodman, 89f.

S. 154 *Pfarrer Alt sieht Anneliese*: Bericht Alt, zitiert nach Goodman, 92.

S. 159 *Ich saß zu dieser Zeit*: Bericht Anna Lippert, zitiert nach Goodman, 99.

6. Kapitel (Seite 167–197)
«Du wirst eine große Heilige werden» – Zwischen Himmel und Hölle

S. 175 *Exorzismus gegen den Satan*: Vgl. dazu die Quellensammlung: Georg Siegmund (Hrsg.), Ecclesia Catholica, Der Exorzismus der katholischen Kirche. Authentischer lateinischer Text nach der von Papst Pius XII. erweiterten und genehmigten Fassung mit deutscher Übersetzung, Stein am Rhein: Christiana, 2. Auflage 1989, 89ff. Der große Exorzismus erschien zuerst im Jahre 1614 unter Papst Paul V. als «Abschnitt XII» im Römischen Ritenverzeichnis (Rituale Romanum). Die Klingenberger Exorzisten arbeiteten mit der von Papst Pius XII. im Jahr 1954 edierten Fassung. Vgl. Georg Siegmund, 17–87.

S. 176 *Wieder knurrt Anneliese*: Bericht Roth, zitiert nach Goodman, 112.

S. 182 *Was du an Magda siehst*: Adolf Rodewyk, 26f., 115.

S. 183 *Strafkompanie der Ewigkeit*: Adolf Rodewyk, 100.

S. 183 *War vielmehr der Teufel*: Adolf Rodewyk, 107.

S. 184 *Daß der Haß*: Adolf Rodewyk, 113.

S. 191 *Bitte Urlaub unterbrechen*: Zitiert nach Goodman, 116, mit falscher Chronologie.

S. 191 *Ich wollte einige Aufnahmen*: Zitiert nach Goodman, 245.

S. 194 *So benimmt sich doch*: Typoskript aus dem Nachlaß Rodewyk.

7. Kapitel (Seite 199–232)
«Ich fahr aus, wenn's mir paßt!»
– Warten auf die Hilfe des Bischofs

S. 204 *Muß natürlich*: Bericht Renz, zitiert nach Goodman, 129.

S. 207 *Und nie an Gottes*: Die Benediktsregel, Eine Anleitung zu christlichem Leben. Der vollständige Text der Regel lateinisch-deutsch übersetzt und erklärt von Georg Holzherr, Abt von Einsiedeln. Zürich, Einsiedeln, Köln: Benziger, 4. Auflge 1993, 81 (= RB 4,74).

S. 212 *Welchen Auftrag hatten*: Kaspar Bullinger, Das Leben und Sterben der Anneliese Michel und die Aussagen der Dämonen. Altötting: Ruhland, 2. Auflage 1983, 51.

S. 213 *Die moderne Zuwendung*: Bullinger, 84.

S. 213 *Luther war zweifellos*: Bullinger, 125.

S. 232 *Du wirst eine große Heilige*: Annelieses Tagebuch zitiert nach Goodman, 155.

8. Kapitel (Seite 233–264)
«Ich kann nicht mehr»
– Chronik eines angekündigten Todes

S. 236 *Sollten daher, was Gott verhüte*: Heinrich Denzinger. Kompendium der Glaubensbekenntnisse und kirchlichen Lehrentscheidungen, herausgegeben von Peter Hünermann, Freiburg: Herder, 37. Auflage 1991, 776 (= DS 2804).

S. 239 *Durch ein langes Gespräch*: Vgl. Goodman, 190ff.

S. 246 *Sinnlosigkeit des eigenen Lebens*: Anneliese Michel, Die Aufarbeitung der Angst als religionspädagogische Aufgabe (Typoskript), 3.

S. 246 *Mit dem Entgleiten des Seienden*: Anneliese Michel, 15.

S. 247 *Mit dem Freitod*: Anneliese Michel, 3.

S. 247 *Sie kann den Menschen*: Anneliese Michel, 12.

S. 247 *Die Folge eines*: Anneliese Michel, 18.

S. 248 *Es ist möglich*: Anneliese Michel, 32.

S. 248 *Eine Erneuerung*: Anneliese Michel, 41.

S. 248 *Zusammenfassend kann man sagen*: Anneliese Michel, 47.

S. 248 *Alle Evangelien berichten*: Anneliese Michel, 35.

S. 249 *Hierzu sei noch*: Anneliese Michel, 367.

S. 249 *Den neurotischen Menschen*: Anneliese Michel, 63f.

S. 250 *Die Psychotherapie*: Anneliese Michel, 62.

S. 254 *Nach dem Bericht*. Vgl. Goodman, 206.

S. 256 *Man sah, daß sie litt*. Bericht Alt, zitiert nach Goodman, 208.

S. 257 *Jesus befreit*: Anneliese Michel, 32.

S. 260 *Der ängstliche Mensch*: Anneliese Michel, 67.

S. 260 *Die Dämonen sind uns*: Sigmund Freud, Eine Teufelsneurose im 17. Jahrhundert. In: Zwei Fallberichte, Frankfurt a. M.: Fischer TB 10450, 174.

S. 260 *Das Kind wird abgelehnt*: Anneliese Michel, 69.

S. 260 *Die Prüfungsangst*: Anneliese Michel, 74.

S. 261 *Mangel an echter*: Anneliese Michel, 79.

S. 262 *Eben, laut Anruf*: Zitiert nach Kaspar Bullinger, Unschuldig verurteilt. Ein Laie sagt seine Meinung im Aschaffenburger «Exorzistenprozeß», Altötting: Ruhland, 1979, 47.

S. 262 *Linke Kopfhälfte*: Zitiert nach Kaspar Bullinger, 1979, 47.

S. 264 *Es ist jetzt Juli*: Zitiert nach Kaspar Bullinger, 1979, 43.

S. 264 *Zum Schluß sei noch gesagt*: Anneliese Michel, 66.

Nachwort und Danksagung
S. 266–269

S. 239 *Durch Pater Professor Dr. Ulrich Niemann SJ*: Wie der Fall aus neurologischer und psychiatrischer Sicht und aus der Perspektive der Parapsychologie betrachtet werden kann, haben Ulrich Niemann und Johannes Mischo in ihrer Studie Die Besessenheit der Anneliese Michel (Klingenberg) in interdisziplinärer Sicht. In: Zeitschrift für Parapsychologie und Grenzgebiet der Psychologie. Jahrgang 25. Nr. 3/4. 1983. Seite 129–194, gezeigt.

Wolfgang Schmidbauer

Wolfgang Schmidbauer, geboren 1941 in München, studierte Psychologie und promovierte 1968 über «Mythos und Psychologie». Ausbildung zum Psychoanalytiker. Gründung eines Instituts für analytische Gruppendynamik.

Alles oder nichts *Über die Destruktivität von Idealen*
(rororo sachbuch 18393)

Die Angst vor Nähe
(rororo sachbuch 60430)

Helfen als Beruf *Die Ware Nächstenliebe*
(rororo sachbuch 19157)

Hilflose Helfer *Über die seelische Problematik der helfenden Berufe*
256 Seiten. Broschiert und als rororo sachbuch 19196

Wenn Helfer Fehler machen *Liebe, Mißbrauch und Narzißmus*
320 Seiten. Broschiert

Liebeserklärung an die Psychoanalyse
(rororo sachbuch 18839)

Psychologie. Lexikon der Grundbegriffe
(rororo handbuch 16335)

Weniger ist manchmal mehr *Zur Psychologie des Konsumverzichts*
(rororo sachbuch 19110)

«Du verstehst mich nicht» *Die Semantik der Geschlechter*
(rororo sachbuch 60589)

Eine Kindheit in Niederbayern
(rororo 13226)

rororo sachbuch

"Ich wußte nie, was mit Vater ist" *Das Trauma des Krieges*
384 Seiten. Gebunden

Die Geheimsprache der Krankheit *Bedeutung und Deutung psychosomatischer Leiden*
(rororo sachbuch 60708)

Kein Glück mit Männern *Fallgeschichten zur Nähe-Angst*
(rororo sachbuch 19752)

Die Kentaurin *Die Geschichte einer ungewöhnlichen Frau. Erzählung*
336 Seiten. Gebunden

Jetzt haben, später zahlen *Die seelischen Folgen der Konsumgesellschaft*
(rororo sachbuch 60125)

Ein Haus in der Toscana *Reisen in ein verlorenes Land*
(rororo 13648)

Mit dem Moped nach Ravenna *Eine Jugend im Wirtschaftswunder*
(rororo 13259)

3500/6

Geschichte und Mythos

Gene Brucker
Florenz in der Renaissance *Stadt, Gesellschaft und Kultur*
(480)

Norman Cohn
Das neue irdische Paradies *Revolutionärer Millenarismus und mystischer Anarchismus im mittelalterlichen Europa*
(472)

Jean Delumeau
Angst im Abendland *Die Geschichte kollektiver Ängste im Europa des 14. bis 18. Jahrhunderts*
(503)

James George Frazer
Der goldene Zweig *Das Geheimnis von Glauben und Sitten der Völker*
(483)

Peter Garnsey / Richard Saller
Das römische Kaiserreich *Wirtschaft, Gesellschaft, Kultur*
(501)

Maurice Keen
Das Rittertum
(515)

Stephen Geoffrey Kirk
Griechische Mythen *Ihre Bedeutung und Funktion*
(444)

H. H. Lamb
Klima und Kulturgeschichte *Der Einfluß des Wetters auf den Gang der Geschichte*
(478)

Lutz Niethammer
Posthistorie *Ist die Geschichte zu Ende?*
(504)

3465/2

rowohlts enzyklopädie

Robert von Ranke-Graves
Griechische Mythologie *Quellen und Deutung*
(404)
Die Weiße Göttin Sprache des Mythos
(416)

R. v. Ranke-Graves / R. Patal
Hebräische Mythologie *Über die Schöpfungsgeschichte und andere Mythen aus dem Alten Testament*
(411)

S. Rohrbacher/M. Schmidt
Judenbilder *Kulturgeschichte antijüdischer Mythen und antisemtischer Vorurteile*
(498)

Ein Gesamtverzeichnis der Reihe *rowohlts enzyklopädie* finden Sie in der *Rowohlt Revue*. Jedes Vierteljahr neu. Kostenlos in Ihrer Buchhandlung.

3113/9